유튜버 널스홀릭의 솔직담백 간호사 설명서

간호사 생활백서

유튜버 널스홀릭,
책을 쓰다.

'이 책 한 권을 읽으면 간호사에 대한 전반을 알 수 있게 하고 싶다.'

내가 이 책을 쓰며 가졌던 목표이다. 중학생 때 유니폼을 입고 환자를 간호하는 모습에 반해 간호사라는 꿈을 꾸었던 작은 아이는 어느새 대학병원 5년 차 간호사가 되었다. 간호사를 시작한 후로 주변 사람들로부터 간호사와 관련된 질문을 참 많이 받아왔다. '왜 간호사가 되었나, 간호사는 무슨 일을 하나, 간호사는 얼마나 버나' 등등. 그럴 때마다 일일이 대답을 해주면서도 한편으로는 '사람들이 간호사에 대해 정말 잘 모르는구나.'라는 생각이 들었다. 돌이켜보면 나 역시도 그랬던 것 같다. 중학생 시절 간호사가 무슨 일을 하는지도 정확히 모르면서 간호사가 되기를 꿈꿨으니. 간호사로 근무하며 느낀 이 감정들을 그때도 알았다면 간호사라는 직업을 꿈꾸지 않았을 수도 있을 것 같다(간호사는 단순히 주사만 놓는 사람이 아니었다).

시대가 변하고 자신을 표현할 수 있는 창구가 수없이 많아졌다. 그 중심은 유튜브라고 생각한다. 많은 사람들이 정보 공유를 위해, 또는 본인을 어필하기 위해, 누군가는 상품을 팔기 위해 유튜버가 되고 있는 지금, '나도 해볼 수 있지 않을까?'라는 생각이 문득 들었다. 간호사는 의료현장에서 수많은 업무를 하고 있지만 아직도 한국 사회에서 간호사는 단순히 주사 놓는 사람 정도로 여겨지는 것 같았다. 간호사에 대한 이런 인식을 조금이나마 바꾸고 싶어 '널스홀릭'이라는 유튜브 채널을 개설했다. 간호사가 무슨 일을 하고, 간호사의 근무 체계는 어떻게 되며, 간호사의 하루를 보여주는 브이로그까지. 내 영상을 통해 많은 사람들에게 간호사가 누구인지, 어떤 일을 하는지 알려주고 싶었다. 감사하게도 많은 분들이 관심을 가져주었고 응원의 메시지도 보내주었다. 그리고 현직 간호사들과 간호사를 꿈꾸는 학생들도 채널을 통해 많은 의견을 주었다. 학생 간호사 구독자들이 내 영상을 보고 꿈을 키우고, 더 간호사가 되고 싶어졌다고 달아준 댓글을 볼 때면 뿌듯함과 함께 약간의 사명감도 느꼈다. 처음 유튜브를 시작할 때의 목표처럼 많은 사람들에게 간호사가 무슨 일을 하는 직업인지 조금은 전달된 것 같았고, 시간이 지나며 내가 하고자 하는 이야기들을 좀 더 정리하고 다듬어서 한 권의 책으로 만들고 싶다는 생각을 했다.

이름하여 '간호사 생활백서'. 시중에 출간된 간호사와 관련된 서적들은 대체로 간호사 경험에 관한 에세이거나 아예 면접 준비서와 같은 내용들이 많았다. 나는 좀 더 편하게 읽으면서도 정보도 얻어갈 수 있는 책을 쓰고 싶었고, 많은 분들의 도움으로 '간호사 생활백서'가 출간되었다. 이 한 권의 책에 간호사란 무엇인가부터 간호사가 하는 일, 간호사가 되기 위한 준비과정, 의학용어까지 모두 담으려고 노력했다.

이 책은 기본적으로 간호사를 꿈꾸는 학생들과 신규 간호사를 대상으로 쓰였다. 간호사를 꿈꾸는 학생과 신규 간호사는 이 책을 읽으면 말 그대로 간호사의 전반에 대해 알 수 있을 것이고, 학생 간호사가 아니더라도 간호사라는 직업에 관심이 있는 사람들 역시 부담스럽지 않고 재밌게 읽을 수 있으리라 생각한다.

지난 5년간 간호사로 근무하며 수많은 환자와 상황들을 경험했고, 그런 경험을 바탕으로 책을 썼다. 단순한 이론적인 이야기가 아닌 현장감 있는 사례들을 접목해 책을 썼기에 현직에 있는 간호사들도 공감하며 읽을 수 있을 것이다.

오늘도 현장에서 불철주야 몸을 아끼지 않고 고생하고 있는 전국의 의료진들에게 감사의 말씀을 전하며, 이 책이 간호사를 꿈꾸는 누군가에게 도움이 되는 좋은 선물이 되기를 바란다.

권지은 간호사

목차

PART 1

간호사가
되고 싶어요!

01

간호사가 되기 위한 과정
: 간호학과 입학과 국가고시

"간호사가 되려면 꼭 간호학과를 가야 하나요?"

"제가 수학을 못하는데 간호사가 되려면 수학을 잘해야 할까요?"

"제가 문과인데 꼭 이과만 간호학과에 입학할 수 있나요?"

"간호조무사로 일을 하고 있는데 간호사가 되려면 어떻게 해야 할까요?"

대한민국에서 간호사가 되기 위해서는 과연 어떤 절차가 필요할까? 간단히 요약해서 말하자면, 대학교나 전문대학에서 간호학 전공 후, 국가고시에 합격하고 간호사 면허증을 취득한다. 그 다음 병원에 취업하여 간호사로 근무하는 것이다.

간호학과에 입학하는 것이 가장 기본이며 일반적인 방법이고, '한국보건의료인국가시험원'에서 주관하는 간호사 국가고시에 합격해야 간호사 면허증을 취득할 수 있다(단, 간호학과에 입학하더라도 중퇴를 하게 되면 간호사라 칭할 수 없다).

국가고시는 간호학과 4학년 말, 즉 졸업 전 매년 1월 마지막 주에 시행되고 전 과목 총점 60% 이상, 매 과목 40% 이상을 득점해야 합격할 수 있다. 총점이 60% 이상이더라도 한 과목에서 과락이 생기면 불합격이다. 마찬가지로 모든 과목에서 과락은 면했다 해도 총점이 60% 이상 충족되지 않으면 역시 시험에서 떨어지게 된다. 게다가 간호사 국가고시는 일반 공무원 시험처럼 아무나 응시할 수 없다. 전문성이 요구되는 직종이다 보니 간호학과 졸업예정인 학생들에게만 시험 응시 자격이 부여된다.

간호사 국가고시 진행표			
구분	시험과목	문제 수	시험시간
1교시	성인간호학	70문제	09:00~10:35 (95분)
	모성간호학	35문제	
2교시	아동간호학	35문제	11:05~12:40 (95분)
	지역사회간호학	35문제	
	정신간호학	35문제	
점심시간 12:40~13:40(60분)			
3교시	간호관리학	35문제	13:50~15:10 (80분)
	기본간호학	30문제	
	보건의약관계법규	20문제	

*출처 : 한국보건의료인국가시험원 홈페이지

간호사 국가고시는 하루에 모든 시험이 끝나며 대략 오전 9시부터 오후 3시까지 진행된다. 간호사 국가고시의 최근 5년간 합격률은 90% 이상이다. 합격률이 높다는 이유로 안일함을 갖고 시험에 임하는 수험생들이 많지만, 1년에 한 번밖에 기회가 없기 때문에 최선을 다해야 한다. 간호사 국가고시 합격률이 다른 시험들보다 높은 이유는 애초에 그 분야에 대해 깊이 공부를 한 사람들만 시험을 치르기 때문일 수 있음을 기억하자.

2016년 1월, 필자가 국가고시를 보았을 때 역시 합격률이 95%가 넘었지만, 사실 시험 볼 때 느꼈던 불안감은 아직까지도 생생하다. 시험 당일, 당시에는 코로나 바이러스 존재가 없었을 때라 후배들이 선배들의 합격 기원을 위해 아침 일찍부터 시험장 앞으로 나와 응원을 해주고 간식과 음료수, 핫팩을 나누어 주었다. 하지만 정작 당사자인 필자는 잔뜩 긴장한 채 아무것도 입에 대지 못하고 시험에 임하였다. 시험을 보는 중간, 특히 기본간호학 과목에서 헷갈리는 문제가 많았던지라 혹시라도 과락을 받는 게 아닌가 하는 불안감으로 가득 차 있었다. 시험이 끝난 뒤 가채점을 했을 때 패스임을 확인했음에도 최종 결과가 나오기까지 마냥 편하게 쉴 수 없었다. 며칠 뒤 최종 합격을 했다는 소식을 들었을 때 기쁨과 안도감에 눈물이 났던 기억이 있다.

주변 사람들은 본인이 처한 상황이 아니기에 "시험 다 합격한다더라. 걱정하지마.", "합격률이 95%라며? 그럼 당연히 붙겠지."라고 쉽게 말들을 하지만 수험생들은 시험이 끝날 때까지 긴장의 끈을 놓을 수 없다. 이렇게 국가고시에 합격을 하면 1~2달 뒤에 간호사 면허증이 나온다. 이 면허증이 있어야 병원에서 정식으로 간호사 일을 할 수 있게 되는 것이다.

02

간호학과 학생이 아니라면?
전과와 편입을 노려보자

자, 그렇다면 처음부터 간호학과에 입학하지 않은 학생들이 간호사가 되려면 어떻게 해야 할까? 방법이 있다. 바로 '대졸자 전형'과 '편입'을 통하는 것이다.

'대졸자 전형'은 말 그대로 전문대학 졸업자나 졸업 예정자가 간호학과의 1학년으로 다시 입학할 수 있는 전형이다.

'편입'의 경우 일반 편입과 학사 편입으로 나눌 수 있는데, 간호사의 경우에는 학사 전형으로 지원이 가능하다. 쉽게 말해, 타 대학교(4년제)를 이미 졸업한 사람이 간호학과 3학년 학생으로 편입할 수 있는 전형이라고 할 수 있다.

대학교의 다른 과에 이미 재학 중이라면, 수능을 다시 본 뒤 간호학과에 입학하는 것도 하나의 방법이지만 수능을 다시 치르기에 부담스럽거나 시간적 여유가 없는 사람들에게는 위에 말한 방법으로 간호사가 되는 것을 추천한다. 다음은 대졸자 전형과 학사 편입을 비교한 표이다.

구분	대졸자 전형	학사 편입
응시 자격	• 전문대 졸업 또는 졸업 예정자 이상	• 4년제 대학교 졸업 또는 졸업 예정자 이상
입학 학년	• 간호학과 1학년으로 입학	• 간호학과 3학년으로 입학
경쟁률	• 경쟁률 상대적으로 낮음	• 경쟁률이 높음
기타	• 수능, 공인 영어점수 없이 전 대학 성적과 면접으로 입학 가능 • 성적 관리 필수	• 비전공자는 학사 편입만 가능

한편, 간호조무사로서 근무를 하다가 간호사가 되고 싶은 경우나, 고등학교를 졸업한 자가 간호학과에 편입하려는 경우에는 어떻게 해야 할까?

바로 '학점은행제'를 이용하는 것이다. 학점은행제란 교육부에서 주관하는 국가학위제도이며 오프라인 수업이 아닌 온라인으로 하는 수업을 말한다. 고등학교를 졸업한 학생이라면 누구나 지원이 가능하고, 일반 대학과 동등한 졸업장을 인정받는 제도이다. 등록금 또한 훨씬 저렴하다. 정규대학과 비교하여 20%의 금액을 지불하면 학습이 가능하다. 이 학점은행제를 통해 140학점을 취득하면 간호학과로의 편입 기회를 얻을 수 있다.

앞서 말했듯, 간호사가 되기 위해서는 간호학과에 입학하여 국가고시를 치르고 간호사 면허증을 취득하는 방법이 일반적이지만, 입학 시기를 놓쳤거나 간호사가 되고 싶다면 대졸자 전형과 학사 편입 등 다양한 방법이 있으니 각자 상황에 맞게 계획을 세워 도전하는 것이 좋겠다.

필자가 간호사로 일하면서 느꼈던 장점이 여럿 있지만 그 중 하나를 꼽으라고 한다면 '전문직'이라는 점이다. 사실 고등학생, 대학생 때에는 이 장점이 크게 와닿지 않았다. 하지만 점점 간호사 업무를 하면서 내가 어떠한 이유로(결혼, 임신, 출산, 휴식 등) 일을 그만두게 되더라도 마음만 먹으면 언제라도 다시 취업을 할 수 있다는 사실을 깨달았다.

타 직종의 종사자들은 일을 쉬게 되면 말 그대로 '경력 단절'이 되어 재취업이 어려울 수 있지만 간호사들은 그러한 부담을 크게 느끼지 않는다. 일반 회사에는 '정년 퇴직'이란 단어가 있지만, 간호사는 사실 정년이라는 게 없지 않나 싶다. 본인이 할 수 있을 때까진 언제든지 일을 할 수 있는 것이 큰 장점이다. 간호사들의 이직률이 높은 이유는, 물론 일이 힘들어서도 있지만 그만큼 재취업에 대한 부담이 없기 때문은 아닐까 싶다.

필자는 2016년 3월부터 2020년 12월까지 약 5년간 한 병원에서 쭉 일을 해 오며 사직하는 동료 간호사들을 꽤 많이 보았다. 후배 간호사든 선배 간호사든 개인 사유로 병원을 관두었지만 본인이 원하는 시기에 곧바로 취직을 하곤 했다. 몇 년 동안 근무했던 병원을 그만두고, 유럽여행을 다니고, 푹 쉬다가 다시 일을 하고 싶을 때쯤 취업을 한다. 그만큼 재취업에 대한 부담이 없기 때문이다. 게다가 간호사에게 중요한 것은 경력이기 때문에 병원에 따라 경력 단절과는 관계없이 경력직을 더 선호하는 곳도 있다. 따라서 본인 여건에 맞게 취입을 잘 할 수 있는 편이다.

03

간호학과 학생들은 어떤 과목을 배우나요?
: 각 과목에 맞는 공부법

'힘들었던 고3 생활이 끝나 대학교에 입학하면
낭만적인 캠퍼스 생활이 펼쳐진다.'

아마 간호학과 학생들이라면 이 말에 코웃음을 칠 것이다. 간호학과 1학년 학생은 곧 고등학교 4학년 학생이라는 우스갯소리도 있기 때문이다. 남들은 대학교에 입학해 마음껏 놀고 술을 마시다가 간간이 아르바이트도 하면서 즐거운 대학생활을 보낸다지만, 간호학과 학생들은 입학하자마자 과제 폭탄, 매주 보는 시험 등으로 학과 공부에 허덕이게 된다. 공부해야 할 내용이 너무 많기 때문에 유흥은 그저 사치라고 생각할 것이다. 물론 사람마다 편차가 있을 수는 있겠지만, 대부분은 그렇다고 들어왔고 실제로 그렇게 생활했으리라.

필자 역시 대학교에 입학했을 때 생각했던 것보다 너무 다른 대학 생활이 펼쳐져 몹시 당황스러웠다. 입학 전에 대충 짐작은 했었지만 실제로 겪어보니 와닿는 충격이 더 컸다. 남들은 학과 시간표도 본인이 알아서 짠다고 하는데 간호학과 학생들은 입학부터 졸업까지 교수님들이 짜주는 시간표로 움직여야 했고, 공부해야 할 분량도 많았으며 그 내용마저 생소하고 어려워 매주 공부를 꾸준히 해야 했다. 그래서 다른 이들이 수강신청을 위해 인터넷이 빠른 PC방으로 가야한다는 말을 이해할 수 없었다. 게다가 간호학과 학생들의 수가 많을 경우에는 마치 고등학교처럼 A반, B반, C반 혹은 1반, 2반, 3반으로 반을 나눠 수업을 진행했다. 이러니 더욱 고등학교 4학년이 된 것 같은 느낌이 들 수밖에.

간호사가 되어 대학병원에 취직을 하기 위해서는 대학 성적이 중요하다. 따라서 대부분의 학생들은 1학년 때부터 학점관리를 위해 눈에 불을 켜고 열심히 공부한다. 그래서 높은 학점을 받기가 대체로 쉽지 않다. 거기에 보통 대학교 1학년 때에는 전공과목보다는 교양과목 위주로 수강하지만 사실이 교양 과목마저 대부분의 교수님들이 간호학에 도움이 되는 수업들로 지정을 해주신다는 차이점이 있다. 필자가 1학년부터 4학년까지 수강했던 과목을 몇 가지만 대표적으로 이야기하자면 다음과 같다.

학년	과목
1학년	생물학, 화학, 의학용어, 기본 영어히하, 리더십과 의시소통, 해부학, 성장과 발달, 간호 역사와 철학
2학년	약리학, 생리학, 병리학, 건강사정, 기본간호학, 보건 통계학, NCLEX(미국 간호사 면허 시험), 교내 기본간호학 실습
3학년	성인간호학, 아동간호학, 여성간호학, 모성간호학, 지역사회간호학, 정신간호학
4학년	성인간호학, 간호관리학, 보건법규, 지역사회간호학

각 과목의 양이 워낙 방대하기 때문에 학년이 올라가더라도 쭉 연결하여 공부하게 된다. 전체적으로 보자면 1학년 때는 전공과목을 공부하기 위한 베이스 개념의 기초 과목을 배우고, 2학년 때부터 서서히 전공과목을 공부하면서 교내 실습도 병행한다. 3학년, 4학년 때는 국가고시를 위해 전공과목을 배울 뿐 아니라 병원 실습도 병행한다.

♨ 1학년

학년별로 공부했던 과목들에 대해 좀 더 자세히 이야기를 하자면, 우선 1학년 때는 앞서 말한 대로 기초과목들을 공부하게 되는데 대표적으로 생물학과 화학이 있다. 그래서인지 간혹 '간호사는 꼭 이과 출신이어야 하나요?'라는 질문을 받고는 한다. 물론 그렇지 않다. 문과 출신이더라도 당연히 간호학과에 지원할 수 있다. 다만 이과 계통 수업에서 앞선 과목을 이미 배웠던 학생들보다는 수업을 이해하는 데 조금 더 시간이 걸릴 뿐이다.

필자는 이과였고, 특히 '생물' 과목을 좋아했기 때문에(수능 때 과학 탐구 영역 생물1, 생물2를 선택함) 공부를 하면서도 그리 어렵다고 느끼지 않았다. 하지만 문과였던 몇몇 동기들은 생물학을 많이 힘들어했고 간혹 다른 과목에 올인하겠다며 포기해버리는 친구들도 종종 있었다. 필자가 느낀 바로는 생물학은 개념을 이해하고 암기하는 것이 가장 중요했다. 당연한 말이겠지만 흐름대로 이해를 해야 다음으로 넘어갈 수 있는 것이다. 의학용어처럼 무턱대고 외우는 것이 늘 올바른 방향은 아닌 셈이다. 필자는 흐름을 이해하기 위해 교수님의 강의를 들으면서, 그리고 교과서를 보면서 이해가 갈 때까지 반복해서 읽었다.

의학용어 과목 같은 경우는 무조건 100% '암기'이다. 고등학교 때 영단어를 하루에 100개씩 외웠던 것처럼 눈에 익숙해지도록 여러 번 들여다보고 암기하는 방법 말고는 왕도가 없다고 생각한다. 단, 접미사와 접두사를 미리 알아두는 것은 나름 큰 도움이 될 것이다.

해부학 또한 마찬가지로 무조건 암기가 첫 번째이다. 하지만 뼈 하나하나를 모두 다 알 수는 없으니 교수님이 특히 강조하는 것들, 또는 책 이외에 추가로 구글에서 이미지를 검색하여 큼직하게 나오는 것들을 가장 먼저 외워두는 것이 좋다.

⟨⟨⟩⟩ 2학년

2학년 때부터는 기본간호학과 함께 교내 실습을 경험하게 된다. 교내 실습을 통해 정맥주사, 피내주사, 근육주사 등 본인의 짝꿍과 함께 서로를 실제로 찔러 볼 수 있는 기회를 얻게 된다. 처음에는 이론을 학습하고 모형에 연습을 해본 다음 마지막에 친구 팔에 실제로 주사바늘을 찔러 보게 된다.

이때는 가장 얇은 Angio Catheter인 24G를 사용하여 아주 잘 보이고, 곧고, 굵은 혈관을 찾아 시도하지만 절반 이상의 학생들이 첫 시도에 실패한다. 필자도 혈관을 한 번에 잡지 못했던 것 같다. 실패한 뒤 역시 이론과 실제에는 아주 큰 차이가 있음을 다시 한 번 깨닫게 됐다.

5년 차인 지금의 내가 그 시절로 돌아갔더라면 10초 만에 끝날 일이었을 텐데 당시에는 무서워서 망설이고, 친구가 아파하면 또 망설이고, 교수님과 조교 선생님에게 도와달라는 눈빛을 보내며 신상했던 일이 새록새록 기억난다.

학생들은 너도나도 주사기로 찌르며 성공을 하든 실패를 하든 인증샷을 꼭 남긴다. 저마다 바늘구멍이 난 본인의 손을 SNS에 게시글로 올려 뿌듯하고 새로웠던 경험을 추억으로 간직했는데, 5년 전이나 지금이나 첫 주사

사진을 찍어 간직하는 것은 변함이 없는 것 같다.

안타깝지만, 2학년 교내 실습이 끝나면 추가로 IV(Intravenous Injection : 정맥주사)를 할 기회는 사실상 없다고 할 수 있다. 운이 좋으면 3학년 병원 실습 중 근무 중인 간호사 선생님의 감독 아래 서로 연습을 해볼 수도 있겠지만, 그마저도 하지 못하면 바로 졸업이기 때문에 IV에 대한 두려움을 가진 신규 간호사들이 많은 것이다. 게다가 신규 간호사라면 입사 후 선배들과의 관계, 병원 시스템, 업무 흐름도 익히기 힘든 입장인데 IV Skill마저 따라주지 않을 경우 스스로 큰 스트레스를 받을 수밖에 없다.

정맥주사 외에 피내주사, 피하주사, 근육주사 또한 충분히 연습할 기회가 없는 것은 마찬가지다. 개인적으로 교과 과정에 실습 시간이 추가로 주어지거나 병원 내에서 예비 간호사들에게 몇 차례 트레이닝을 시켜주는 커리큘럼이 활성화된다면 그들에게 큰 도움이 될 거라 생각한다.

2학년 때는 이러한 교내 실습 이외에도 다른 기초과목들을 더 자세히 배우게 된다. 이 중 많은 학생들이 어려워하는 과목은 생리학, 병리학, 약리학이 아닐까 싶다. 필자의 경우 생물 과목을 좋아했기 때문에 생리학은 크게 어려움을 느끼지 않았지만, 병리학이나 약리학을 공부할 때는 머리가 터질 것 같은 스트레스를 경험했다. 세상에 균이 이렇게나 많으며, 약물이 그렇게 많은지 그때 처음으로 알게 되었다. 특히 약리학의 경우 상품명과 성분명을 통째로 외워야 했기 때문에 더더욱 혼란스러웠다.

예를 들어 흔히 알고 있는 약인 '타이레놀'은 상품명이고 이 약의 성분명은 'Acetaminophen(아세트아미노펜)'이다. 거기다 이 약의 약리 작용까지 숙지해야 하는데, 약물의 종류 자체도 굉장히 많아 정말 힘들었다. 이는 모든 학생들이 처음 접하는 것이었기 때문에 다들 울며 겨자 먹기 식으로 공부했을 것이다.

생리학은 생물을 잘 알아두면 자연스럽게 따라 주는 것 같다. 하지만 병리학과 약리학은 무조건 암기를 해야 좋은 학점을 얻을 수 있다. 이런 과목들은 전공과목이 아니기 때문에 따로 문제를 풀어 볼 수 있는 방법도 없다. 따라서 교과서에 나오는 것들 위주로 공부하되, 아래의 암기 포인트에 중점을 두고 외우면 훨씬 효과적이다.

병리학 암기 포인트

- ☑ 어떤 균이 사람 몸에 어떻게 반응하는지
- ☑ 이 균을 치료하기 위해서는 어떤 약이 필요한지
- ☑ 피검사 결과에서 어떤 균이 자라야 어떤 감염이 되는 건지

약리학도 마찬가지로 상품명, 성분명을 잘 암기해두고 그 약이 어떤 작용을 하는지도 알아야 한다. 의학용어처럼 약도 접미사, 접두사가 중복되는 것들이 많으므로 큰 틀을 정리하고 먼저 접근하는 것이 도움이 될 것이다.

NCLEX 과목은 사실 배우는 학교도 있고 그렇지 않은 학교도 있다. 혹시 배우더라도 1학점 정도로 큰 비중을 차지하지 않는다. 이 과목을 이수한다고 해서 미국 간호사 면허를 따게 되는 것이 아니고, 국가고시처럼 접수를 하고 시험을 본 뒤 합격해야 면허증이 생기는 것이다. 한국에는 시험장이 없어서 NCLEX 시험을 보기 위해서는 해외로 나가야 한다. 필자는 미국 간호사 시험에 관심이 많았기 때문에 당시 아주 관심 있게 공부를 했다. 이 과목을 공부하면서 미국의 간호와 한국의 간호가 큰 차이가 있음을 깨달았다. 한국 국가고시는 어떤 질문에 대한 명확한 정답을 요구하지만, NCLEX는 직접 환자를 Assessment하고 우선순위를 판단하는 지식을 요구했다. 쉽게 예를 들자면 국가고시 문제가 '충수염 수술을 한 환자의 증상을 고르시오'라면 NCLEX는 그 증상을 보기에 모두 나열한 뒤 '다음 중 어떤 증상

이 가장 위험한가?' 이런 식으로 출제한다. 간호사로서 조금 더 생각하게 하는 문제인 것이다. 전공을 갓 배우기 시작한 학생들에게는 조금 어려울 수는 있겠지만 NCLEX를 공부해야 실제로 임상에서 간호사로서 상황을 판단하고 결정할 수 있는 능력이 생길 것 같다.

♥ 3학년

3학년부터는 본격적으로 전공과목을 배우기 시작한다. 국가고시와 직접적으로 관련이 있는 과목인 것이다. 전공책은 굉장히 두꺼워서 학생들이 책을 팔에 끼고 다니다 못해 백팩을 메고 다닌다.

한 과목씩 이야기해 보자면 성인간호학 같은 경우에는 가장 중요한 포인트가 질병의 증상과 치료, 간호이다. 예를 들어 심장 파트를 공부하고 있다면 '심근경색'이 왜 생기는지부터 증상, 치료, 간호까지 모두 다 알아두어야 한다. 심장뿐 아니라 폐, 간, 췌장, 신장 등 모든 부위의 병태생리부터 간호까지 말이다.

아동간호학을 공부할 때 가장 중요한 것은 각 나이에 맞는 발달 과정을 잘 알아두는 것이다. 필자는 아동간호학을 공부할 때 도무지 이해를 할 수 없었다. '세 발 자전거를 탈 수 있는 나이는?', '블록을 5개 쌓을 수 있는 시기는 몇 개월째인가?', '치아가 8개 나는 경우는 몇 개월째인가?', '젓가락을 사용할 수 있는 나이는?' 이런 문제들이 마구 쏟아져 나왔기 때문이다. '세 발 자전거를 탈 수 있는 나이는 세 살이라는데 네 살, 다섯 살 때 타는 아이들도 있을 것 같은데' 하며 괜히 부정하고 그랬다. 이런 문제들이 실제로 국가고시에 나올 수도 있고 나오지 않을 수도 있지만 책에는 디테일한 부분이 보기로도 나올 수 있으니 꼼꼼히 공부를 할 수밖에 없었다.

사실 성인간호학뿐 아니라 아동간호학, 모성간호학 등 내용이 너무 많아 어떤 부분이 중요한지 잘 모르겠다면 꼭 문제집을 풀어 봐야 한다. 3학년 초에는 대부분의 학생들이 국가고시 문제집을 구매하지 않는다. 중간고사나 기말고사도 대체로 교과서만 가지고 공부한다. 하지만 학점을 잘 받기 위해서 가장 필요한 것은 '문제집을 푸는 것'이다. 3학년이라 국가고시가 멀었다고 생각하지만 직접 풀어 봐야 4학년 때 국가고시 대비할 때도 수월하다. 게다가 교수님들도 중간고사, 기말고사 문제를 출제할 때 문제집에서 나온 문제를 변형하기 때문에 그에 맞춰 공부하는 것이 나름의 팁이다. 교수님마다 출제하는 스타일이 다르겠지만 문제를 무에서 유를 창조하는 경우는 거의 없을 테니 말이다. 매 학기마다 출판사에서 문제집을 판매하기 위해 직원들이 학교에 방문하는데 그 문제집을 사든, 인터넷으로 구매를 하든 꼭 사서 공부하도록 하자. 필자는 4학년이 되어서야 국가고시 대비 문제집 전권을 구매했는데 미리 사 두지 않음을 후회했다.

3학년 때는 이렇게 전공과목 공부를 하면서도 병원 실습을 해야 한다. 간호학과 학생들은 졸업을 위해 병원 실습시간 최소 1,000시간을 채워야 하기 때문이다. 학교마다 시스템이 다르겠지만 필자의 경우에는 3학년 때 더블수업을 했다. 무슨 이야기냐 하면, 4주 안에 끝내야 할 과목을 2주 안에 수업시간을 두 배로 늘려 끝내버리고 나머지 2주는 병원으로 출퇴근을 하는 것을 말한다. 실습을 1,000시간 넘게 해야 하기 때문에 방학 때까지도 이어진다. 남들은 방학 때 놀러 가기도 하고 스펙을 쌓기 위해 자격증 공부도 하고, 취미생활도 한다지만 간호대생들은 이 기간에 병원에서 실습을 해야 한다. 자대병원이 있는 학교는 해당되는 그 병원에서 몇 주 동안 계속 실습을 하게 되지만 필자는 자대병원이 없었기 때문에 병원을 여기저기 2주마다 옮겨 다녀야 했다.

그럴 때마다 고시원을 잡아 생활하였다. 책상에서 뒤돌면 바로 침대가 있는 몇 평 안 되는 아주 작은 고시원에서 몇 주 동안 생활하며 지냈다. 실습할 병원이 2주마다 달라지면 고시도 2주마다 옮겨야 하기 때문에 짐도 최소한으로 꾸렸다. 좁은 고시원에서 살며 이사 다니는 것이 답답하고 힘들긴 했지만, 동기들도 옆방에서 같이 생활하고 있고, 만나서 과제하고 밥 먹고 하니 나름 추억이고 재미있었다.

학생들이 처음 병원 실습을 나가게 되면 주로 하는 일은 혈압과 맥박, 호흡수, 체온 등의 활력징후(V/S ; Vital Sign)를 체크하는 것이다. 필자가 실습할 때에는 BST(혈당)체크도 했었는데 요즘은 Needle Injury 때문에 학생들은 BST를 하지 않는다고 한다. V/S 외에 주로 하는 일은 간호사들 Observation하는 것이다. 간호사들이 언제 어떤 일을 하는지, 투약 업무를 할 때 뒤에서 따라다니며 지켜보기도 한다. 차팅을 남길 때 어떤 식으로 하는지 보기도 한다. 물론 무슨 내용인지 전혀 모르겠지만 말이다. 그 외에 환자가 어떤 검사를 한다면 검사실에 내려가 어떻게 진행되는지 관찰하기도 한다.

필자가 학생 간호사로 실습할 때 가장 재밌게 봤던 것이 간호사 선생님이 IV 잡는 모습이었다. Fluid가 제대로 들어가지 않거나 팔이 부을 경우 Line을 다 제거하는데 다시 잡으려고 준비를 할 때 꼭 따라가서 지켜보았다. 지금 생각해보면 Line 잡는 본인의 모습을 뒤에서 학생들이 쪼르르 달려와 쳐다본다고 하면 부담스러워 했을 수도 있겠다 싶다.

근무하면서 보면 지금 학생 간호사들도 역시 필자가 IV 잡는 모습을 가장 관심 있게 본다. 본인도 과거에 그랬기에 IV할 때 학생들이 뒤에서 쳐다보고 있다면 혈관을 만져보게 하고 하나라도 더 가르쳐주려고 한다.

⨁ 4학년

4학년에는 3학년 때 공부했던 과목의 연속이기도 하면서 새로운 과목도 접하게 된다. 보건법규와 지역사회 간호학을 배우는데 법규 역시 온통 암기할 부분 천지다. 실제로 보건법규 문제 수가 다른 과목에 비해 적다 보니 과락이 많이 나온다는 이야기가 있다. 시간을 충분히 투자하면 고득점을 받을 수 있는 과목이니 성실하게 암기하는 것이 중요하다.

4학년 때에도 실습이 이루어지는데 3학년 때와 달리 보건소 혹은 보건지소에서 실습이 진행된다. 바로 지역사회간호학 과목 때문인데 이곳에서 짧게 실습하며 보건소의 역할부터 방문간호를 하는 간호사의 모습 등 전반적인 보건소의 많은 사업들에 대해 공부하고 이해하게 된다.

간호학과 학생들의 시간표는 4년 내내 꽉 차 있고 공부하랴 실습하랴 정말 바쁜 나날을 보내게 된다. 학교마다 교육과목이 조금씩은 다를 수 있지만 큰 틀은 비슷하다. 1~2학년 때는 빨리 병원 실습을 해 보고 싶었고, 3~4학년 때는 빨리 병원 취업을 하고 싶었다. 학과 생활을 하면서 도저히 본인과 맞지 않는다며 학교를 그만두고 다른 일을 하거나, 다른 과로 편입을 하는 친구들도 보았다. 힘들었던 간호학과 학생 시절이었지만 그만큼 친구들과의 사이도 돈독해졌고 필자는 그 속에서도 나름 재미를 찾았다.

간호사가 된 지금도 가끔 '내가 간호학과가 아닌 다른 과에 진학했더라면 어땠을까?'라는 생각을 한다. '내가 간호사가 아니라 다른 직업을 가졌더라면 잘 할 수 있었을까?' 생각하기도 하지만 다시 생각해보면 나는 간호사가 아니면 안 될 것 같다. 힘들지만 이 일이 재밌기도 하고 보람차며, 누구에게도 당당하게 '나는 간호사다'라고 말할 수 있을 만큼 내 직업에 자부심이 있다.

왜 간호학과에 진학했냐는 질문에 많은 사람들이 '의대 갈 성적이 안돼서', '취업이 잘 된다고 들어서', '부모님이 추천해줘서'라는 말을 많이 한다. 실제로 간호사가 되고 싶어서 온 학생들은 그리 많지 않다. 하지만 필자의 경우, 고등학교 1학년 때부터 간호사를 꿈꿔 왔다. 이유는 단지 '그냥 하고 싶어서, 멋있어 보여서'였다.

일단 큰 병원에서 근무를 하고 싶었다. 필자는 무척 건강해서 대학병원에 다닌 적이 없어 드라마, 영화에서만 보던 대학병원의 환경이 매우 궁금했고 오히려 이 부분이 궁금증과 환상으로 다가왔다. 깔끔한 환경에 사람들을 안전하게 보호해 줄 수 있을 것 같은 생각(쉽게 말해 내가 쓰러져도 병원에서 쓰러져야 금방 살 수 있을 것 같은 마음) 때문이었다.

고등학교 때 딱 한 번 새벽에 열이 많이 나서 대학병원 응급실에 갔던 적이 있었지만 그 아픈 와중에도 실눈을 뜨며 간호사들의 움직임과 주변 환경이 어떤지를 파악했던 기억이 있다. 그때가 난생 처음으로 대학병원에 가본 경험이었고 나도 여기서 같이 이 사람들과 일을 하고 싶다는 생각을 했다. 뿐만 아니라 그곳에서 사복이 아닌 간호사 유니폼을 입은 채로 환자들을 케어하며 주사 투약도 하고 환자를 직접 만나며 대화를 하고 싶었다. 남들에게 말하지 않는 본인만의 비밀도 간호사에게는 모든 이야기하니 신뢰를 얻을 수 있는 직업 같아 보였다. 이렇다보니 대학교 원서를 100% 간호학과에만 지원을 했다. 다른 과는 쳐다보지도 않았다. 담임선생님께서도 다른 과를 써보지 않겠냐고 재차 물어보셨지만 다른 곳엔 관심이 없었다. 내 인생이고 나의 선택인데 남들이 하란 대로 그냥 자연스럽게 흘러가는 대로 살고 싶지는 않았다.

지금까지 간호사가 되기 위한 방법에 대해 알아보았다. 여러 가지 방법들이 있으니 간호사가 되고자 마음먹었다면 각자의 상황에 맞게 열심히 준비해 꼭 멋진 간호사가 되기를 바란다.

PART 2

학생 간호사(SN)를
넘어
진짜 간호사(RN)로

01

자기소개서는 어떻게 적을까?
: 작성법, 주의사항

전국에는 수많은 병원이 있고, 학생 간호사들이 가고 싶은 병원도 모두 다를 것이다. 가고 싶은 병원은 달라도 모두가 공통적으로 작성해야 하는 것이 있는데 바로 자기소개서이다. 누군가는 고등학교, 대학교에 지원할 때, 누군가는 아르바이트를 하기 위해 자기소개서를 한 번쯤 작성해봤을 것이다. 학생 간호사들은 병원에 입사를 하기 위해 자기소개서를 작성해야 한다. 누구나 합격을 하기 위해 자기소개서를 작성할 것이고, 심지어 필자가 학생 때 몇몇 친구들은 병원입사용 자기소개 작성을 위한 과외를 받는 친구들도 있었다. 하지만 필자는 굳이 과외까지 받지 않더라도 충분히 혼자서 작성할 수 있다고 생각한다. 말 그대로 '자기소개서'가 아닌가? 나 자신을 가장 잘 아는 사람은 '나'다. 개인적으로 어디에 제출을 하든지 자기소개서를 작성하는 핵심은 모두 같다고 생각한다. 병원입사를 위한 자기소개서도 마찬가지다.

 그렇다면 자기소개서는 어떻게 작성을 해야 할까? 나는 누군가와 연애를 하기 전 노력하는 단계처럼 작성하라고 말하고 싶다. 연애를 하기 전 내가 좋아하는 상대를 내 애인으로 만들고 싶을 때, 내가 좋아하는 상대의 성격 부터 취향까지 어떤 사람인지 고민하고 생각할 것이다. 그리고 그 고민이 끝나면 그(그녀)가 나에게 관심을 가질 수 있게 행동하고 노력할 것이다.
 내가 좋아하는 사람이 청국장을 싫어하는데 청국장을 먹으러 가자고 하면 과연 좋아할까? 지피지기면 백전백승이라고 했다. 세상에는 많은 병원이 있고, 각각의 병원이 추구하는 핵심가치나 서비스는 모두 다를 것이다. 그리고 그런 병원들이 원하는 인재상도 모두 다를 것이다. 그럼 지금부터 좋아하는 사람을 내 사람으로 만든다는 마음으로 나와 자기소개서 작성법을 알아가 보자.

 좋아하는 사람이 생겼다고 다짜고짜 가서 '나랑 만나자!'라고 하면 분명히 거절당할 것이다. 내가 좋아한다고 그 사람도 반드시 나를 좋아하는 건 아니기 때문이다. 병원도 마찬가지다. 수많은 병원이 있지만 나와 맞는 병원도 있을 거고, 잘 맞지 않는 병원도 있을 것이다.
 상대방에게 고백하기 전 상대방을 먼저 알아가는 것처럼, 우리도 지원하기 전 필요한 사항들을 먼저 분석할 필요가 있다. 분석에 필요한 사항은 크게 세 가지가 있다. 바로 병원분석, 직무분석, 자기분석이다.

☑ 병원분석 - 핵심가치, 핵심서비스, 최신기사 및 이슈, 홈페이지
☑ 직무분석 - 홈페이지 직무설명, 현직자 정보 검색(유튜브, 블로그 등)
☑ 자기분석 - 병원, 직무에서 찾은 키워드와 나를 연결 지을 수 있는 사례 발굴

🫀 병원분석

첫 번째 병원분석은 말 그대로 내가 지원하려고 하는 병원을 분석하는 것이다. 병원은 기본적으로 환자를 받고, 치료하는 곳이지만 각각의 병원마다 갖고 있는 핵심가치나 서비스는 다르다. 내가 원하는 병원뿐 아니라 다양한 병원을 조사해보면 의외로 나와 가치관이 맞는 병원을 찾을 수도 있다.

핵심가치나 서비스를 조사하는 가장 쉬운 방법은 병원의 공식 홈페이지에 들어가는 것이다. 홈페이지에 들어가면 병원장 인사말부터 경영비전, 최신기사 등 병원과 관련된 모든 정보를 얻을 수 있다. 그런데 이런 자료들을 한 번 보고 다 기억하기는 쉽지 않을 것이다. 나는 대학생 때 이런 정보들을 기억하기 위해 엑셀 표를 만들어 정리했다. 큰 틀을 만들어 놓고 정보를 찾을 때마다 하나씩 추가하는 식으로 작성을 했기 때문에 큰 부담도 없었다.

큰 틀은 병원명, 핵심가치, 핵심서비스, 최신기사 등으로 만들어 작성했다. 이건 예시이니 본인에게 맞게 수정을 해도 괜찮다.

병원분석 예시	
병원명	인천성모병원(인천, 경기 서북부 지역 1위 상급 종합병원)
미션 **(병원이 추구하는 궁극적 목표)**	그리스도의 사랑이 살아 숨 쉬는 최상의 첨단진료

핵심가치 (미션을 실행하기 위한 구체적 방법)	환자우선의 전인진료
	상호신뢰 윤리경영
	건강하고 역량있는 조직문화
핵심서비스 (해당 병원만의 특화된 진료 서비스)	뇌 – 국내 최초 뇌질환 전문병원(뇌병원 개원)
	암 – 위암, 대장암, 간암, 췌장암 수술 사망률 평가 1등급
	심장 – 급성심근경색증 치료 6년 연속 1등급
	척추관절 – 무릎관절, 고관절치환술 1등급
	장기이식 – 혈액형 불일치 신장이식
최신기사 (최근 3개월)	의료 관련 감염병 예방관리사업 평가 2년 연속 우수기관 선정
	관상동맥우회술 적정성 평가 1등급 획득
	혈액투석 적정성 평가 2회 연속 1등급 획득
	가톨릭대학교 의대생이 뽑은 '임상실습 최우수 병원' 선정

⚕ 직무분석

병원분석을 마쳤으면 내가 대략적으로 가고 싶은 병원이 선정됐을 것이다. 그 다음으로 내가 하고 싶은 직무에 대한 분석이 필요하다. 사실 학생 간호사야 당연히 간호사로 입사를 할 거고 '특별한 직무분석이 필요한가?'라고 생각할 수도 있다. 간호사의 직무분석은 당연하고 필자가 말하는 건 병원 내에 다양한 과에 대한 분석을 말하는 것이다. 병원 간호부에도 여러 부서가 존재한다.

보통 학생 간호사들은 내과, 외과로 구분을 한다. 하지만 실세 병원에서는 내과만 하더라도 수많은 과로 나눠지게 된다. 감염내과, 내분비내과, 류마티스내과, 소화기내과, 호흡기내과 등으로 말이다. 필자 같은 경우는 지금은 정형외과에서 근무를 하고 있지만 처음 입사할 때는 신장내과, 내분비내과에서 근무를 했다.

사실 필자 역시 학생 간호사 시절에는 내과와 외과가 이렇게 세분화되어 있는지 몰랐고 당연히 직무분석은 부족했다. 내과는 단순히 속이 좋지 않아 내시경을 하며 약물 치료를 중점으로 하는 곳이고, 외과는 외상으로 수술하는 곳 정도로 알았으니 말이다. 물론 틀린 건 아니지만 입사 지원 전 내과와 외과에 어떤 과들이 있고 대략적으로라도 어떤 일을 하는 곳인지 알고 있었다면, 자기소개서 작성 시뿐만 아니라 면접 때도 상대방보다 훨씬 더 풍부한 답변을 할 수 있었을 것이다.

그렇다면 이런 직무 정보는 어떻게 알 수 있을까? 가장 쉬운 방법은 역시나 병원 홈페이지에 가보는 것이다. 보통 병원 홈페이지에 진료과 페이지가 있는데 그곳에 가보면 그 병원에서 진료하는 모든 과와 그에 대한 간략한 정보가 기재되어 있다. 또는 유튜브나 블로그를 참고하는 것도 도움이 될 수 있다. 필자의 경우도 예전 '내과와 외과는 어떻게 다를까?'라는 주제로 영상을 촬영해 업로드한 적이 있다. 해당 영상은 QR코드로 들어가서 보면 된다.

내과와 외과는
어떻게 다를까?

이처럼 요즘은 마음만 먹으면 너무나 쉽게 정보를 구할 수 있는 세상이지만 의외로 후배들의 이야기를 들어보면 이런 분석까지 한 사람은 잘 볼 수 없었다. 아무래도 이런 양식들이 있는지조차 몰랐기 때문일 것이다. 알고 나면 쉬운데 모르면 노력할 생각조차 못하지 않겠는가.

심지어는 이미 작성한 한 병원의 자기소개서를 다른 병원에 그대로 복사, 붙여넣기를 하는 것도 모자라, 병원명을 수정하지도 않은 채로 원서를 접수했다는 이야기도 들어보았다. 최소한의 노력도 들이지 않고 무조건 좋은 병원만 찾는 것은 욕심이다.

〰 자기분석

　병원분석과 직무분석까지 마쳤으면 마지막으로 자기분석을 해야 한다. '내가 난데 나를 분석할 필요가 있나?'라고 생각할 수도 있다. 맞는 말이다. 나는 나이기에 그 누구보다 내가 나 자신을 잘 알 것이다. 하지만 단순히 알고 있는 것과 잘 표현하는 것은 분명히 다르다. 우리는 지금까지 살아온 20여 년의 시간을 제한시간 없이 편하게 이야기 나누는 게 아닌 그 안에 있는 여러 사건들을 500~1,000자로 표현해야 하는 입장이다. 따라서 시간 흐름에 따른 면밀한 자기분석이 필요하다.

　자기소개서 문항을 보고 바로 나에 대해 작성하려고 하면 두서없이 작성할 확률이 크다. 작성 전에 나 자신을 돌아보는 시간을 충분히 가진 후에 정리를 한다면 작성 시 훨씬 더 적절하고 매력있는 자기소개서를 작성할 수 있을 것이다.

　자기분석은 어떻게 해야 할까? 자기분석이라고 거창하게 표현은 했지만 막상 작성해보면 그다지 어렵지 않을 것이다. 이번에도 '엑셀'을 활용해 작성하기 바란다(엑셀은 문서작성 시 꽤나 쉽게 접근하고 작성할 수 있는 프로그램이다).

　항목은 시기, 경험, 나의 역할, 쌓은 역량으로 구분을 하고, 1년씩 10년 정도 전까지 시기를 구분해 각 해에 기억에 남는 경험과 그 안에서 나의 역할, 그 경험을 통해 쌓은 역량을 적는다. '어떻게 10년 지나 석어?'라고 생각할 수도 있지만 막상 적다 보면 그렇게 힘들지는 않을 것이다. 다음의 자기분석 예시를 보면서 나를 분석해보자.

자기 분석 예시			
시기	경험	나의 역할	쌓은 역량
2020	○○병원 실습	실습생	병원에서 실습을 할 때 간호사가 기본 원칙인 5 Right을 항상 지키며 처치하는 모습을 보면서 가장 기본적인 것이 중요하며 소홀히 하면 안 된다는 것을 깨달음
2019	노래 동아리	보컬	주기적인 공연을 통해 많은 사람들 앞에서 당당하게 말하고 행동할 수 있는 자신감을 얻음
2018	필리핀 어학연수	유학생	다양한 나라에서 온 친구들과 생활하며 여러 문화를 경험하고 나와 다른 사람들의 생각과 행동도 받아들일 수 있는 포용력을 배웠음
2017	음식점 아르바이트	종업원	다양한 상황과 다양한 성격의 고객을 경험하며 돌발 상황에 대한 대처능력을 길렀음
2016	헌혈의 집 헌혈	헌혈자	응급상황 시 혈액의 중요성을 헌혈을 하며 알게 되었음
2015	반장	반장	1년간 반 대표로 학우들을 이끌며 다양한 의견을 수렴해 팀을 하나로 이끌 수 있는 리더십을 배움
2014	교통사고	환자	교통사고로 병원에 입원하게 되었는데 담당 간호사가 와서 체크를 할 때 단순히 해야 할 일만 하는 것이 아닌 따뜻한 말과 위로까지 해줌. 힘들고 지쳐있을 때 큰 힘이 되었고 나도 저렇게 힘들고 지친 사람들에게 힘이 될 수 있는 간호사가 되고 싶다는 꿈을 갖게 됨
2013	친구와의 시간 약속	지각쟁이	친구와의 시간 약속에서 자주 늦는 편이었는데 한번은 친구가 매일 늦는 나에게 크게 화를 냄. 시간을 지키는 건 단순히 시간만 지키는 것이 아닌 상대방에 대한 존중과 예의라는 것을 느낌. 이후로 시간 약속은 철저히 지키게 됨
2012	'연탄 나르기' 봉사활동	봉사자	세상엔 아직 연탄을 때며 어렵게 살아가는 사람들도 많이 있다는 사실을 알았고 나만 생각하는 것이 아닌 다른 사람들도 돌아보고 함께 가야 한다는 것을 느낌
2011	동생과 설거지 내기	설거지	내가 하기 싫은 것은 다른 사람도 하기 싫다는 걸 배움. 내가 하기 싫은 걸 남에게 강요하지 말아야겠다는 생각을 함

이렇게 자기분석까지 모두 끝났다면 자기소개서 작성 전 필요한 모든 분석을 완료한 것이다. 분석이 끝났으니 이제 분석표를 활용해 자소서를 작성해보자.

〰️ 항목별 작성팁

자기소개서 작성 시 가장 중요한 것은 항목별 질문의 의도를 파악하는 것이다. 여러 병원의 자기소개서를 써본 결과 병원 자기소개서 항목은 일반적인 질문에서 크게 벗어나지 않았다. 항목은 크게 성장과정, 지원동기, 성격의 장단점 세 가지로 설명하겠다.

❶ 성장과정

병원이 성장과정을 묻는 이유는 인생을 살아오며 어떤 가치관과 직업관을 갖게 되었고, 그로 인해 왜 간호사가 되고 싶은지를 보고 싶은 것이다. 여기서 주의해야 할 점은 나의 성장 일대기를 단순 나열하기보다는 간호사와 관련된 경험이나 사건, 영향을 준 인물 등을 활용해 작성하는 것이 필요하다. 이 항목에서 미리 분석해 둔 자기분석 내용을 활용해보자. 내 경험과 사건이 병원의 인재상이나 직무의 핵심역량과 관련 있으면 더욱 좋다.

❷ 지원동기

지원동기를 물어보는 이유는 여러 병원 중에서도 특히 우리 병원을 지원한 이유를 보고 싶은 것이다. 이 부분에서는 병원분석과 직무분석을 한 자료를 활용하면 된다. 작성 팁으로는 병원의 업무 분위기, 경영철학, 가치관등을 분석한 후 나와 공통점이 되는 부분을 확인해 작성하는 것이 좋다. 혹시 그 병원에 근무 중인 현직자를 알고 있다면 병원과 관련한 현장 이야기를 들을 수 있어 더욱 도움이 될 것이다.

지원동기의 경우 병원지원 동기와 직무지원 동기를 나누어 작성하는 것도 좋다. 병원지원 동기에는 병원의 경영철학, 가치관 등을 분석한 자료를 활용해 나의 가치관과 연계해 작성한다. 마지막에는 병원의 발전과 나의 발전을 함께 추구하는 포부를 포함시켜 입사를 위한 의지를 보여주는 것도 필요하다. 직무지원 동기에는 어떤 사건이나 경험을 통해 직무에 관심을 갖게 되었는지, 그리고 이 직무에 맞는 역량을 강화하기 위해 어떤 경험과 노력을 했는지 작성하는 것이 좋다.

❸ 성격의 장단점

성격의 장단점을 물어보는 의도는 간호사 업무 수행 시 우려사항을 미리 파악하기 위함이다.

역시나 자기분석을 한 자료를 활용해 작성한다. 장단점 작성 시 직무에서 요구되는 역량과 관련지어 작성하는 것이 필요하고, 거짓 없이 정확하게 기재해야 한다.

특히 단점을 쓸 때에는 직무에 직접적인 영향을 미칠 수 있는 단점은 지양하고, 본인이 스스로 인지하고 있으며, 그 점을 보완하기 위해 노력하고 있음을 함께 기재하는 것이 중요하다.

병원 채용시즌에 지원서를 제출하려고 보면 간혹 몇몇의 병원들이 당혹스러운 자기소개서 항목을 선보인다. 예컨대 '자기소개서를 자유롭게 쓰시오.'라는 달랑 문장 한 줄로만 말이다. 이런 경우에는 중구난방으로 두서없이 글을 쓰지 말고 본인이 소제목을 나눠서 〈성장과정〉, 〈지원동기〉, 〈본인의 장점 및 단점〉, 〈입사 후 포부〉 등을 읽기 좋게 쓰는 것이 중요하다.

지금까지 자기소개서 작성법에 대해 알아보았다. 앞에서도 말했지만 자기소개서는 연애를 하기 전 노력하는 단계처럼 작성하면 된다. 연애를 하기 전 노력할 때가 가장 설레고 의지도 강하지 않은가. 그리고 그 노력이 결실을 맺어 상대가 나의 애인이 되었을 때 그 만족감과 행복감은 이루 말할 수 없을 것이다.

병원 입사도 다르지 않다. 짧게는 몇 년, 길게는 평생을 다닐 수도 있는 직장이다. 무작정 자기소개서를 작성해 합격하기를 바라기보다는, 내가 진정으로 가고 싶은 병원이 어딘지, 이 병원과 내가 얼마나 잘 맞는지, 이 병원에서 내가 이루고 싶은 게 무엇인지 명확하다면 어떤 곳에서 일을 하든지 행복하고 보람을 느낄 수 있을 것이다. 필자의 분석법과 자소서 작성팁을 활용해 학생 간호사 여러분이 원하는 병원에 꼭 입사하기를 바란다.

병원별 자기소개서 항목	
병원	항목
가천대 길병원	• 성장과정 및 가정환경(분량 자유) • 성격 및 장단점(분량 자유) • 생활관, 취미, 특기(분량 자유) • 재학 중 관심 영역, 동아리 활동, 주요 사회 경험(분량 자유) • 지원동기(분량 자유) • 입사 후 각오 및 향후 계획
가톨릭관동대학교 국제성모병원	• 나의 강점은?(300자 이내) • 나의 약점은?(300자 이내) • 지원동기(300자 이내) • 본원에 기여할 수 있는 자신의 역량과 의지(300자 이내) • 간호사로서의 향후 계획은?(1년 후, 5년 후, 10년 후/ 500자 이내)
강동경희대학교 병원	자기소개서(자율양식)

강북삼성병원	• 간호 직무 수행 이외에 본인이 가장 관심을 가지고 있는 분야에 대해 자유롭게 서술하세요.(400자) • 대인관계에서 예기치 못한 상황이나 어려움에 직면하였을 때 주도적으로 해결한 경험에 대해 서술하세요.(400자) • 직무수행을 위한 본인의 역량을 강북삼성병원의 핵심가치(Knowledge, Better Quality, Safety, Motivation, Challenge) 중 1가지와 연계하여 작성하세요.(400자) • 본인을 사물에 빗대어 창의적으로 소개해 주세요.(사물명과 이유를 구체적으로 기재) • 10년 후 간호 현장과 간호사의 역할이 어떻게 변화할지 예상하여 간호 현장과 간호사의 역할 두 가지 모두에 대하여 구체적으로 기재하세요.
건국대학교병원	• 본인의 성장과정에 대하여 기술하여 주시기 바랍니다.(최대 500자) • 본인의 장단점에 대하여 기술하여 주시기 바랍니다.(최대 500자) • 당사에 지원하게 된 동기는 무엇이며 입사 후 포부는 어떻게 되는지에 대하여 기술하여 주시기 바랍니다.(최대 500자) • 대내외 주요 활동사항(학교생활, 사회활동, 실무경력 등)에 대하여 기술하여 주시기 바랍니다.(최대 500자) • 당 병원의 현재와 미래에 대하여 본인의 생각을 자유롭게 기술하여 주시기 바랍니다.(최대 500자)
고려대학교 의료원 (구로/안암/안산)	자기소개서(1,000자 이내로 본인에 대해 자유롭게 기술해 주세요.)
국립암센터	• 어떤 일에 주도적으로 아이디어를 내어 기획이나 제안이 채택되어 성공적으로 수행한 경험이 있다면 서술해 주십시오.(최대 700자) • 학교나 직장 또는 기타 단체에서 어떤 문제 상황이 발생하였을 경우, 창조적이고 논리적인 사고를 통하여 이를 해결해 본 경험이 있다면 자세하게 작성해 주십시오.(최대 700자) • 학교나 직장 또는 기타 단체에서 업무를 추진하는 데 필요한 능력을 스스로 관리하고 개발해 본 경험이 있으면 서술해 주십시오.(최대 700자) • 학교나 직장 또는 기타 단체에서 업무를 수행함에 있어 접촉하게 되는 사람들과 문제를 일으키지 않고 원만하게 해결해 본 경험이 있으면 자세하게 작성해 주십시오.(최대 700자) • 국립암센터에 입사 지원한 동기 및 입사 후 실천하고자 하는 차별화된 목표와 추진계획을 작성해 주시기 바랍니다.(최대 700자) • 국립암센터에서 업무를 수행함에 있어 원만한 직장생활을 위한 태도, 매너, 올바른 직업관이 왜 중요한지 본인의 가치관을 중심으로 작성해 주십시오.(최대 700자)

부산대학교병원 (본원/양산)	• [지원 동기 관련 질문] 부산대학교병원에 지원하게 된 동기 및 입사 후 실천하고자 하는 목표를 본인의 역량과 결부시켜 기술하여 주십시오.(최대 500자) • [경력 및 경험 활동 질문] 지원 분야와 관련하여 다양한 분야에서 쌓은 경력 및 경험 활동에 대하여 아래 기준에 따라 상세히 기술해 주시기 바랍니다.(최대 1,000자) • [경력 및 경험 활동 질문 2] 입사지원서에 기입한 지원 직무와 관련한 경력 및 경험 활동의 주요 내용과 본인의 역할에 대해서 구체적으로 기술해 주십시오.(최대 500자) • [경력 및 경험 활동 질문 3] 위 경력 및 경험 활동이 우리 병원 입사 후 지원 분야의 직무 수행에 어떻게 도움이 될지 구체적으로 기술해 주십시오.(최대 500자) • [직업윤리] 주변 사람을 돌본 경험(예:봉사활동 등)에 대해 기술해 주십시오.(최대 500자) • [대인관계] 위계가 분명한 조직이나 단체에서 상급자(또는 선후배)와 함께 일을 하거나 프로젝트를 진행한 경험이 있습니까? 함께하면서 어려웠던 점과 극복방법, 또는 팀 구성원으로서 원만하게 지낼 수 있는 본인만의 노하우를 기술해 주십시오.(최대 500자)
분당서울대학교 병원	• 지원자는 어떤 성격입니까?(최대 30자) • 지원자의 특기(기술) 또는 강점은 무엇입니까?(최대 30자) • 지원자의 약점은 무엇입니까?(최대 30자) • 직무와 관련하여 자기계발을 하고 있는 일은 무엇입니까?(최대 30자) • 지원 분야 중 가장 관심 있는 분야 또는 업무는 무엇입니까?(최대 30자) • 아르바이트 또는 실습 경험이 있다면 어떤 일이고, 기간은 어느 정도입니까?(최대 30자) • 학교 생활(또는 사회생활) 중 가장 열정적으로 참여했던 일은 무엇이고 본인의 역할을 무엇이었습니까?(최대 30자) • 전공과목 중 제일 좋아하거나 자신 있었던 과목은 무엇입니까?
삼성서울병원	• 지원한 직무를 잘 수행할 수 있는 이유를 구체적으로 기술하십시오.(학교생활 중심으로, 600bite) • 직무수행과 관련된 경력사항 및 기타 활동에 대하여 기술하십시오.(600bite) • 가장 행복했던 경험과 자신에게 일어난 변화를 기술하십시오.(1200bite) • 지원동기 및 입사 후 포부는 무엇인지 기술하십시오.(600bite) • 타인과 협력하여 공동의 목표 달성을 이루어낸 경험에 대해 기술하십시오.

서울아산병원	• 자신의 성장과정, 지원 동기, 장점 및 단점, 취미, 희망 업무 및 포부, 기타 특기사항 등을 자유롭게 서술하시기 바랍니다.(최소 1,500자, 최대 2,500자) • 본원의 핵심가치(나눔과 배려, 정직과 신뢰, 공동체 중심사고, 사실 및 성과 중시, 미래지향) 중 자신과 가장 부합하다고 생각하는 가치를 선택하여 그 이유를 경험을 토대로 서술하시기 바랍니다.(최소 500자, 최대 1,500자)
서울성모병원	• 성장과정 • 성격 및 특기사항 • 생활신조 • 지원동기 및 장래계획 • 역량 및 업적
순천향대학교부속 병원 (서울/부천/천안)	• 적극적으로 어떠한 일을 성취하였거나 리더십을 발휘하여 목적한 바를 달성한 경험을 기재하여 주시기 바랍니다.(600자 이내) • 서로 다른 배경 또는 성격을 가진 사람들과 협력하여 공동작업을 수행한 경험을 기재하여 주시기 바랍니다.(600자 이내) • 상대방의 니즈를 파악하고 이해 및 공감하며 요구사항에 즉각적으로 대응하여 상대방을 만족시킨 경험을 기재하여 주시기 바랍니다.(600자 이내) • 본인이 속한 조직에서 새로운 것을 도입하여 변화를 일으킨 사례를 기재하여 주시기 바랍니다.(600자 이내) • 본인의 업적이나 상황에 대해 일관성이 있거나 믿을 만한 사람이라고 평가받았던 경험을 기재하여 주시기 바랍니다.(600자 이내)
아주대학교 의료원	• 우리 의료원에 지원한 이유와 입사 이후 자신의 발전계획을 기재하여 주세요.(최대 500자) • 지원한 직무를 능숙하게 수행할 수 있는 본인의 역량을 기재하여 주세요.(최대 500자) • 본인이 선택한 본원의 핵심가치(헌신, 윤리성, 탁월성)는 무엇입니까?(최대 300자) • 선택한 핵심가치와 관련된 경험이나 사례를 기재하여 주세요.(최대 600자) • 예상치 못한 상황에 직면하거나 스트레스를 받았을 때 어떻게 이를 극복하는지 기재하여 주세요.(최대 500자)
이화여자대학교 의료원 (목동/서울)	• 성장과정(최대 350자) • 성격(최대 350자) • 생활신조(최대 350자) • 지원동기 및 포부(최대 350자) • 특기사항(최대 350자)

인제대학교 해운대 백병원	• 성장과정(600자 이내) • 성격 및 장단점(600자 이내) • 타인과 차별되는 나만의 핵심역량(600자 이내) • 지원동기 및 입사 후 포부(600자 이내) • 근무희망 부서
인하대학교	• 성장배경(최대 1,000자) • 성격(최대 1,000자) • 자기평가(최대 1,000자) • 입사동기(최대 1,000자) • 입사 후 포부(최대 1,000자)
여의도성모병원 부천성모병원 인천성모병원 의정부성모병원 은평성모병원	• 성장과정 • 성격 및 특기사항 • 생활신조 • 지원동기 및 장래계획 • 역량 및 업적
연세대학교 의료원 (신촌/강남)	• 성장과정/자기신조(최대 250자) • 지원동기/입사 후 포부(최대 400자) • 업무수행능력(최대 300자) • 팀워크/협력(최대 250자) • 열정/몰입성(최대 250자) • 동아리/사회봉사활동(최대 200자)
중앙대학교병원	• 아르바이트/실습경험/경력사항 업무 및 기간(최대 100자) • 학교생활(또는 사회생활) 중 가장 열정적으로 참여했던 일과 본인의 역할(최대 100자) • 전공과목 중 좋아하거나 자신있었던 과목(최대 100자) • 간호사로서 중요하다고 생각하는 덕목(최대 100자) • 본인의 성격(최대 100자) • 본인의 강점과 약점(최대 100자) • 팀워크/협력(최대 100자) • 직무와 관련하여 자기개발 중인 것(최대 100자) • 지원 분야 중 가장 관심있는 분야 또는 업무(최대 100자)
한양대학교 구리병원	• 성장과정 및 가족사항(최대 1,000자) • 학교생활(최종학교 중심으로, 최대 1,000자) • 자신의 성격(장점 및 단점, 최대 1,000자) • 경력사항 및 기타 활동(최대 1,000자) • 지원동기 및 입사 후 포부(최대 1,000자)

*출처 : 각 병원 홈페이지

02

간호사는 어떤 스펙이 필요할까?
: 학점, 토익, 봉사, 자격증, 어학연수 등

"학점은 얼마나 되어야 좋은 곳에 취업할 수 있나요?"

"간호사가 되려면 토익 몇 점 맞아야 하나요?"

널스홀릭 메일이나 유튜브 댓글로 종종 이런 질문을 받는다. 굉장히 포괄적인 질문이라 답변을 하기가 애매하다. 병원마다(병원도 대학병원인지 종합병원인지), 병원이 아닌 다른 기관마다 요구하는 스펙이 다르기 때문이다. 병원이 아닌 다른 기관이라면 국민건강보험공단, 건강보험심사평가원, 대한적십자사 혈액관리본부, 제약회사 등을 쉽게 떠올릴 수 있다. 앞서 말했듯 지원자는 가고자 하는 병원이나 기관에 알맞게 스펙을 준비해야 한다.

⚕️ 학점과 토익

사실 병원은 일반 사기업(대기업)과 비교해서 채용조건이 덜 까다롭다. 사기업은 토익, 제2외국어, 자격증, 어학연수 혹은 교환학생 등 지원자에게 많은 부분을 요구하지만, 병원에서의 간호사 채용은 '000명'으로 채용이 대거 이루어지고 간호사가 부족 직군이다 보니 병원이 아닌 국내 대기업의 입사조건만큼 까다롭지 않다.

소위 말하는 빅5 병원에 입사하기 위해 가장 중요한 부분은 '학점'이라고 말해도 과언이 아니다. 간호사 대형 커뮤니티의 후기들을 읽어보면, 대체로 4.5점 만점 중에 4.0 이상을 얻은 간호사들이 빅5 병원에 입사를 했다.

간호학과 특성상 학생들이 학점에 목숨 걸 듯 공부하기 때문에 4.0 이상을 받는 것은 쉬운 일이 아니다. 게다가 전공과목을 공부하면서 실습점수도 챙겨야 하기 때문에 힘듦이 배가 된다. 이 학점 역시 단지 전공 시험만 잘 치른다고 높게 받는 것이 아니다. 학점에는 실습점수도 포함이 되기 때문이다.

실습점수에 대해 잠시 이야기를 해보자면 간호학과 3학년, 4학년 때는 임상실습을 위해 병원으로 출근을 하게 된다. 병원 실습을 할 때는 근무 중인 간호사들을 따라다니며 Observation을 하는데, 시간만 채우며 퇴근해서는 안 된다.

학생들은 실습할 때 실제로 환자들의 V/S를 측정하거나 BST(Blood Sugar Test : 혈당 체크)를 하는 등 능동적인 태도로 임하여 높은 태도 점수를 받아야 한다. (병원마다 다르겠지만 BST는 학생들이 Needle Injury 위험이 있어 최근에는 잘 하지 않는다고 한다.) 또한 교수님과 함께 일주일마다 환자의 Case Study를 발표하는 시간도 갖기 때문에 이 과제점수에도 신경을 써야 한다. Case Study란 본인이 한 환자를 선정하여 그 환자의 질병에 대한 모든 것을 조사하고 공부하며 서로 토론하는 시간을 갖는 것을 말한다.

예를 들어 홍길동 환자가 당뇨병으로 입원치료를 하고 있다면 당뇨란 무엇인지부터 병태생리, 치료방법, 치료하지 않았을 때의 문제점, 합병증 등을 조사하고 이를 환자에 적용시키는 것이다. 따라서 내가 선정한 '당뇨'를 진단받은 환자가 무엇 때문에 입원을 했는지, 현재 무슨 증상이 있는지, 과거에는 어떤 증상이 있었는지, 현재 어떤 치료를 하고 있는지, 약물 등을 모두 조사하여 이론이 임상과 맞는지 적용해보며 공부를 하는 것이다. Case Study는 본인이 실습하는 장소(병동)가 달라질 때마다 제출하게 된다.

예를 들어 정형외과 병동에서 실습을 하고 있다면 아마 골절에 대한 환자 Case를 선정할 것이고, 신장내과 병동에서 실습을 하고 있다면 투석에 대한 Case를 공부하게 될 것이다. Case Study도 실습 과제점수에 포함이 되니 전공서적과 실제 환자를 잘 살펴보며 준비하길 바란다. Case Study 점수 잘 받는 법 영상은 QR코드로 확인해 보자.

케이스 스터디
점수 잘 받는 법

실습 시 간호학과 학생들에게 한 가지 팁을 주자면, (개인적으로 생각했을 때) 간호사들을 따라다닐 때 신규 간호사보다는 연차가 있는 간호사들을 따라다니는 것이 더 효율적이라고 생각한다.

신규 간호사를 따라다니면 Acting[1]일을 더 자세히 볼 수 있어 도움이 될 수는 있을 것이다. 환자에게 정맥주사를 놓는 경우, 선배 간호사는 빠른 손기술로 1분 만에 끝내는 반면, 신규 간호사는 처음 토니켓을 묶으며 긴장하는 모습, 어디로 찌를지 고민하며 혈관을 찾는 모습까지 모든 과정을 하나

---

❶ 환자에게 직접 어떠한 행위를 하는 일

하나 지켜볼 수 있기 때문이다.

하지만 학생들이 실습할 때 가지고 있는 목표는 물론 많이 배우는 부분도 있겠지만 학점을 잘 받는 것이 아닌가? 학생들의 실습 태도 점수는 병동의 수간호사가 판단하고 점수를 주는데, 수간호사 선생님 혼자서만 평가하기에는 본인이 퇴근한 뒤에 이브닝 근무를 하는 학생들의 태도를 자세히 알 수 없고, 본인이 볼 수 없었던 학생들의 면모를 올드 간호사를 통해 들을 수 있기 때문에, 점수를 받아야하는 학생 입장에서는 올드 간호사를 따라다니며 적극적인 태도를 보이는 것이 중요하다. 수간호사 선생님이 학생들의 실습태도를 평가할 때 신규 간호사보다는 올드 간호사들에게 물어보는 경우가 더 많기 때문이다.

여담이지만 사실 필자는 학생 간호사 때 신규 간호사 선생님을 따라다니는 것을 더 좋아했다. 서툰 모습과 선배 간호사에게 꾸중을 듣는 모습을 보며 나의 머지않은 미래일 것 같아 걱정이 되기도 했지만 더 마음에 와 닿았기 때문이다.

속으로 '힘내세요.'라고 응원을 하기도 했고, 너무 바빠 보이는 모습에 내가 대신 해 줄 수 있는 일이 있는지 여쭤보기도 했고, 식사를 거르는 선생님을 보며 왜 안 드시는 거냐며 안쓰러워 묻기도 했다. (지금에야 생각하지만 안 먹는 게 아니라 못 먹는 것이었다.) 아마 학생 간호사들은 대체로 그렇게 생각할 것이다.

한번은 간호학과 3학년 때 한 대형병원에서 실습을 하는데 신규 간호사 선생님이 울상을 지으며 학생들에게 "학생 선생님들 죄송하지만 혹시 여기에 있는 약 못 보셨나요?"하며 거의 나라 잃은 표정으로 학생들마다 붙잡고 물어본 적이 있다.

분명히 꺼내 두었는데 약이 없어졌다며 마음속으로는 이미 엉엉 울고 있는 표정이었다. 너무 마음이 좋지 않아 같이 실습하는 동기들과 다 함께 처치실을 확인해 보며 약을 찾아주었던 적이 있다. 동기들도 곧 다가올 본인들의 모습일 거라고 생각해 자기가 잃어버린 것처럼 아주 적극적으로 찾아주었던 기억이 있다.

당시엔 이렇게 너무나 안쓰러워 보였던 신규 간호사 선생님이었지만 시간이 흘러 막상 필자가 당사자가 되니 오히려 학생들의 시선이 너무 부담스러웠다. IV를 하려고 트레이에 물품을 챙기고 있으면 바로 뒤로 따라붙는 학생들이 부담스러웠다. 내가 IV를 한 번에 성공하고 오면 다행이지만 만약에 Fail하게 된다면 그를 지켜보는 학생들에게 너무 면목이 없고 창피할 것 같다고 생각했기 때문이다. 하지만 아마 그 학생 간호사들도 필자가 그랬던 것처럼 속으로 '꼭 한 번에 하세요!'라고 응원의 메시지를 보내지 않았을까 생각한다.

각설하고, 그렇다면 여기서 능동적이고 적극적인 태도는 어떤 것을 의미할까? 거창한 일이 아니다. 본인의 주어진 일을 끝까지 마무리하는 것만으로도 근무 중인 간호사에게 큰 도움이 된다. 예를 들어, 학생 간호사에게 환자들의 V/S를 부탁했는데 혈압이 높게 측정이 되었다면 거기서 끝나는 것이 아니라 Mannual BP기(수동혈압계)로 다시 측정을 해보기도 하고, 담당 간호사에게 이야기를 하며 "제가 30분 뒤에 다시 한 번 F/U해 볼까요?"라고 말이라도 해 보는 것이다.

필자가 몇 년간 근무를 하며 많은 간호학생들을 봐 왔지만 보통 학생들은 환자의 상태가 정상이든 비정상이든 측정만 해오고 종이 한 장을 책상 위에 올려두는 것이 끝이었다. 하지만 열이 나는 환자에게 "제가 얼음팩이라도 좀 가져다 드릴까요?"라고 한 마디라도 덧붙인다면 근무하고 있는 간호사 입장에서는 매우 고맙고 실습에 열정적으로 임한다고 생각할 것이다. 또,

환자가 환의를 새로 달라고 했을 때나 정수기, 화장실 등 위치를 물어볼 때 등 자신 있게 옷을 건네주고 대답을 한다면, 간호사들이 "이번에 실습하는 학생들은 굉장히 열정적이다."라고 자연스레 이야기가 나올 것이다. 이 글을 읽고 있는 예비 간호학생들은 꼭 실습에 적극적으로 임하여 높은 실습 점수를 받아가길 바란다.

지금까지 학점에 대해 이야기를 해 보았다. 하지만 학점만 높다고 모든 병원의 서류를 프리패스하는 것일까? 당연히 아니다. 부수적인 스펙도 갖추어야 한다. 입사지원서에 한 줄이라도 더 넣기 위해 간호학과 학생들이 시간을 가장 많이 투자하는 것은 학점 다음으로 토익이다. 토익은 모든 병원이 필수로 요구하지는 않지만 800점 이상일 경우에는 가능성이 있다. 700점 이하는 웬만해서는 기재하지 않는 것이 좋을 것이다.

현재 직장생활을 하고 있는 필자의 (간호사가 아닌) 친구들에게 처음 입사를 하기 위해 제출했던 토익 점수와 지원자들의 평균적인 점수를 물어보니 기본이 900점 이상이었으며 950점이 넘는 지원자들이 수두룩하다고 하였다. 특히 일반 대기업에 입사하기 위해서는 800점으로는 택도 없다고 했다.

하지만 필자의 개인적인 생각으로는, 병원에서 간호사로 일을 하기 위해서 토익에 목을 맬 필요까지는 없는 것 같다. 당연히 점수가 높게 나오면 좋겠지만, 토익은 서류전형을 통과하기 위한 객관적인 자료일 뿐, 이를 읽기 위해 노력하는 것보다는 의학적 지식과 의학용어에 더 집중하는 것이 올바른 방향이라고 생각한다. 그래도 본인은 꼭 빅5 병원에 입사를 꿈꾸기 때문에 무조건 토익 시험을 준비할 것이라고 이야기한다면, 병원 채용 시즌에 맞추어 대학교 3학년 이후부터 준비를 하는 것이 좋을 것 같다.

🫀 봉사활동

대학교 1학년에 입학하면 각 동아리에서 신규 멤버 모집을 위해 홍보를 할 것이다. 간호학과 학생들 특성상 동아리에 가입을 잘 하지 않는 편인데, 봉사동아리에 참여하는 학생들을 꽤 볼 수 있다. 이는 분명 병원 취업에 도움이 되기 때문이다. 간호사는 남을 위해 돕고 희생하며 봉사하는 직업이기도 하기 때문에 학업에 무리하지 않는 선에서 봉사활동을 하게 된다면 유리한 스펙이 될 것이다.

봉사활동을 하는 장소는 요양원, 종합병원, 기타 시설 등 다양하겠지만 특히 본인이 목표로 하는 대학병원에서 봉사활동을 한다면 더더욱 좋을 것이다. 그 병원의 대략적인 분위기나 시스템을 미리 알 수 있기 때문이다. 게다가 크게 관심이 없던 병원에서 봉사활동을 하며 좋은 인상을 받아 추후에 간호사로 지원하는 경우도 있고, 원했던 병원이었지만 본인이 생각했던 부분과 많이 달라 지원하지 않는 경우도 있다. 병원을 간접적으로 체험할 수 있는 좋은 기회가 된다.

신규 간호사로 입사하면 오직 본인이 해야 하는 업무에만 집중하기 때문에 병원 내의 검사실 위치나 서비스 등 큰 틀에 대해서 제대로 알지 못한다. 필자는 현재 근무 중인 병원에서 과거에 봉사활동을 해본 적이 없으며 간호 학생 때도 타 병원에만 실습을 나갔었기 때문에 처음 입사했을 때 어떠한 정보도 알 수 없었다.

병원 오리엔테이션 때 교육을 받으며 병원 투어를 하긴 했지만 부서가 매우 많고 원내가 굉장히 복잡하기 때문에 한 번 방문한 것으로는 모든 것을 파악할 수가 없었다. 그래서 환자들에게 검사실 안내를 할 때 위치를 몰라

머뭇거리면 선배 간호사가 '본인도 그 검사실이 어디에 있는지 잘 모르면서 어떻게 환자에게 가라고 설명할 수 있나요?'라는 말을 종종 듣곤 했다. 1층에는 어느 부서가 있고 2층에는 어떤 부서가 있는지 등 이런 부수적인 부분이라도 봉사활동을 하며 익혀둔다면 실제로 입사를 해서 근무를 할 때도 분명 도움이 될 것이다.

또, 봉사활동 시간이 단지 병원 입사를 위한 것만은 아니다. 추후 다른 곳으로 이직할 때에도 큰 도움이 된다. 혈액원을 예로 들자면, 혈액원은 입사지원자의 봉사활동 시간을 중요하게 여기고 가산점을 준다. 헌혈 자체가 생명 나눔, 봉사, 희생, 배려의 의미이기 때문에 혈액원 조직의 비전, 목표와 부합하기 때문이 아닐까 싶다.

⚕ 자격증(BLS, 컴퓨터 활용능력)

대형병원 취업을 위해서 자격증도 필수다. 물론 자격증이 많으면 많을수록 좋은 것은 간호사뿐 아니라 모든 직렬에 해당할 것이다. 그중 간호학생들이 가장 많이 취득하는 자격증은 바로 BLS이다.

BLS란 Basic Life Support의 약자로 기본소생술 자격증을 의미한다. 정확히 말하면 자격증이라기보다 이수증이고, 교육을 받고 필기 및 실기시험을 본 뒤에 발급받는 증서이다. 심장이 멈춘 상황(Arrest)에서 그 사람을 살리기 위해 시행하는 응급조치를 말하며 흉부압박 외에 인공호흡, AED(자동심장충격기)의 사용 등이 있다. 이 BLS는 보건의료인이 아닌 일반인도 취득할 수 있으며 취득 과정 또한 간단하다. '대한심폐소생협회'에 접속하여 교육비를 입금한 뒤에 본인이 원하는 날짜, 지역 및 장소를 선택하면 된다. 오전부터 교육이 이루어지며 5~6시간 정도의 교육 후 마지막에 필기평가/실기평가를 치른다. 필기, 실기평가에서 합격을 하면 마지막에 수료증을 발급받을 수 있으며 이는 2년마다 갱신해야 한다.

BLS는 간호학생들에게는 필수인 항목이기 때문에 학교에서 단체로 의무적으로 교육을 듣게 하는 곳도 종종 있다. 필자도 학교에서 다 함께 이 자격증을 취득한 뒤에 신규 간호사로 병원에 입사하여 2년이 넘어가지 않을 때에 다시 교육을 받고 갱신한 적이 있다.

그렇다면 컴퓨터 활용능력 자격증은 필요할까? 앞서 말했듯이 자격증은 다다익선이지만 사실 컴퓨터 활용능력 자격증이 있다고 해서 병원 내에 EMR 시스템에 잘 적응하는 것은 아니다.

EMR이란 전자의무기록(Electronic Medical Record)을 의미하는데, 쉽게 말해 환자의 모든 진료와 정보를 전산(컴퓨터)으로 작성하고 기록한다는 것이다. 사실 과거에는 환자 차트를 펜으로 종이에 직접 기입하며 수기로 작성했다고 한다. 하지만 EMR이 좀 더 신속하게 환자를 진료할 수 있고 간호기록이 저장되어 누락될 위험이 없기 때문에 점차 수기차트가 사라지고 있다. 그리고 이런 EMR은 병원마다 사용하는 시스템이 다르다. 어느 병원이 어느 프로그램을 사용하는지는 입사하여 실습하지 않고서야 알 수 없다.

신규 간호사가 입사를 하면 본인들의 병원 EMR을 배우게 되는데 너무 복잡해서 익숙해지는 데까지 시간이 꽤 걸린다. 문제는 내가 기록해야 할 부분이 어느 Tap에 있는지 도무지 모르는 경우이다. 예를 들어, 본인이 환자의 혈당을 체크했는데 이 혈당록을 어디에 올려야 할지 몰라서 한참 여기 클릭하고 저기 클릭하며 시간을 다 버리는 셈이다.

필자도 신규 간호사 때 EMR 때문에 스트레스를 많이 받았다. 프리셉터 간호사가 매번 알려주어도 이 EMR의 세계는 하루 이틀로 익숙해지지 않았다. 알려준다 한들 본인이 직접 누르고 기록해 보지 않으면 절대 익숙해질 수 없기에 전산 익히는 데에만 거의 3개월이 걸린 것 같다. 따라서 엑셀이나 파워포인트 같은 일반적인 컴퓨터 활용능력이 좋다 해도 병원 내에서는 무용지물인 것이다.

☉ 어학연수, 교환학생

간호학과 학생들의 90% 이상은 '칼졸업'을 한다. 신입생으로 간호학과 1학년에 입학해 열심히 과제, 시험공부를 하다가 2학년이 되고, 교내실습을 시작으로 3학년 때는 병원실습, 4학년 때는 국가고시 공부를 하느라 4년 내내 바쁜 생활을 보낸다.

이처럼 다른 전공과 다르게 간호학과 학생들은 방학 때도 쉬지 못하고 4년 내내 달려야 한다. 그런데 다른 학과와 다른 점은 4년 내내 바쁜 것뿐만이 아니다. 휴학이나 흔히 대외활동이라고 불리는 어학연수, 교환학생, 공모전, 홍보대사 같은 것들도 거의 참여하지 않는다.

아마 휴학이나 대외활동을 하기보다는 오히려 빨리 졸업해 현역으로 병원에 입사해야 휴학했던 다른 학생들보다 임상경력이 쌓여 도움이 되리라 생각하기 때문일 것이다. 필자도 학생 때 똑같이 생각했고 그렇게 휴학이나 대외활동 없이 4년 동안 부지런히 달려 칼졸업 후 바로 병원에 취업했다.

하지만 지금 생각해보면 대학교 시절 어학연수나 교환학생 프로그램 등을 적절히 활용하지 못한 것이 굉장한 후회로 남아 있다. 시간을 되돌릴 수 있다면 무조건 미국, 호주, 캐나다 등 최소 1년을 해외에서 살고 싶다.

학생 때는 하루라도 빨리 병원에 입사를 하고 싶었다. 학과 공부와 실습이 너무 힘들어 어딘가 종착점을 두고 달려야 견딜 수 있었기 때문이었다. 그렇게 4년의 시간이 흐르고 병원에 입사를 했을 때는 날아갈 듯이 기뻤다.

하지만 5년 차 간호사로 일을 하고 있는 지금, 오히려 학생 때보다 더 바쁜 삶을 살아가고 있다. 경력은 착실히 쌓고 있지만 그럴수록 필자는 우물 안 개구리처럼 살았다는 생각을 하게 됐다. 학생 시절 더 많은 사람을 만나고 더 많은 것을 경험할 수 있었지만 현실이 너무 힘든 나머지 빨리 끝내고 싶다는 생각으로 취업을 더 중요하게 여겼기 때문이다. 지금 인생을 돌아봤을 때 큰 부분을 놓친 것 같다는 생각을 종종 한다.

필자가 간호학과 2학년 때 다니던 대학교와 호주의 한 대학교 간호학과와 연계프로그램이 있었다. 6개월간 호주대학교의 간호학과로 교환학생 개념으로 가서 호주의 간호학과 시스템을 경험할 수 있는 프로그램이었다.

그 프로그램 공고를 봤을 때가 아직도 기억이 난다. 필자는 관심이 별로 없었고 오로지 빨리 병원에 취업을 하고 싶었다. 하지만 같은 과 동기 언니 한 명은 그 프로그램에 지원해 호주에 갔고, 호주가 너무 좋은 나머지 호주에서 다시 간호학과로 입학을 해 현재는 호주 간호사로 근무를 하고 있다. 그때는 생각했다. '왜 굳이 휴학까지 하면서 호주를 가지? 1년 휴학하면 임상에서 선배들보다 나이가 많을 수도 있을 텐데.'라고 말이다.

하지만 임상에서 근무를 하고 있는 지금 그때를 돌아본다면 1년 휴학은 근무 시에 그렇게 영향을 주지 않는다. 오히려 그 당시에 프로그램을 신청해 호주로 갔더라면, 아마 새로운 경험과 기억이 내 인생에 펼쳐지지 않았을까 하는 아쉬움이 많이 남는다.

반면 필자와는 다르게 필자의 남편은 정반대의 삶을 살았다. 남편은 대학 시절 흔히 말하는 스펙왕이었다. 토익 910, 오픽IH, 미국과 중국 교환학생, 호주 워킹홀리데이, 필리핀 어학연수, 각종 공모전 최우수상, 바이럴마케터 등 대학생이 할 수 있는 대외활동은 모두 참여했다고 한다. 한번은 물었다. 왜 이렇게 스펙을 많이 쌓았냐고. 그리고 돌아온 답변을 아직도 잊을 수 없다. '난 스펙 쌓으려고 이렇게 한 적 없어. 그런데 시간이 지나고 돌아보니까 스펙이 돼 있더라.'라고 말이다.

남편은 어릴 적부터 새로운 것을 경험하고 새로운 사람을 만나는 걸 좋아했다고 했다. 미국, 중국 학생들의 대학생활은 한국 학생들과 어떻게 다를까 궁금해서 교환학생을 갔고, 호주 사람들은 어떻게 사나 궁금해서 워킹홀리데이를 갔다고 한다. 어디서나 의사소통을 자유롭게 하기 위해 영어를 배웠고 그런 목적이 있었기에 자연스럽게 실력은 늘 수밖에 없었다고 한다. 경영학을 전공하며 마케팅에 흥미를 느껴 공모전과 바이럴마케터에 지원을 했고, 다른 학교, 다른 학과 학생들을 만나며 그들의 생각과 가치관을 경험하고 배울 수 있었다고 한다. 그리고 대학시절의 이런 경험들이 인생을 살아가는 데 있어 한곳에 매몰되지 않고 앞으로 나아갈 수 있는 밑거름이 되었다고 항상 말한다.

사실 필자가 후배들에게 자신 있게 어학연수, 교환학생, 대외활동을 하라고 추천할 수 있는 것은 이런 남편을 보고 많이 배웠기 때문이다. 필자는 대외활동 경험이 없기 때문에 그런 것들을 통한 경험의 크기를 직접적으로 느껴보진 못했다. 하지만 그런 경험을 못한 대신 칼졸업 후 병원에 입사를 했고, 그렇게 일을 하며 1년의 휴학 정도는 임상에서 그렇게 큰 영향을 끼치지 않는다는 것은 알 수 있었다.

무조건적으로 외국에 나가라고 말하는 것이 아니다. 필자가 말하고 싶은 것은 '그때만 할 수 있는 것들을 해라.'이다. 학교를 졸업하고 직장에 들어오면 일 년은 고사하고 한 달 동안 쉬는 것도 거의 불가능하다. 하지만 대학시절에는 가능하다. 외국을 나갈 수도, 대외활동에 참여할 수도, 또는 여행을 갈 수도 있다.

1년 휴학을 하고 새로운 경험을 하는 것은 단순히 1년이라는 시간을 쓰는 것이 아닌, 학과공부와 실습에 지친 나를 돌아볼 수 있는 기회가 될 수도, 앞으로의 내 인생을 어떻게 살아갈까에 대한 방향성을 만들어가는 시간이 될 수도 있다. 물론 무조건 휴학을 하고 대외활동을 하는 게 좋다는 말은 아니다. 본인이 휴학 없이 학업을 마치고 계획한 바가 있으면 뚝심 있게 가는 것도 중요하다. 필자가 휴학을 해도 괜찮다고 말하는 대상은, 휴학을 하고는 싶은데 여러 가지 요소 때문에 걱정이 되는 후배들이다.

간호학과 휴학하고
어학연수 다녀와도
될까요?

휴학을 하는 데 있어 너무 겁먹지 마라. 여러분의 인생은 여러분이 만드는 것이다. 또 어찌 아는가, 휴학했을 때 경험한 것들이 그대의 인생을 바꿀지도.

03

필기시험 필수지식 : 약물계산

간호학생들이 가장 어려워하면서도 꼭 알아야 하는 부분이 있다. 바로 약물계산이다. 임상에서는 어떤 약물을 몇 cc/hr로 주입해야 하는지 약이 바뀔 때마다, 처방이 바뀔 때마다 알아야 하며 간호사가 직접 조절해야 한다. 특히 항암치료를 할 때는 더더욱 중요하게 알아야 한다. 항암치료를 할 때는 약물을 정확한 시간에 정확한 용량으로 주입해야 하기 때문이다. 그렇지 않으면 심한 경우 환자가 Dyspnea(호흡곤란)을 호소하거나 쇼크에 빠져 큰일이 날 수 있다.

필자도 학생 간호사 때 약물계산을 어려워했다. 간단한 문제는 어느 정도 풀 수 있지만 복잡하고 지문이 긴 문제는 풀면서도 '아, 정말 이런 문제가 임상에서 쓰인단 말인가⋯.' 하고 좌절하기도 했다. 하지만 실제로 일을 하면서 저 질문에 답한 대답을 하자면 '쓰인다'이다. 게다가 사실 간호사들은 임상에서 일을 할 때 매번 계산하는 것이라기보다 너무 흔하게 쓰이므로 머리에 이미 암기되어 있다고 표현하는 게 맞을 것 같다(물론 자주 사용하는 약물만 그렇다).

그러므로 학생들은 약물 계산을 100% 이해하고 어느 문제에나 적용할 줄 알아야 한다. 지금부터 쉽게 이해할 수 있도록 설명을 할 테니 잘 생각하고 같이 풀어보도록 하자.

ⓦ 단위

먼저 기본적으로 알아야 할 부분은 '단위'이다. 1ml는 1cc이다. ml/hr는 '시간당 주입량'이다. 즉 '1시간에 몇 ml의 양을 주입해야 하는가?'라는 의미이다. 예를 들어, 50ml/hr라면 한 시간에 환자에게 50ml를 주어야 한다는 의미이고, 100ml/hr는 한 시간에 환자에게 100ml를 주어야 한다는 의미이다. ml와 cc는 같은 개념이기 때문에 50cc/hr 또는 100cc/hr라고도 이야기하며 임상에서는 cc/hr를 더 많이 사용한다. 여기서 생각해보면 당연히 50cc/hr보다 100cc/hr로 주는 게 떨어지는 방울 속도가 두 배는 더 빠를 것이다.

🔔 약물계산 예시 문제

Q 01 5DS Fluid 500ml를 하루 동안 환자에게 투여하려면 몇 cc/hr로 주입을 해야 하는가?

A 01 20cc/hr 또는 21cc/hr

해설 여기서 5DS는 무시해도 된다. 5DS Fluid는 5%의 Dextrose Saline(포도당 생리식염수)을 의미한다. 괜히 5%가 나와서 농도 계산과 관련 있을 것이라고 짐작할 수 있겠지만 이 질문의 포인트는 cc/hr이다. 하루에 500ml를 주어야 한다고 한다. 500ml는 500cc와 같은 의미이며, 하루는 24시간이므로 500ml/24hr를 하면 정답이 된다. 정확히 20.83이 나오는데 문제에 따라 소수점을 버리고 정수로 기입하라고 하면 답이 20이 되는 것이고, 소수점 첫째 자리에서 반올림을 하여 정수로 기입을 하라고 한다면 21이 되겠다. 뒤에 단위까지 20cc/hr 또는 21cc/hr라고 써 줘야 완벽한 답이 될 것이다.

Q 02 0.9% Normal Saline 1L를 하루 동안 환자에게 투여하려면 몇 cc/hr로 주입을 해야 하는가?

A 02 41.6cc/hr

해설 Fluid 1L는 1,000ml, 즉 1000cc이다. 하루는 역시 24시간이므로 1,000cc/24hr을 하게 되면 정확히 41.6cc/hr가 나온다.

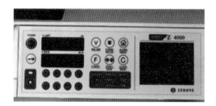

Infusion Pump

Dosi-flow

*출처: www.pyhpharma.com/leventon

　실제 임상에서는 두 번째 문제의 케이스를 가장 많이 사용한다. 환자들이 병원에서 입원을 하게 되면 대부분 Circulation을 위해 수액을 하나씩 몸에 달고 다닌다. 보통 1L짜리 수액을 달고 다니는데 이 1L 수액은 하루에 한 번씩 바꾸어 준다. 즉 24시간마다 교환하게 된다.

　하지만 정확하게 41.6cc/hr를 맞추기 위해서는 Infusion Pump를 사용하여 소수점자리까지 정확히 수치를 입력해야 할 텐데, 일반 생리식염수 수액이나 포도당 수액 같은 약물은 Infusion Pump를 사용하지 않는다. 항암약물이나 마약, 심장에 직접 영향이 가는 중요한 약물들만 Infusion Pump를 사용한다. 그렇기 때문에 간호사들은 이런 경우 보통 40cc/hr로 Dosi-flow(Regulator라고도 한다) 수액세트에 숫자를 맞춰 연결하게 된다. 하지만 딱 40cc/hr로 맞춰 놓으면 대부분 24시간 안에 다 수액을 맞지 못한다. 수액의 높이에 따라, 바늘의 게이지 크기에 따라 몸속으로 주입되는 속도가 다르기 때문이다. 환자의 키가 커서 수액의 위치와 삽입된 바늘의 위치 차이가 가까울수록, 바늘 크기가 작을수록(24G) 떨어지는 속도가 느리기 때문에 보통 간호사들은 이 부분까지 생각해서 40cc/hr보다는 조금 더 빠른 50cc/hr 정도로 맞추어 놓는 경우가 많다.

첫 번째 문제의 경우(500cc짜리 수액을 하루 동안 주는 케이스)는 소아에게 많이 적용된다. 소아는 Fluid를 성인 용량의 반만 주는 경우가 많다. 소아는 성인에 비해 키, 몸무게가 두 배 이상으로 차이가 나기 때문에 과용량을 막기 위함이다. 따라서 소아의 경우 Dosi-flow를 20으로 맞춰둔다.

🎤 약물계산 예시 문제

Q 03 횡문근융해증으로 입원한 환자에게 주치의가 Normal Saline Fluid 2L를 하루 동안 주입하라고 오더를 내렸다. 간호사는 환자에게 몇 cc/hr로 주입해야 하는가?

A 03 83.3cc/hr

해설 이 문제 역시 cc/hr를 계산하는 문제이다. 2L는 2,000ml, 즉 2,000cc이므로 2,000cc/24시간을 하면 답이 나온다. 정확하게는 83.3cc/hr이고 임상에서는 보통 80cc/hr라고 이야기한다.

Q 04 라식스가 Mix된 5DW Fluid 200ml를 하루 동안 투약하는 경우 몇 cc/hr로 약물을 주입해야 하는가?

A 04 8.3cc/hr

해설 200cc/24hr = 8.3333cc/hr
라식스(이뇨제)가 mix된 약물인 경우에는 앞서 말했듯이 Infusion Pump로 정확하게 달아야 한다. 이뇨제라서 혈압에도 영향을 줄 수 있기 때문이다. 보통 8cc/hr로 맞추어 연결하고 상황에 따라

서 9cc/hr로 달기도 한다. 라식스(이뇨제)라는 약물이 Mix되었기 때문에 토탈 용량이 200ml 이상
이 되기 때문이다.

Q 05 **100ml의 알부민을 4시간 동안 준다면 몇 cc/hr로 연결해야 하는가?**
A 05 25cc/hr

해설 100ml/4hr = 25cc/hr

여기까지 이해가 되었는가? 위 내용은 아주 기본적이며 실제로 임상에서
가장 많이 쓰는 부분이기 때문에 머릿속에서 바로바로 튀어나와야 한다. 이
다음부터 조금씩 헷갈리기 시작할 것이다.

다음은 gtt/min에 대하여 알아보자. gtt는 '방울'을 뜻하는 라틴어
guttae(영어로는 drop)의 약어로 '가트'라고 읽는다. 따라서 gtt/min는 '분
당 몇 방울이 떨어지는가?'에 대한 단위인 것이다. 예를 들어 10gtt라고 한
다면 10방울이 떨어져야 1cc가 모이는 것이고, 20gtt라고 하면 20방울이
떨어져야 1cc가 된다는 의미이다. 즉, 전자는 1cc=10gtt, 후자는 1cc=20gtt
를 의미한다.

본론으로 들어가기 전에 먼저 알아두어야 할 것이 있다. 바로 수액세트에
따라 떨어지는 방울 수가 다르다는 것이다. 과거에는 수액세트 자체가
15gtt가 되도록 제작되었는데 의료기기의 규격이 달라지면서 수액세트가
20gtt로 바뀌었다. 즉 20방울이 떨어져야 1cc가 모이도록 말이다. 그러니
앞으로 '1cc=20gtt'임을 잘 알아두도록 하자.
하지만 임상에서는 오랫동안 옛날 방식대로 사용해왔기 때문에 여전히
그대로 1cc에 15gtt를 사용하는 경우가 많다. 필자가 이야기하는 부분은

변경된 규정으로 이야기하는 것이니 잘 이해했으면 한다.

gtt/min는 ml(=cc)×20drop/60분이다. 여기서 분자인 20과 분모인 60을 나눌 수 있으니 결론적으로는, 곱하기 3만 해 준다면 gtt에서 cc/hr로 쉽게 변경할 수 있을 것이다. 반대로 cc/hr에서 나누기 3만 해준다면 gtt/min으로 변경할 수 있다.

단위 변경 공식
- ☑ cc/hr÷3 = gtt/min
- ☑ gtt/min×3 = cc/hr

이 공식만 잘 외워둔다면 모든 문제를 다 풀 수 있다. 20gtt/min를 cc/hr로 변경한다고 하면? 60cc/hr가 될 것이다. 예시 문제를 풀어보도록 하자.

🎤 약물계산 예시 문제

Q 01 1L 수액을 4시간 동안 준다면 몇 gtt/min인가?

A 01 83.3gtt/min

해설 앞서 이야기한 문제에서 좀 더 응용된 것이다. cc/hr를 먼저 구해야 gtt/min을 알 수 있다.
1000ml/4hr=250cc/hr이다. 여기서 나누기 3을 한다면 정답인 83.3gtt/min이 될 것이다.

Q 02 500ml 수액을 8시간 동안 준다면 몇 gtt/min인가?

A 02 20.8gtt/min(2.8초에 1방울)

해설 500ml/8시간 → 62.5cc/hr
따라서 나누기 3을 한다면 정답인 20.8gtt/min이 될 것이다.
여기서 초당 방울 수까지 계산해 본다면, 20.8방울 : 60초=1방울 : x초
x는 2.8이 나오므로 의미하는 바는 2.8초에 1방울, 거의 3초에 1방울이 떨어진다는 소리다.

Q 03 **500ml 수액을 24시간 동안 준다면 몇 초에 한 방울인가?**

A 03 약 9초에 한 방울

해설 500ml를 24시간 동안 준다는 것은 한 시간에 20.8ml를 준다는 의미다.
즉 20.8cc/hr. 여기서 나누기 3을 하게 되면 6.9gtt/min이고, 방울 수를 계산하려면
6.9방울 : 60초 = 1방울 : x초
따라서 x는 8.6이 나온다.

　이제 약물 계산에 대해 이해가 가는가? 특히 1L, 500ml 용량과 24시간 같은 경우 문제에서 나올 확률이 크므로 잘 알아두도록 하자. 너무 많이 사용하게 되면 아예 외워 버리는 경우도 있다. 암기가 필요한 이들에게는 아래 표가 도움이 될 것이다.

하루 총 주입량 (cc 또는 ml)	시간당 주입량 (cc/hr)	1분당 방울 수 (gtt/min)	한 방울 점적 시 소요시간(sec, 초)
500ml	20	6.7	9
1L	40	13.3	4.5
2L	80	26.7	2.3

　약물계산에 대해 거부감이 좀 줄어들었는가? 이러한 약물계산 문제는 실제 2020년 삼성서울병원 GSAT에서 10문제 정도가 출제되었을 정도로 높은 비중을 차지했다. 또 간단한 약물계산 문제는 면접 때에도 물어볼 수 있으니 잘 알아두도록 하자.

　다음 필기시험으로 많이 치르는 것이 '의학용어'이다. 이 부분은 할 이야기가 많으니 PART 4와 부록에서 자세히 다루도록 하겠다.

04

AI로 보는 면접이 있다고?

서류전형에 통과했다면 다음으로 준비해야 할 부분이 바로 면접이다. 병원마다 1차 면접까지 있는지, 2차 면접 그중 집단토론 면접까지 있는지 다 다르기 때문에 합격한 병원에 맞춰 잘 알아두어야 할 필요가 있다.

병원 면접 유형은 크게 두 가지로 나눌 수 있다. 본인에 대한 이야기를 하는 인성면접과 학생 때 배웠던 내용을 잘 알고 있는지, 기본적인 간호지식은 어떤지 테스트하는 지식면접이다.

인성면접은 크게 부담이 없을 것이다. 본인에 대해 잘 포장하여 이야기를 하면 되니 말이다. 문제는 지식면접인데, 어떤 분야에서 어느 문제가 나올지 모르기 때문에 지원자들은 광범위하게 대비를 잘 해야 한다. 앞으로 필자가 하는 예상문제와 답변은 실제 면접에서 사용되었던 것이니 잘 암기해 두길 바란다.

본론으로 들어가기에 앞서, 최근에는 면접 방식과 채용 시스템이 과거와 완전히 달라졌다. 언택트 시대이지 않은가. 따라서 'AI면접'이라는 시스템이 도입되었다. AI면접이란 Artificial Intelligence, 즉 인공지능 면접을 말한다. 컴퓨터와 마이크(오디오) 기능이 잘 준비되어 있다면 시간에 구애받지 않고 본인이 원하는 시간에 응시할 수 있다.

이 AI면접은 병원뿐 아니라 일반 기업에서도 많이 시행하고 있어 취업을 준비하는 학생들에게는 생소한 개념이 아닐 것이다. 하지만 필자가 면접볼 때만 하더라도 (대략 5년이 넘은 것 같다) 이런 AI면접은 거의 시행하지 않았다.

현재 함께 근무하고 있는 2020년에 입사한 후배 간호사들에게 물어보니, 본인들이 입사할 때부터 AI면접이 도입되었다고 했다. 질문들도 정말 다양하고 예상치 못한, 당황스럽게 만드는 질문이라고 했다.

하지만 어떤 이에게는 기회가 될 수도 있을 것이다. 실제 병원 면접관들과 대면한다면 압박면접이니 하면서 스스로 주눅들 수 있고 더 긴장을 할 수 있겠지만, 이는 남 눈치 보지 않고 자신 있게 말할 수 있을 테니 말이다. 대신 처음 하는 부분이니만큼 AI면접도 대비가 필요하다. 대면면접과 마찬가지로 의상과 헤어를 말끔히 차린 후 카메라 앞에 앉아야 한다.

시작 버튼을 누름과 동시에 면접과정이 촬영, 녹화가 되고 본인이 이야기한 답변뿐 아니라 표정이나 시선처리까지 객관적으로 분석하여 합격과 불합격 여부를 결정짓는다. 인터넷에 검색해보면 이러한 AI역량검사의 프로세스와 비슷한 환경을 무료로 체험해 볼 수 있는 사이트가 많이 있으니 미리미리 그 환경을 적응시켜 당황하는 일이 없도록 해야 하겠다.

♥ AI면접 응시 팁

AI면접 시 몇 가지 응시 팁을 주자면 첫째, 사람들이 몰리지 않을 시간을 선택해서 시작하는 것이다. 사람들이 많이 몰리게 되면 접속이 불안정해져 끊길 수 있으므로 안전하게 밤 시간대를 추천한다.

너무 외운 것 같이 말하는 것도 금물이다. 이는 대면면접을 볼 때도 마찬가지인데, 로봇처럼 한 치의 오차도 없이 이야기를 하게 된다면 오히려 인간적이지 않은 모습을 면접관들에게 보일 수 있어 부정적인 영향을 끼칠 수 있다.

그리고 작은 목소리 하나하나 다 녹음되므로 말실수를 하지 않는 것이 중요하다. 혼잣말로 중얼거리는 소리까지 면접관들은 다 듣고 있을 테니 말이다.

마지막으로 주변 환경도 굉장히 중요하다. 아무리 집에서 보는 면접이라도 핸드폰이 울린다거나 방으로 누군가가 들어온다거나 부산스러운 장면들이 보이면 굉장히 마이너스 요인이 된다. 기본이 되어 있지 않다고 생각할 것이다. 면접 전 항상 주변 환경을 살피고 시작하는 것이 매우 중요하다.

♥ 공통 질문

병원 AI면접의 기본적인 공통 질문은 자기소개, 병원 지원 동기, 성격의 장단점이다. 자기소개서 내용을 토대로 너무 길지 않게 (30초~1분 내외) 버벅거리지 않도록 연습해서 말끔하게 대답할 수 있어야 한다. 간혹 '대답을 너무 빨리해서 혹은 할 말이 없어서 30초 만에 끝났어요.', '너무 지리멸렬하게 이야기해서 1분 넘게 말한 것 같아요.'라고 걱정을 하는 지원자들이 있다.

하지만 크게 걱정하지 말자. 제 시간 안에 끝내는 게 가장 바람직하겠지만, 무조건 시간 안에 끝내야 한다는 강박관념 때문에 엉뚱한 대답을 하거나 더듬거리는 등 제대로 대답할 기회를 놓치지 않는 것이 더 중요하다.

공통 질문에 대한 기본적인 답변을 마치면 인성테스트에 기반한 몇 가지 문제가 나온 뒤에 심층질문을 받게 될 것이다. 인성테스트를 할 때는 솔직하고 일관성 있게 답변을 해야 한다. 다만 너무 극단적인 답변을 해서는 안 된다.

테스트를 다 마치면 컴퓨터가 지원자의 성향을 분석하게 된다. 이때 비슷한 질문에 대한 대답이 각양각색이라면 이 지원자는 좋은 답변을 위해 거짓말을 하고 있다고 판단할 수도 있을 것이다.

솔직하지만 극단적이지 않게 대답하는 것도 중요하다. 필자가 대략 5년 전쯤 현재 근무 중인 병원 면접을 봤었을 때의 일이다. 수많은 지원자들이 있었고 요즘처럼 당시에도 서로 정보를 공유하기 위해 카페나 블로그, 오픈카카오톡이 활성화되었던 시기였다. 그중 인성검사에서 떨어졌다는 지원자의 글을 보았다.

그는 솔직하게 일관성 있게 대답을 하라고 해서 '자살을 생각한 적이 있습니까?'라는 대답에 고민 없이 '예'를 선택했고 이와 비슷한 질문에서도 부정적인 대답을 많이 했다고 한다. 불합격의 원인이 이러한 부분 때문이라는 것은 아마 담당자만 알 수 있겠지만 필자가 이야기하고 싶은 부분은 일관적으로 솔직한 대답을 하되, 이렇게 너무 극단적으로 부정적으로만 대답하지 말라는 점이다. 지원자가 이렇게 솔직하지만 부정적인 답변을 한다면 면접관들은 이 지원자가 추후에 간호사로서 근무할 때 좋지 않은 영향을 끼칠 수 있다고 판단할 수도 있다.

05

인성면접도 중요하지!

본론으로 들어가 실제 인성면접 질문에 대해서 알아보도록 하겠다. 각 질문에 대해 2~3마디씩 할 이야기를 미리 생각해 두어야 한다. 또 면접을 볼 때 중요한 점은 다른 지원자의 대답도 잘 듣고 있다는 표시를 면접관들에게 보이라는 점이다. 다른 지원자에게 질문을 하고 있는 상황이더라도 면접관들은 매의 눈으로 모든 지원자들을 본인들 모르게 쳐다보고 있을 것이다. 남의 말을 경청하고 가끔씩 공감의 표시로 미소를 지으며 고개도 끄덕이는 제스처를 보인다면 그들에게 좋은 인상을 줄 수 있을 것이다.

인성면접은 크게 걱정할 필요가 없다. 본인에 대해 솔직히 이야기하되 자기소개서를 바탕으로 질문하는 경우가 많으니 본인의 자기소개서를 면접 전에 한 번 더 꼼꼼하게 읽어두자. 간혹 당혹스러운 질문을 할 때가 있을 것이다. 예를 들어, '다른 병원 어디 지원했어요?'라는 질문이다. 이럴 경우에는 솔직하게 대답해도 된다. 하지만 단순히 '네, 다른 병원도 지원하였습니다.'로 끝을 내면 안 된다. '사실 A병원에 지원을 하긴 했지만 제 가치관에 더 맞는 병원은 본원입니다.'라는 식으로 지원한 병원의 가치관이 무엇인지, 나와 맞는 부분이 구체적으로 어떤 부분인지 각 상황에 맞게 포장하여 답변을 마무리해야 할 것이다.

  본인의 단점에 대해 이야기할 때에는 되도록 간호사 업무에 지장이 없는 단점을 말하는 것이 좋다. 예를 들어 본인이 실제로 멀티태스킹이 안 되는 점이 단점이라고 하더라도 답변을 할 때에는 그렇게 말을 해서는 안 된다. 간호사는 멀티태스킹이 자주 필요한 직업이기 때문이다.
  최근 이슈가 된 내용이나 기사들에 대해서 잘 알고 본인의 생각을 정리하는 시간도 필요하다. 코로나 바이러스와 관련된 질문들도 잘 대비할 필요가 있다. 예를 들어, 코로나 바이러스를 예방하기 위해 본인이 무엇을 하고 있는지? 2023년 1월 말부터는 실내 마스크가 해제되었는데(병원, 대중교통 등 제외) 병원 내에서 마스크를 쓰지 않는 환자나 보호자가 있다면 어떻게 대처할 것인가? 등이다.
  안락사, 낙태 등 윤리적인 문제에 대해서도 찬성인지 반대인지 스스로 생각을 해둬야 할 것이다. 물론 정답은 없지만 본인이 이러한 윤리적인 문제에 대해 어떻게 생각하는지, 그 근거는 무엇인지를 듣기 위한 질문이므로 윤리적인 문제에 대해서도 평소에 뉴스 기사나 잡지를 통해 익숙해지는 것이 중요하다.

  나이가 현역보다 많거나 남성 지원자에게는 특히나 더 개인적인 질문을 할 가능성이 높다. 간호학과 졸업 전에 무슨 일을 하다가 왔는지, 왜 그만두고 간호사가 되기로 마음먹었는지, 자신보다 어린 동기들과 같이 잘 지낼 자신이 있는지, 어린 선배들과 관계를 어떻게 할 것인지 등에 대한 질문을 받을 가능성이 높다. 남학생의 경우도 그렇다. 본인이 이런 케이스에 해당 된다면 철저히 답변 준비를 하는 것이 필수이다.

인성면접은 본인을 어필하는 시간이다. 침착하게 있는 사실을 조리 있게 말하여 면접관들에게 좋은 인상을 심어줄 수 있도록 하자. 간혹 당황스러운 질문이 들어오거나 압박을 주는 분위기더라도 생글생글 웃음을 잃지 않도록 해야 할 것이다.

인성면접 기출 질문 및 답변 예시

Q 01 자신의 장단점은 무엇인가?

A 01 저는 어떤 긴급한 일에도 당황하지 않고 침착함과 빠른 판단력을 가진 것이 가장 큰 장점이라고 생각합니다. 간호사 생활을 하면서 응급상황이 발생할 경우가 많을 것입니다. 이럴 때 제 장점을 활용하여 응급상황을 침착하게 마무리하겠습니다.

반면 저의 단점은 부탁에 대한 거절을 잘 하지 못한다는 점입니다. 남을 돕는 성향이 강해 난처한 상황에 놓일 때가 종종 있습니다. 다른 사람들의 부탁을 다 들어주면 나중에는 제 일을 시간 안에 끝내지 못할 수도 있습니다. 따라서 To Do List를 만들어 스스로 우선순위를 판단하고 결정하는 노력을 하고 있습니다.

꼭 인성면접 꿀팁

본인의 장점이 간호사의 직무와 어떤 연관이 있는지, 어떻게 활용할 수 있는지 이야기하는 것이 중요하며 간단한 예시를 드는 것도 좋다.

반면 단점을 이야기할 때에는 직무와 크게 연관된 부분은 지양해야 한다. 장점화할 수 있는 단점을 이야기하고 그 단점을 보완하기 위해 어떤 노력을 하고 있는지 면접관이 납득할 수 있게 말하는 것이 중요하다.

Q 02 3교대에 대해서 어떻게 생각하는가?

A 02 일반적으로 사람들은 교대근무가 체력적으로 힘들다고 말하지만 저는 본인이 체력을 어떻게 관리하느냐에 따라 다르다고 생각합니다. 각자의 방법(운동, 취미생활 등)으로 체력뿐 아니라 정신적인 부분까지 강하게 기른다면 3교대 근무도 문제없을 것이라 생각합니다. 게다가 시간활용을 잘 한다면 오히려 일반 직장인들보다 다양한 활동을 할 수 있을 것이라 생각합니다.

Q 03 희망부서에 입사하지 못하면 어떻게 할 것인가? / 근무 중에 원하지 않은 부서로 로테이션 되면 어떻게 할 것인가?

A 03 희망부서에 입사하면 가장 좋겠지만 그렇지 않더라도 열심히 하겠습니다. 아직 일을 해본 게 아니기 때문에 여러 부서들이 어떤 일을 하는지 100% 알지 못하고, 희망부서가 아닌 다른 곳으로 배치가 된다고 해도 새로운 것들을 배울 수 있을 것이라 생각합니다.

Q 04 다른 병원과 함께 합격을 한다면 어느 병원을 선택할 것인가? 그 이유는?

A 04 저는 귀원(○○병원)을 선택할 것입니다. 물론 취업을 해야 하기 때문에 다른 병원에 지원을 한 것도 사실입니다. 하지만 저는 ○○병원이 갖고 있는 이념과 가치관이 다른 병원보다 저와 더 맞다고 생각하기에 운 좋게 다른 병원과 함께 합격한다 해도 주저하지 않고 ○○병원을 선택할 것입니다.

Q 05 나보다 성적이 좋지 않은 친구가 붙고 본인은 떨어진다면?

A 05 합격을 하는 건 단순히 성적으로만 되는 건 아니라고 생각합니다. 성적이 높다고 좋은 간호사가 되는 게 아닌 것처럼, 면접관님들은 분명 합격한 분의 다른 면에 좋은 점수를 주셨을 거라고 생각합니다. 만약 그런 상황이 발생한다면 제 스스로를 다시 한 번 돌아보는 시간을 갖도록 할 것입니다.

Q 06 퇴사하는 간호사가 많은데 본인은 이를 어떻게 이겨 낼 것인가?

A 06 입사 전 간호사 퇴사에 관한 유튜브 영상들을 찾아봤습니다. 퇴사 이유로는 크게 교대근무와 인간관계에 관한 이유가 가장 많았습니다. 교대근무를 하게 되면 아무래도 밤낮이 자주 바뀌다보니 체력적으로 힘들 수 있을 것 같기는 합니

다. 이러한 체력문제는 평소 조금 귀찮더라도 운동을 생활화해 꾸준히 체력관
리를 해나가겠습니다. 인간관계에 대한 문제는 저 혼자의 힘만으로 해결할 수
있는 문제는 아니라고 생각합니다. 하지만 우선 저에게는 문제는 없는지 제 자
신을 먼저 돌아보겠습니다. 그리고 관계에 문제가 있는 사람과 대화를 시도해
보겠습니다. 그렇게도 문제가 해결되지 않는다면 수간호사 선생님께 상황을 설
명드리고 면담 요청을 해보겠습니다.

Q 07 태움에 대해 어떻게 생각하는가?

A 07 사실 태움에 대해 가장 많이 걱정을 했습니다. 제 개인적으로는 태움은 없어져
야 한다고 생각합니다. 업무를 가르치는 것과 개인적인 감정을 표현하는 건 구
분이 되어야 한다고 생각합니다. 하지만 이제 입사를 하는 신규 간호사가 이런
마음을 먹는다고 바뀌기는 쉽지 않을 거라고 생각합니다. 간호사 조직 자체가
태움에 대해 경각심을 갖고 서로 배려하고 바꾸려고 하는 노력이 있다면 더 나
은 간호사 문화가 정착되지 않을까 싶습니다.

Q 08 태움을 목격했다면 어떻게 할 것인지?

A 08 많은 고민이 될 것 같습니다. 하지만 저 역시 신규 간호사이기 때문에 제가 나서
서 뭔가를 해결한다기보다는 수간호사 선생님께 상황을 설명하고 그런 일이 있
었다 정도는 말씀드릴 것 같습니다.

Q 09 선배가 본인을 아무 이유 없이 싫어한다면 어떻게 대처할 것인지?

A 09 아무 이유 없이 싫어하지는 않을 것 같습니다. 우선 제 스스로를 돌아보며 제가
부족하거나 실수한 것이 없는지 먼저 돌아보겠습니다. 하지만 정말 아무 이유
없이 저를 싫어하고, 그 때문에 병원생활까지 어려워진다면 수간호사 선생님께
면담 요청을 할 것 같습니다.

Q 10 환자가 고맙다며 돈을 쥐어줬을 때 어떻게 할 건지?

A 10 그 마음만 받겠다고, 괜찮다고 말을 하고 받지 않을 것입니다. 하지만 계속 주신
다면 수간호사 선생님께 즉시 알리겠습니다.

Q 11 환자에게 IV를 하러 갔는데 신규 간호사라고 거부하면 어떻게 할 것인가?

A 11 우선 환자를 안심시켜 드린 뒤, 환자의 마음에 공감할 것 같습니다. '저 역시 처음 하는 간호사가 오면 걱정이 될 것 같아요.'라고 환자의 마음에 먼저 공감을 하고, '하지만 저도 다른 간호사들과 똑같이 국가고시를 통과해 간호사 면허증을 취득한 사람이니까 한번 믿어보시면 어떨까요?'라고 말할 것 같습니다. 물론 여기서 중요한 건 정말로 실수 없이 성공을 해야 하는 것입니다. 그럴 수 있도록 IV 관련 영상과 모의 연습을 틈틈이 하도록 하겠습니다.

Q 12 의사의 처방이 잘못 되었다고 생각하는 경우 어떻게 할 것인가?

A 12 처방을 확인하기 전에 선배 간호사에게 확인차 맞는 부분인지 여쭤보겠습니다. 그 후 처방이 잘못되었다고 판단이 될 경우 주치의에게 전화를 걸어 직접 의사소통을 하며 해결해야 할 것입니다. 각 환자에게 정확한 처방이 이루어져야 하며, 간호사 역시 잘못된 처방을 발견할 줄 알아야 합니다. 간호사는 독자적으로 상황을 판단할 수 있는 능력을 갖춘 의료인이기 때문입니다.

Q 13 본인이 환자에게 약물을 투여했는데 알고 보니 다른 환자의 약이었다면 어떻게 할 것인가?

A 13 환자의 안전이 최우선이기 때문에 투약 오류를 낸 즉시 환자의 상태를 파악해야 합니다. V/S와 Mental 상태를 측정한 뒤 바로 선임 간호사에게 사실대로 보고해야 합니다. 그 이후 병원 내규에 맞춰 매뉴얼과 지시대로 따라야 합니다.

Q 14 환자에게 투약하러 병실에 갔는데 환자가 자리에 없다면 어떻게 할 것인지?

A 14 투약이 급하지 않은 상황이라면 일단 옆 환자의 처치 먼저 한 뒤, 잠시 후에 환자가 자리로 돌아왔는지 확인할 것 같습니다. 그래도 부재중이라면 화장실, 휴게실 등에 있는지 먼저 확인을 해야 합니다. 그 마저 환자를 찾을 수 없다면 병동 전화로 환자에게 연락해 병실로 돌아올 것을 요청해야 할 것입니다. 약물을 투여할 시간이 지체된다면 '투약 기본 원칙'의 5 Right 중 '투여시간'에 오류가 나기 때문입니다.

Q 15 계속 컴플레인 거는 환자를 어떻게 응대할 것인지?

A 15 우선 어떤 부분에 대해 불만을 가지고 있는지 확인하겠습니다. 위로와 공감을 하며 이야기를 끝까지 들어주고 환자가 가장 불편해하는 것을 최대한 해결해 보려고 노력하겠습니다. 그래도 제 선에서 해결이 되지 않는다면, 선배 간호사에게 이에 대한 설명을 한 뒤 도움을 요청할 것 같습니다.

💡 그 밖의 인성면접 빈출 질문

Q 지원동기는 무엇인가?

Q (특히 남자 간호사인 경우) 간호사가 된 이유가 있다면?

Q 본인을 한 단어로 표현한다면?

Q 본인의 별명과 그 이유는 무엇인가?

Q 살면서 가장 보람 있었던 일이 무엇이었는가?

Q 입사 후 가장 걱정되는 부분은?

Q 5년 후, 10년 후 목표는?

Q 본인이 졸업한 대학교를 자랑한다면?

Q 학생 때 개별과제가 좋았는지 팀별과제가 좋았는지?

Q 본인은 리더인가 팔로워인가?

Q 본인의 MBTI 유형은 어떤 것인가?

Q 3교대에 대해서 어떻게 생각하는가?

Q 체력관리를 위해 스스로 하고 있는 것이 무엇인가?

Q 본인은 어떤 간호사가 될 것인가?

Q 본원 외에 다른 병원에 지원했는가?

Q 다른 병원과 함께 합격을 한다면 어느 병원을 선택할 것인가? 그 이유는?

Q (종교가 있는 병원일 경우) 종교가 있는가?

Q (타지 사람인 경우) 병원에 얼마나 다닐 예정인가?

Q (타지 사람인 경우) 기숙사 자리가 없다면 어떻게 할 것인가?

Q 간호사에게 필요한 역량은 무엇이라고 생각하는가?

Q 자신만의 스트레스 해소 방법이 있는가?

Q 본인의 롤모델은 누구인가?

Q 본인이 가장 좋아하는 캐릭터와 그 이유는?

Q Off때 무엇을 할 것 같은가?

Q 집과 병원 거리가 어떤가?

Q 실습하면서 병원에는 특정 기술 또는 장비가 필요하다고 생각한 적이 있는가?

Q 실습하면서 '이런 간호사는 되지 말아야지.'라고 느낀 적이 있는가?

Q 실습했을 때 기억나는 간호사가 있는가?

Q 첫 월급 받으면 가장 먼저 무엇을 할 것인가?

Q 부모님께 자랑스러웠던 일 / 죄송했던 일

Q 간호간병통합서비스의 장단점에 대해서 말하시오.

Q 본원의 복지제도에 대해 아는 것이 있다면 어떤 것인가?

Q 프리셉터가 본인의 성향과 맞지 않을 때 어떻게 할 것인가?

Q 근무 중에 원하지 않은 부서로 로테이션 되면 어떻게 할 것인가?

Q 나보다 성적이 좋지 않은 친구가 붙고 본인은 떨어진다면?

Q 스스로 생각했을 때 본원이 이런 부분이 좋다 / 이 부분은 개선해야 할 필요가 있다 한 가지씩 말한다면?

Q 간호사와 간호조무사의 차이를 알고 있는가?

Q 퇴사율을 줄이기 위해 어떻게 해야 할까?

Q 환자들과 라포 형성을 위해 어떤 행동을 해야 하는가?

Q 병원에서 환자 만족도 평가 점수를 높게 받으려면 어떻게 해야 하는가?

Q 최근에 의사들이 파업을 시작했는데 이에 대해 어떻게 생각하는가?

Q 노동조합에 대해 어떻게 생각하는가?

Q 본인이 선배가 되었는데 후배 간호사가 본인의 말을 잘 듣지 않는다면 어떻게 할 것인가?

Q 로또에 당첨되면 무엇을 할 생각인가? 일을 그만 둘 것인가?

Q 환자에게 투약하러 병실에 갔는데 환자가 자리에 없다면 어떻게 할 것인가?

Q 낙태에 대해 어떻게 생각하는가?

Q DNR에 대해 어떻게 생각하는가?

Q 코로나 바이러스를 예방하기 위해 본인이 실천하고 있는 것이 있다면?

Q 코로나 병동에서 일할 의향이 있는가?

Q 소아환자 채혈을 한 시간 전에 했는데 Lab 추가 처방이 발생하여 보호자에게 설명을 했더니 거부한다. 이럴 때에는 어떻게 할 것인가?

Q 선배가 부당한 일을 한 것을 목격했을 때 어떻게 행동할 것인가?

Q 선배가 본인에게 불합리한 요구를 했을 때 어떻게 할 것인가?

Q (위 질문에 대해 거절한다고 대답했을 때) 거절했을 때 선배와의 불편한 관계를 어떻게 해결할 것인가?

Q (남자 간호사) 최종 꿈이 무엇인가?

Q (나이가 많은 학생의 경우) 그 동안 무슨 일을 했는가?

Q (나이가 많은 학생의 경우) 간호사가 되기로 한 이유가 무엇인가?

Q (나이가 많은 학생의 경우) 동기들과 잘 지낼 수 있는가?

Q (나이가 많은 학생의 경우) 나이가 어린 선배 간호사를 어떻게 대할 것인가?

Q 본원이 지원자를 채용해야 하는 이유가 무엇인가?

Q 합격 소식을 누구에게 가장 먼저 알리겠는가?

06

현직 간호사가 알려주는 지식면접의 명쾌한 답변!

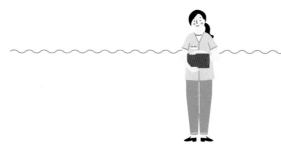

다음은 지식면접에 대해 알아보자. 면접을 앞둔 학생들이 가장 많은 비중을 두고 공부하는 부분일 것이다. 이미 출제되었던 문제나 출제 가능성이 있는 문제들은 모조리 다 암기해 두어야 한다. 문제에 대한 답변들을 본인 스스로 잘 메모해 두고 기억한다면 면접은 물론 실제 임상에서 일을 할 때도 큰 도움이 될 것이다.

면접을 볼 때 지원자별로 문제를 받는 경우가 있고, 꼬리물기식으로 대답해야 하는 경우가 있다. 후자의 경우로 예를 들어보겠다. '과일의 종류에 대해 말해 보시오.'라는 문제를 지원자 여섯 명이 받았다고 생각을 해 보자. 첫번째로 대답하는 사람이 당연히 가장 유리할 것이다. 생각나는 것 하나만 먼저 이야기하면 되니까. 그렇지만 순서가 뒤로 갈수록 앞 사람이 말한 답과 중복되지 않아야 하기 때문에 과일 종류를 많이 알고 있어야 한다.

필자가 면접을 봤을 때 딱 이런 경우였다. 아직까지도 정확히 기억나는데, 'L-tube의 적응증에 대해서 차례대로 말해 보세요.'라는 질문을 받았다. 필자는 5명의 지원자 중 가장 마지막 순서였다. '이 대답을 해야겠다.'라고 생각하면 앞에서 지원자가 미리 말해 버리고 또 다른 답을 생각하면 이 또한 다른 지원자가 말을 해버려 답을 뺏긴 것 같은 느낌이 들었다. 다행히 아무도 말하지 않은 답으로 대답하긴 했지만, 혹시라도 필자가 L-tube의 적응증을 한 가지만 알고 있었더라면 제대로 답할 수 없었을 것이다.

기본적인 간호지식 질문에 대답을 잘 하지 못하면 면접관에게 좋은 인상을 줄 수 없을 것이다. 따라서 지원자들은 특정 질환의 원인이나 결과 같이 여러 가지의 답이 나올 수 있는 문제에 대비하여 모두 암기를 해야 한다.

다음은 지식면접 예상 문제와 답변이다. 필수적으로 알아야 할 내용만 담았으니 정확하고 꼼꼼하게 암기하도록 하자.

총론 및 기본간호

Q 01 충격을 받아 호흡과다로 호흡성 알칼리증이 온 사람에게 가장 빠르게 처치할 수 있는 방법은 무엇인가?

A 01 환자에게 종이백(혹은 비닐봉지)을 제공하여 본인이 내쉰 숨을 다시 들이마시게 할 수 있도록 교육합니다. 본인이 내쉬었던 이산화탄소를 다시 들이마심으로써 호흡성 알칼리증을 완화시킬 수 있기 때문입니다.

 산 – 염기 불균형

불균형	pH	$PaCO_2$	HCO_3	증상	치료
대사성산증	↓	정상	↓	• 허약감 • 오심 • 구토 • 복통	중탄산나트륨($NaHCO_3$) 공급(=Bivon : 비본공급)

호흡성산증	↓	↑	정상	• 흥분 • 빈맥 • 심실세동	• 기도개방(기관내삽관) • 환기 • 폐 물리요법
대사성 알칼리증	↑	정상	↑	• 오심 • 구토 • 혼돈 • 근육 강직	• 염화나트륨 혹은 염화암 모늄 투여
호흡성 알칼리증	↑	↓	정상	• 현기증 • 감각 이상(저 림, 무감각) • 호흡곤란 • 이명 • 근경련	종이백 호흡

Q 02 저칼슘혈증일 경우 특징적인 징후는?

A 02 테타니(Tetany) 증상, 트루소(Trousseau) 징후, 크보스텍(Chvostek) 징후입
니다.

✛ 세 징후의 상세 증세
- 테타니 증상 : 코, 귀, 손가락 끝 부분 등의 무감각과 얼얼함을 호소하는 것
- 트루소 징후 : 팔을 압박하여 순환을 억제시킬 때 손바닥 굴절 증상이 나타나는 것
- 크보스텍 징후 : 안면신경 부위를 가볍게 쳤을 때 안면근육의 경련이 있는 경우

Q 03 고칼륨혈증일 경우 어떤 중재가 필요한가?

A 03 • 10% 포도당 100ml와 인슐린 10U(유닛)을 Mix한 약물을 투여합니다.
- KEX Enema(Kalimate Enema)를 합니다.
- 이뇨제를 투여하여 포타슘 배설을 증가시킵니다.
- 칼슘과 길항작용을 하므로 칼슘 약물을 투여합니다.
- 급성신부전 환자에게는 투석을 합니다.
- 칼륨이 많이 함유된 음식을 제한합니다.

Q 04 칼륨이 많이 함유된 음식은 어떠한 것이 있는가?

A 04 바나나, 시금치, 아보카도, 감자 등 주로 과일이나 채소에 많이 함유되어 있습니다.

Q 05 5 Right란?

A 05 정확한 환자, 정확한 약물, 정확한 용량, 정확한 시간, 정확한 투여경로입니다.

Q 06 내과적 손 씻기는 언제 하는가?

A 06 • 환자와 접촉 전후
- 환자의 주변과 접촉 전후
- 무균적 처치 전후
- 혈액이나 오물이 묻었을 때
- 장갑을 벗은 후
- 오염된 부분에서 깨끗한 부위로 이동할 때

Q 07 소독과 멸균의 차이는 무엇인가?

A 07 소독은 화학물질을 사용하여 전염성이 있는 균을 죽이는 방법입니다. 하지만 아포(포자)까지는 없애지 못합니다. 반면 멸균은 모든 미생물을 완전히 사멸하는 것을 의미합니다. 즉, 무균 상태를 말합니다.

Q 08 격리에 대해서 설명하시오.

A 08 종류로는 격리(Isolation)와 역격리(Reverse Isolation)가 있습니다.
격리란 전염력이 있는 질환을 가진 환자를 격리시키는 것을 의미하고, 역격리는 감염에 취약한 환자, 즉 감염에 대한 감수성이 큰 환자를 격리하여 외부로부터 환자를 보호하기 위한 격리를 의미합니다. 역격리의 한 가지 예로 백혈병 환자가 있습니다.

Q 09 통증평가척도에 대해 설명하시오.

A 09 통증평가척도의 대표적인 방법은 NRS(Numeric Rating Scale)입니다. 숫자 개념을 이해하고 의사소통이 가능한 12세 이상 환자에게 적용되는 평가표입니다. 통증이 전혀 없는 경우가 0점, 죽을 것 같이 극심한 통증을 호소하는 경우가 10점이며 환자에게 통증에 대한 점수를 확인해 수치화하는 것을 말합니다.

그 외에 VAS가 있습니다. VAS(Visual Analogue Scale)는 Visual, 즉 시각적으로 통증을 표현하는 도구인데, 3세 이상의 소아나 의사소통에 장애가 있는 환자들을 대상으로 합니다.

FLACC(Face-Legs-Activity-Cry-Consolability Scale)는 3세 미만의 소아나 의사소통이 아예 불가능한 환자에게 적용합니다. 의료진이 환자의 표정을 보고 통증에 대한 점수 표를 매기게 됩니다.

Q 10 TPN(Total Parenteral Nutrition) 투여 시 수액세트는 언제 교환하는가?

A 10 24시간입니다.

╬ TPN 교환 시기

TPN 투여 시 수액세트는 24시간마다 교환해 주어야 합니다. 중간에 처방이 바뀌어 새로 TPN이 변경되는 경우에도 새로 setting을 해야 합니다. 세균과 곰팡이 같은 미생물이 증식할 수 있기 때문에 하루에 한 번씩 교환합니다.

Q 11 전신마취 수술 전에 필요한 것은 무엇인가?

A 11
- 동의서 받기
- 금식
- IV Line 확보
- 진단적 검사(Lab, 흉부 X-ray, 심전도, 고령인 경우 폐기능 검사, 심장 초음파검사)

Q 12 전신마취 수술 후 간호에 대해 설명하시오.

A 12
- 활력징후(V/S) 체크
- 금식 여부 확인
- 주사 약물 투약
- 피검사

- EDBC 격려
- 배액관 및 PCA 사용법 설명

Q 13 수술 후 환자에게 탄력스타킹을 신기는 이유는 무엇인가?

A 13 정맥순환을 증진시켜 하지의 DVT(심부정맥혈전증)를 예방하기 위해서입니다.

Q 14 환자가 경미한 통증을 호소할 때 간호사가 진통제를 투약하는 것 외에 할 수 있는 중재는 어떠한 것이 있는가?

A 14 다른 곳으로 관심을 돌려 통증을 덜 느끼도록 하는 방법입니다. 마사지, 이완요법, 자세변경, 오락요법 등이 있습니다.

Q 15 병원에서 마약을 어떻게 보관하는지 설명하시오.

A 15 일반인이 쉽게 발견할 수 없는 장소에 이중 잠금장치가 된 철제금고에 보관합니다. 저장된 장소를 수시로 점검하고 마약류 관리대장을 작성합니다.

Q 16 마약성 진통제(데메롤, 모르핀 등)의 부작용은 어떤 것들이 있는가?

A 16 오심, 구토, 변비, 호흡억제입니다.

Q 17 전파경로 중 공기주의와 관련된 질병은 어떠한 것들이 있는가?

A 17 홍역, 수두, 활동성 결핵이 있습니다. 비말핵의 크기가 5microns 이하인 경우를 말합니다.

Q 18 전파경로 중 비말주의와 관련된 질병은 어떠한 것들이 있는가?

A 18 디프테리아, 풍진, 백일해, 폐렴, 이하선염, 뇌수막구균 등이 있습니다. 비말핵의 크기가 5microns 이상인 경우를 말합니다.

Q 19 전파경로 중 접촉주의와 관련된 질병은 어떠한 것들이 있는가?

A 19 VRE, MRSA, Clostridium Difficile, 옴이 있습니다. 1인실이나 코호트 격리가 필요합니다.

➕ 전파경로별 보호 방법

분류	질병	보호 방법
공기주의	• 비말핵크기 < 5microns • 홍역, 수두/파종성 대상포진, 결핵	• 음압 1인 격리실 • N95마스크 사용 • 환자 이동 최소화, 특별히 이동해야 하는 경우 외과용 마스크 씌우기 • 헤카필터(Heka Fillter) 통해 공기 교환
비말주의	• 비말핵크기 > 5microns • 대상자와 1m 이내에서 전파 • 성홍열, 백일해, 이하선염, 디프테리아, 풍진, 폐렴	• 1인실 사용 • 환자 이동 최소화, 특별히 이동해야 하는 경우 외과용 마스크 씌우기
접촉주의	• 대상자와의 직접 접촉 • 옴, VRE, MRSA, Clostridium Difficile	• 코호트 격리 • 혈압계, 청진기, 토니켓 등 환자만 사용할 수 있도록 격리카트 비치

Q 20 낙상의 위험 요인은 어떠한 것들이 있는가?

A 20 낙상의 위험 요인은 크게 내적 요인과 외적 요인으로 나눌 수 있습니다.
내적 요인으로는 낙상과거력, 65세 이상의 고령, 보행 장애, 근골격계 장애, 청력이나 시력 등 감각기능이 떨어진 환자 등이 있습니다.
외적 요인으로는 미끄러운 바닥의 상태, 고정되지 않은 침대, 불충분한 조명, 부적절한 보조도구, 약물복용 등이 있습니다.

Q 21 성인 및 14세 이상 소아의 낙상 위험 평가 도구는 무엇인가?

A 21 Morse Fall Scale입니다. 각 항목마다 점수를 매겨 낙상 위험성을 평가합니다.

‐╬‐ 낙상 위험 평가 도구

성인 및 14세 이상 소아의 낙상 위험 평가 도구

1. Morse Fall Scale
- 환자명:_____ ■ 진료과:_____ ■ 성별/생년월일: 남 . 여 /_____
- 병실:_____ 호실

평가항목		점 수
1. 지난 3개월간 낙상경험	없음	0
	있음	25
2. 이차적인 진단	없음	0
	있음	15
3. 보행보조기구	보조기구 없음/침상안정/휠체어 사용함	0
	목발/지팡이/보행기 사용함	15
	가구를 잡고 이동함	30
4. 정맥수액요법/ Heparin lock	없음	0
	있음	20
5. 걸음걸이	정상/침상안정/부동	0
	허약함	10
	장애가 있음	20
6. 의식상태	자신의 기능 수준에 대해 잘 알고 있음	0
	자신의 기능 수준을 과대평가하거나 잊어버림	15
총점		
평가		

*출처: Korean Journal of Otorhinolaryngology–Head and Neck Surgery

결과 분석
- 0 ~ 24점: 낙상 위험성이 거의 없음(No Risk)
- 25 ~ 50점: 낙상 위험성이 낮음(Low Risk)
- 51 ~ 125점: 낙상 위험성이 높음(High Risk)

Q 22 낙상을 예방하기 위해 간호사가 환자에게 어떤 교육을 할 수 있는가?

A 22
- 침상난간(Side Rail) 올리기
- 침상의 취침등(야간등) 켜두기
- 침대 바퀴 고정
- 보호자 상주
- 자기 전 화장실 다녀오도록 안내하기
- 침상 주변 정리하고 물기 없애기
- 호출벨 사용법 교육

Q 23 CBC란 무엇인가?

A 23 Full Term은 Complete Blood Count이며 전혈구검사입니다. 주로 빈혈과 감염 진단에 도움을 줍니다.

Q 24 회음부 간호의 목적은 무엇인가?

A 24 회음부 간호란 성기와 항문 주변을 깨끗하게 닦는 절차를 의미합니다. 피부 손상과 감염을 예방하기 위해 시행하며 요도 분비물, 질 분비물, 피부 자극과 불쾌한 냄새 등을 제거합니다.

Q 25 L-tube의 적응증은 무엇인가?

A 25
- 구강섭취가 어려운 환자에게 영양을 공급하기 위해서
- 치료목적으로 위장관이나 췌장의 움직임을 최소화하게 하기 위해서
- 극심한 영양결핍으로 위장관이 거의 작용할 수 없는 경우
- 정상적인 위장기능이 있으나 추가로 영양을 많이 공급해야 할 때
- 장 폐색(Ileus)으로 인해 내용물의 배출이 필요한 경우
- 구역반사가 소실된 경우(심한 의식 저하, 경련, 혼수 등)

Q 26 L-tube의 정확한 위치는 어떻게 되는가?

A 26 성인을 기준으로 코끝에서 귀를 거쳐 검상돌기까지 위치한 길이는 60~65cm입니다.

Q 27 L-tube가 정확하게 위치해 있는지 확인하는 방법은?

A 27
- 흉부 또는 복부 X-ray 촬영
- 주사기를 통해 공기는 10ml 정도 주입하면서 복부 검상돌이 아래 부분 청진 ('꼬르륵'같은 공기가 주입되는 소리가 들려야 정확한 위치)
- 위 흡인물 산도 측정(pH가 1~5인 경우 정상)

Q 28 L tube로 자주 Feeding 시 부작용에 내해 설명하시오.

A 28
- Aspiration
- 설사
- 장 기능 저하
- 비위관 폐쇄
- 환자 컨디션 저하
- 환자의 불편감

Q 29 관장의 종류에 대해 설명하시오.

A 29 관장은 크게 청결관장과 정체관장으로 나눌 수 있습니다. 청결관장은 대변을 완전히 배출시키는 것이 목적이며 생리식염수 관장, 글리세린 관장, 비눗물 관장 등이 있습니다. 정체관장은 관장액을 장내에 머무르게 하기 위한 관장으로 칼리메이트 관장, 락툴로스 관장 등이 있습니다.

╬ 관장의 종류 및 특징

종류	사용하는 용액	특징 및 기타
청결관장 (=배출관장)	생리식염수 관장	생리식염수는 간질강내의 삼투압과 거의 유사하기 때문에 안전함
	글리세린 관장	물과 글리세린을 1:1 비율로 섞어 관장
	비눗물 관장	직장에 화학적 자극을 줄 수 있음
정체관장	칼리메이트 관장	혈중 포타슘 수치를 빠르게 낮추기 위함
	락툴로스 관장	간성혼수인 환자에게 암모니아를 배출하기 위한 관장

Q 30 PR(Physical Restraint : 신체억제대)의 적응증에 대해서 설명하시오.

A 30
- 무의식 혹은 섬망 환자가 주요 튜브(IV Line, 배액관 등)를 스스로 제거할 위험이 있을 경우
- 환자가 Irritable하고 Bed-out을 시도할 때
- 치료협조가 어려운 환자의 경우
- 낙상의 위험이 클 때

Q 31 PR 적용 후 주의해야 할 사항에 대해 설명하시오.

A 31 PR을 하게 될 경우 압박받은 피부가 손상될 수 있습니다. 2~3시간마다 풀어 주면서 순환 상태 및 피부 상태를 확인해야 합니다.

Q 32 간 생검(Liver Biopsy) 전후 간호에 대해 설명하시오.

A 32
- 검사 시행 전 환자를 편안하게 하기 위해 방광 비우도록 하기
- 무균술에 따라 검사 시행하기
- 바늘을 찌를 때 환자에게 숨을 내쉬게 한 뒤 3~4초간 숨 참으라고 하기
- 검사 후 바늘을 뺀 뒤 출혈을 막기 위해 모래주머니 대기
- 출혈을 막기 위해 검사 부위를 아래로 향하게 한 뒤 눕히기
- 검사 후 다음 날 드레싱 챙기기

Q 33 남성에 비해 여성이 방광염에 더 잘 걸리는 이유는 무엇인가?

A 33 여성의 요도가 남성에 비해 더 짧기 때문입니다.

Q 34 배뇨곤란을 호소하는 환자에게 교육할 내용에 대해 설명하시오.

A 34
- 요의를 느끼는 즉시 화장실에 가도록 교육
- 따뜻한 변기에 앉도록 교육
- 환자가 들을 수 있도록 물소리 내기
- 회음부에 따뜻한 물을 대주기
- 대퇴나 다리를 두드려 자극 주기
- 편안하고 이완된 환경 조성하기

Q 35 유치도뇨관(Foley Catheter)을 가지고 있는 환자에게 시행해야 할 교육에 대해 설명하시오.

A 35
- 침상안정을 해야 하는 경우가 아니라면 Ambulation(걷기) 격려
- 금기가 아니라면 하루에 한두 번씩 회음부 주변을 흐르는 물로 깨끗이 닦기
- 누워 있을 때는 Urine Bag이 항상 회음부보다 아래로 향하게 하되, 바닥에 끌리지 않도록 침대에 잘 고정해두기
- 하루에 1L 이상 수분 섭취 격려
- 소변의 양, 색깔, 특징 관찰
- 이동이 필요할 때 도뇨관 Clamping하기(역류 방지)
- 소변백이나 카테터가 더러워졌을 경우 주기적으로 교환하기

Q 36 체위배액을 어느 시간대에 하는 것이 효과적인가?

A 36 식전 혹은 늦은 오후입니다. 체위배액이란 폐와 기관지 부분의 가래를 중력을 이용한 체위를 취해줌으로써 분비물을 밖으로 배출해내는 술기를 의미합니다. 따라서 식후에 체위배액을 하게 된다면 구토를 할 수 있기 때문에 식전에 시행하는 것이 효과적입니다. 또한 저혈압, 빈맥, 어지러움, 심계항진 등의 증상이 있다면 즉시 중단해야 합니다.

Q 37 병원 화재 시 RACE 지침을 따르는데 RACE가 무엇인지 설명하시오.

A 37 • Rescue(구조) : 모든 사람들을 구조하는 것을 말합니다. 환자를 대피시킬 때는 스스로 거동이 가능한 C군을 먼저 대피시키고, B군, A군 순서로 구조합니다.
• Activate(가동시키기) : 화재경보 시스템을 가동시킨 후 담당자에게 보고합니다.
• Confine(국한시키다, 가두다) : 문과 창문을 닫아 불이 확산되는 것을 방지시킵니다.
• Extinguish(소화) : 소화기로 불을 끄고 모든 사람들을 안전지역으로 대피시킵니다.

Q 38 혈소판 수치가 떨어져 출혈 위험이 있는 환자에게 제공해야 할 간호에 대해 설명하시오.

A 38 • 아스피린이나 항응고제 사용 피하기
• 대변의 잠혈반응 검사하기
• 부드러운 칫솔이나 면봉 사용하기
• 치실 사용 피하기
• 코 세게 풀지 않기
• 외상, 충돌, 자상 등 피하기
• 전기면도기 사용하기

Q 39 수혈 가능한 여러 가지 혈액 제제에 대해 설명하시오.

A 39 PRC(Packed-RBC : 적혈구 농축액), FFP(신선동결혈장), PC(Platelet Concentrate : 농축혈소판) 등이 있습니다. Hb(헤모글로빈) 수치가 낮아 일반적으로 많이 하는 수혈은 PRC이고 1pint당 Hb수치 1 정도를 올립니다. FFP는

주로 혈액응고인자가 부족한 환자에게 보충하기 위해 투여하는 혈액입니다. 농축혈소판은 혈소판 감소증이나 혈소판 기능장애가 있는 환자(예:백혈병), 출혈을 예방하거나 치료하려는 환자에게 투여되는 혈액입니다.

✛ 혈액제제의 종류 및 적응증

종류	적응증	기타
Whole Blood (전혈)	• 저혈량성 쇼크 • 대량 출혈	체액 과다 증상을 모니터하며 천천히 주입
Packed RBC (적혈구 농축액)	• 빈혈 • 중증도의 실혈	• 2~4시간 동안 주입 • 가장 보편적으로 사용됨
Platelet(혈소판)	• DIC 혹은 골수기능이 억제되었을 경우 • 혈소판 감소증	• 빠른 속도로 주입 • 혈액 Bag 흔들기
FFP (Fresh Frozen Plasma : 신선동결혈장)	혈우병, 간질환 등으로 인한 출혈	• 빠른 속도로 주입 • 필터를 통하여 주입
알부민	• 저알부민혈증 • 화상 • 폐부종 혹은 말초부종	• 4시간 동안 천천히 주입 • 체액과다를 예방하기 위해 이뇨제와 함께 투여하기도 함

Q 40 **수혈 전 준비해야 할 사항에 대해서 설명하시오.**

A 40 • 수혈 동의서 받기
• 20G(게이지) 이상의 IV Line 확보
• ABO(혈액형), Antibody(항체) 확인
• 과거 수혈 시 부작용이 있었는지 확인
• 수혈 전 항히스디민제 투약

Q 41 **수혈의 부작용은?**

A 41 저혈압 같은 용혈성 반응, 알레르기 반응(두드러기), 감염 반응, 발열 반응, 혈액량 과부하로 호흡곤란 증상 등이 있습니다.

부작용	증상	처치
용혈성 반응	오한, 발열, 오심, 구토, 두통, 저혈압, 빈맥, 급성신부전, 소변량 감소, 기관지 경련	• 수혈 중단 • 처방에 따라 산소, 에피네프린, 생리식염수 공급
알레르기 반응	소양증, 발진, 오한	• 수혈 중단 • 처방에 따라 항히스타민제 투여
아나필락틱 반응	불안, 안절부절 못함, 청색증, 쇼크	• 수혈 중단 • 처방에 따라 에피네프린 투여 • 소변과 혈액검사
순환 과부담	호흡곤란, 흉통, 답답함, 마른기침, 안절부절 못함, 폐수종	• 수혈 중단 혹은 천천히 주입 • 처방에 따라 이뇨제, 산소 투여 • 좌위 취하기
공기 색전증	청색증, 호흡곤란, 쇼크, 심정지	• 수혈 중단 • 환자의 머리 낮추고 왼쪽으로 눕힘

Q 42 수혈과정 중 다른 포도당 약물과 함께 주지 않고 단독 Line으로 주입해야 하는 이유는?

A 42 포도당이 섞인 용액은 피와 섞이면 응고 반응이 일어나기 때문입니다. 하지만 0.9% 생리식염수는 혈액과 섞여도 응고를 일으키지 않아 혈압이 떨어지는 등의 부작용이 있을 경우 즉시 투여할 수 있으므로 함께 주입해도 무관합니다.

Q 43 Appendictitis(충수염) 환자에게 특징적으로 나타나는 통증 양상은?

A 43 반동성 압통으로 우측 하복부의 McBurney 지점을 깊이 누른 다음 손을 떼었을 때 나타나는 통증입니다.

Q 44 A형 간염과 B형 간염의 차이를 설명한다면?

A 44 A형 간염은 주로 대변-구강 통로를 통해 전파됩니다. 바이러스에 감염된 음식이나 액체를 섭취한 경우 발병합니다. 반면 B형 간염은 바이러스 보유자와의 성접촉, 혈액이나 체액에 의한 감염으로 인해 발병합니다.

Q 45 간성혼수 환자에게 시행하는 관장은?

A 45 Lactulose Enema입니다.

일반적으로 독성이 있는 암모니아는 우리 몸에서 분해가 되어 배출됩니다. 하지만 간성혼수 환자의 경우 이런 분해과정이 잘 일어나지 않아 체내에 쌓이게 되는데 암모니아가 몸에 축적될 경우 의식변화, 심한 경우 혼수상태에 이르기까지 합니다. 따라서 락툴로스 관장을 통해 쌓인 암모니아를 빼낼 수 있습니다.

Q 46 Hemoptysis(객혈)과 Hematemesis(토혈)의 차이는 무엇인가?

A 46 객혈은 기침에 의해 유발되며 밝은 빨간색을 띠는 호흡기 질환입니다.

반면 토혈은 구토에 의해 유발되는 검붉은 색을 띠는 소화기 질환입니다.

Q 47 편도선 절제술을 한 환자에게 어떤 교육을 해야 하는가?

A 47
- 금식이 풀리고 의식이 회복되면 식사는 찬 미음을 먹도록 합니다. 따뜻한 음식을 먹게 되면 수술부위에 출혈이 있을 수 있기 때문입니다.
- 심한 기침이나 코를 세게 푸는 행위는 하지 않도록 합니다.
- 빨대는 출혈을 일으키고 상처를 건드릴 수 있으니 사용을 제지합니다.
- 하루에 2L 이상의 물을 마십니다.
- 출혈이 심할 경우 즉시 의사에게 보고합니다.

Q 48 양성종양과 악성종양의 차이에 대해 설명하시오.

A 48

구분	양성종양	악성종양
속도	느림	빠름
피막	싸여있음	싸여있지 않음
성장양식	확장하면서 경미한 조직손상을 일으킴	수위 조직에 침윤, 확장, 염증, 궤양, 괴사를 일으킴
재발	재발되지 않음	재발됨
전이	전이되지 않음	전이됨
세포 외 특징	주위 정상조직과 거의 유사함	주위 조직과 다른 양상을 보임
예후	주요 기관의 압박이나 폐쇄가 없는 한 사망에 이르지 않음	주요 장기에 전이되어 사망에 이름

Q 49 항암화학요법제의 부작용에는 어떠한 것들이 있는가?

A 49 오심, 구토, 설사, 변비 같은 위장관 장애와 골수기능이 억제되어 빈혈, 출혈, 감염 등의 증상이 나타납니다.

Q 50 항암제 투여 시 간호사에게 필요한 개인보호장구는?

A 50 장갑과 마스크입니다. 이 외에 항암제 투여 시 수액세트, Infusion Pump, 의료폐기물 전용 용기가 필요합니다.

Q 51 임종을 앞둔 환자에게서 나타나는 증상에 대해 설명하시오.

A 51
- Cheyne-stoke 호흡(체인스톡 호흡) : 호흡 리듬이 불규칙하고 무호흡과 과호흡이 교대로 나타나는 양상
- 맥박이 약해지고 감소
- 얼굴 근육의 이완
- 괄약근 기능 상실로 인한 실금
- 피부가 점차 차가워짐
- 동공 확장

Q 52 제세동기 사용법에 대해 설명하시오.

A 52
- 손 씻기
- 제세동기 외관 상태(배터리 충전 상태, 기본적인 물품 확인) 점검
- 제세동기 켜기
- Eletrode를 정확한 위치에 붙이기
- 리듬 확인 후 화상예방 위해 패드에 젤 바르기
- 패들을 정확한 위치에 두기
- 에너지량 충전
- "모두 물러나세요."라고 말한 뒤 Shock

╬ Eletrode 붙이는 위치
- 흰색 : 오른쪽 쇄골 아래
- 검정색 : 왼쪽 쇄골 아래
- 빨간색 : 왼쪽 유두 아래

- Paddle 1(Sternum) : 우측 쇄골과 흉골이 만나는 부위
- paddle 2(Apex) : 왼쪽 유두아래와 좌측 중앙 액와선이 만나는 부위

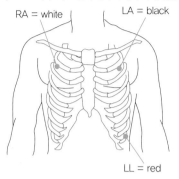

Q 53 CPR 상황에서 A, B, C는 각각 무엇을 의미하는가?

A 53 A는 Airway(기도), B는 Breathing(호흡), C는 Circulation(순환)입니다. C →
A → B의 순서로 환자가 쓰러진 직후 흉부압박을 통해 순환을 시켜 준 뒤 기도
를 열어 산소를 공급해 주어야 합니다.

순환 장애

Q 01 골수천자 시 어떤 자세를 취해야 하는가?

A 01 Prone Position(복위)입니다.

Q 02 DVT(Deep Vein Thrombosis : 심부정맥 혈전증)의 원인은 무엇인가?

A 02 DVT란 혈전에 의해 발생하는 정맥염을 말하며 원인으로는 울혈성 심부전, 장
기간의 부동, 골절, 비만, 임신, 경구용 피임약 복용 등이 있습니다.

Q 03 DVT의 가장 심각한 합병증은 무엇인가?

A 03 폐색전증입니다. 호흡곤란, 저산소증, 심한 경우 심정지를 일으키기 때문입니다.

Q 04 혈소판의 정상수치는 얼마인가?

A 04 성인 기준 15만에서 45만 개입니다. 혈소판은 우리 몸에서 응고에 관여합니다.

Q 05 와파린을 복용하는 환자에게서 가장 중요하게 봐야 할 피검사 항목은 무엇인가?

A 05 INR(International Normalized Ratio)입니다. 혈액이 응고되는 시간을 국제적으로 표준화한 단위입니다. 와파린은 항응고제이며 INR 수치가 높아질수록 출혈 경향이 높다는 의미입니다. 따라서 정기적인 피검사를 통해 약 용량의 조절이 필요합니다.

Q 06 와파린을 복용할 때 환자에게 중요하게 교육해야 할 내용은 무엇인가?

A 06
- 매일 같은 시간에 복용하기
- 주기적으로 Lab F/U하기
- 의사의 지시 없이 중단하지 말기
- 비타민K 능력을 떨어뜨리는 식품은 INR 수치에 영향을 미칠 수 있으니 복용 제한하기

┼ 비타민K가 많이 함유된 음식

녹차, 아보카도, 브로콜리, 두유, 콩, 파슬리, 시금치, 상추 등 주로 녹색 채소에 많이 함유되어 있음

Q 07 벤츄리 마스크를 적용하기 가장 좋은 호흡질환 대상자는 누구인가?

A 07 COPD 환자입니다. 벤츄리 마스크는 실내공기와 산소가 섞여 정확한 농도의 산소를 전달하기 때문입니다.

Q 08 COPD(Chronic Obstructive Pulmonary Disease) 환자에게 고농도의 산소를 투여하지 않는 이유는 무엇인가?

A 08 정상 사람들은 호흡중추가 이산화탄소의 농도에 의해 자극받습니다. 하지만 COPD 환자들은 산소의 농도에 영향을 받습니다. 따라서 고농도의 산소를 투여하게 되면 뇌에서 이미 산소가 충분하다고 판단하여 호흡을 억제하게 하도록 합니다. 따라서 COPD 환자들에게는 2~3L의 산소만 투여해야 합니다.

Q 09 항결핵약을 복용 중인 환자에게 어떤 교육을 해야 하는가?

A 09 소변이나 땀 색깔이 오렌지색으로 변색이 될 수 있고, 손과 발이 저린 느낌이 들 수 있으며 시력 저하 및 관절통, 급성 통풍염이 올 수 있음을 설명합니다.

Q 10 전부하와 후부하의 차이를 설명하시오.

A 10 전부하는 용적부하입니다. 심근의 팽창정도를 의미합니다. 후부하는 압력부하입니다. 즉 좌심실이 심장의 펌프질을 하는 것에 대해 대항하는 말초 저항입니다.

Q 11 CVP(Central Venous Pressure)의 정상 범위는 얼마인가?

A 11 4~12mmHg입니다.

⊹ CVP의 상승과 감소

CVP는 우심방 내의 압력으로 우심실 기능을 나타낸다. CVP의 상승은 우심실 부전 혹은 과혈량을 의미하고 CVP의 감소는 순환혈류량의 감소를 의미한다.

Q 12 환자의 혈압이 떨어졌을 때 간호사는 어떤 조치를 취해야 하는가?

A 12
- 어지러움 같은 증상이 있는지 확인합니다.
- 편평하게 눕힌 뒤 다리를 30~40도 올려줍니다.
- 의사의 처방에 따라 수액을 충분히 투여합니다.
- 반대쪽 팔로 다시 재측정을 해 보고 Full V/S(혈압, 맥박, 호흡수, 체온, 산소포화도)를 체크합니다.
- 낙상예방을 위해 침상난간을 올려줍니다.
- 의사에게 노티합니다.

Q 13 Digoxin을 복용할 때 주의해야 할 점에 대해 설명하시오.

A 13
- 매일 일정한 시간에 복용하기
- 혈중 포타슘 수치가 떨어질 수 있음
- 투약 전 반드시 심첨맥박을 1분간 측정(맥박이 60회 이하 또는 100회 이상일 경우 복용을 잠시 멈추고 의사와 상의)
- 초기 독작용으로 식욕부진, 오심, 구토, 두통 등의 증상이 나타날 수 있음

Q 14 **Angina와 MI의 차이에 대해 설명하시오.**

A 14 Angina(협심증)은 심장까지 가는 혈류가 줄어들어 허혈 상태로 환자가 흉통을 느끼는 질병을 말합니다. 안정을 취하면 다시 회복이 가능한 질환입니다. 반면 MI(Mycardial Infarction 심근경색)는 이러한 허혈 상태가 지속되어 결국 심장의 일부가 괴사된 질환입니다. 심근경색은 다시 회복이 어렵습니다.

Q 15 **CAG(Coronary Arteriography, 관상동맥조영술) 검사 후 필요한 간호에 대해 설명하시오.**

A 15
- 활력징후 측정(15분마다 4회, 30분마다 2회 체크)
- 카테터를 삽입한 부위인 Radial Artery(요골동맥) 또는 Femoral Artery(대퇴동맥)의 출혈 및 지혈상태 확인
- 카테터 삽입 부위의 지혈을 위해 모래주머니 올려놓기
- 팔이나 다리 구부리지 않도록 교육(시술부위가 터질 수 있기 때문)
- 조영제를 완전히 배출할 수 있도록 정맥 수액 요법과 금식시간이 해제되었을 경우 충분한 수분 섭취
- BR(Bed Rest : 침상 안정)

Q 16 **환자가 Chest Pain을 호소할 때 니트로글리세린을 혀 밑에 두고 녹여 복용하는 이유는 무엇인가요?**

A 16 혀 밑은 모세혈관이 많아 약물의 흡수가 빠르기 때문입니다.

Q 17 **Pacemaker(인공심박동기)를 삽입한 환자에게 어떤 내용을 교육해야 하는지 설명하시오.**

A 17
- 강한 자력이 있는 곳(MRI, 고압선 등)은 피해야 한다. 인공심박동기의 전원을 교란시킬 수 있기 때문이다.
- 삽입 후 최소 한 달간은 무거운 물건을 들거나 과격한 운동은 피해야 한다.
- 하루에 한 번씩 같은 시간에 1분씩 맥박을 스스로 체크한다.

Q 18 좌심부전과 우심부전 원인의 차이에 대해 설명하시오.

A 18 좌심부전은 고혈압이나 심근경색 등 심장질환으로 후부하가 증가되어 초래되지만 우심부전은 COPD, 폐기종 등 폐질환에 의해 가장 흔하게 발생합니다.

Q 19 림프부종을 예방하기 위해 어떤 교육을 해야 하는지 설명하시오.

A 19
- 이뇨제를 사용한다.
- 저염식이를 제공한다.
- 림프 배액을 위해 다리는 20cm 정도 올려둔다.
- 림프가 흐르는 방향으로 마사지를 한다.
- 탄력스타킹을 신긴다.
- 외상 등 감염을 일으킬 수 있는 요인을 피한다.

영양 장애

Q 01 복부를 사정할 때 검진 순서는 무엇인가?

A 01 시진 → 청진 → 타진 → 촉진입니다. 청진을 타진과 촉진보다 먼저 하는 이유는 타진과 촉진이 장음의 강도나 빈도를 변화시킬 수 있기 때문입니다.

Q 02 GERD(Gastroesophageal Reflux Disease : 위식도 역류질환) 환자에게 어떤 교육을 해야 하는가?

A 02
- 식사는 소량씩 자주하기
- 식사 중간에 적당히 물 마셔주기
- 취침 시 침상 높이는 20cm 정도 높여주기
- 꽉 끼는 옷은 피하고 헐렁한 옷 입기(복압증가를 막기 위한)
- 자극적인 음식, 술, 커피, 신 주스나 너무 차거나 뜨거운 음식 피하기

Q 03 위절제술을 한 환자에게 Dumping Syndrome(급속이동증후군)이 흔히 관찰되는데 이런 환자에게 어떤 교육을 해야 하는가?

A 03
- 탄수화물을 제한하고 중간 정도의 지방과 고단백식이를 하도록 교육
- 소량씩 자주 식사

- 식사 시 최소의 액체 섭취
- 식후 20~30분 동안 옆으로 누워서 휴식

Q 04 간경화의 원인은 무엇인가?

A 04 알코올중독증, 만성간염, 우심부전, 담도 폐색, 심혈관 질환입니다.

Q 05 간경화의 합병증은 무엇인가?

A 05
- 문맥성 고혈압으로 인한 식도정맥류
- 빌리루빈 대사 장애로 인한 황달, 진한 소변색, 점토색 대변
- 혈액 응고장애로 인한 멍, 출혈
- 혈중 알부민 감소로 인한 부종, 복수 발생

Q 06 간 이식 후 거부반응은 어떠한 것들이 있는가?

A 06 발열, 쇠약감, 복통, 고혈압, 빈맥, 황달, 진한 소변색, 오심, 구토 등이 있습니다.

Q 07 장루를 가지고 있는 환자에게 간호사가 어떤 내용을 교육해야 하는가?

A 07
- 탈수를 예방하기 위해 수분을 많이 섭취하기
- 가스와 냄새를 유발하는 음식은 피하도록 하기
- 장루 주변의 피부를 물로 깨끗이 닦고 건조시키기, 피부보호제 바르기
- 장루 주머니는 변이 1/2~1/3 정도 찼을 경우 비워주기

 신장과 요로계 장애

Q 01 신장의 기능은 어떠한 것들이 있는지 설명하시오.

A 01
- 소변 생성
- 산 - 염기 균형
- 혈압 조절
- 수분과 전해질 조절
- 대사성 노폐물, 독소, 약물 배설

Q 02 ADH(Antidiuretic Hormone, 항이뇨호르몬)에 대해서 설명하시오.

A 02 뇌하수체 후엽에서 발생하는 호르몬이며 바소프레신이라고도 불립니다. 신장을 자극해 체내로 수분을 재흡수하여 소변 생성을 억제하는 호르몬입니다.

Q 03 배뇨 양상의 종류에 대해 설명하시오.

A 03
- 혈뇨(Hematuria) : 소변에 적혈구가 포함되어 붉은 소변색을 보이는 것
- 핍뇨(Oliguria) : 24시간 동안 총 배뇨량이 100~400ml인 것
- 다뇨(Polyuria) : 24시간 동안 총 배뇨량이 3,000ml를 초과하는 것
- 무뇨(Anuria) : 24시간 동안 총 배뇨량이 100ml 이하인 것
- 농뇨(Pyuria) : 소변에 농이 포함되어 있어 혼탁한 색을 보이는 것
- 배뇨곤란(Dysuria) : 소변 볼 때 통증이 있거나 요의는 있으나 잘 나오지 않는 것

Q 04 조영제의 부작용에 대해 설명하시오.

A 04 오심, 구토, 두드러기, 가려움 등이 경한 증상이고 심한 경우 폐부종, 기관지 경련까지 이어질 수 있습니다.

Q 05 환자에게 조영제 Side Effect을 발견했을 때 중재는?

A 05 정확한 증상을 살피고 의사에게 노티합니다. 처방에 따라 항히스타민제 약물을 투약하고 침상안정을 시킨 뒤 30분 후 증상을 재사정합니다.

Q 06 Kidney Biopsy(신장 조직검사)를 한 환자의 간호에 대해 설명하시오.

A 06
- 검사 후 출혈을 예방하기 위해 최소 4시간 동안 ABR 시행
- V/S 모니터
- 검사 후 첫 24시간 동안 혈뇨를 볼 수 있음을 환자에게 설명. 혈뇨가 계속 지속된다면 즉시 알리도록 교육
- 1~2주 동안 무거운 물건을 들지 않게 교육

Q 07 급성신부전과 만성신부전의 차이는?

A 07 급성신부전은 수시간~수일 안에 갑자기 일어나고 3개월 안으로 적절한 치료를 하면 신장 기능을 회복시킬 수 있습니다. 반면 만성신부전은 서서히 수개월에서 수년 동안 증상을 잘 느끼지 못한 상태로 발병한 것이며 투석이나 신장 이식 같은 치료를 하지 않을 경우 치명적입니다.

Q 08 급성신부전의 치료 및 간호는?

A 08 • 수분 섭취 제한
- 이뇨제와 함께 수액 치료
- 적절한 단백질 섭취, 포타슘 제한, 소듐 제한
- 필요 시 투석

Q 09 만성신부전의 가장 큰 원인은?

A 09 당뇨병과 고혈압입니다.

Q 10 만성신부전의 증상은?

A 10 고혈압, 울혈성 심부전, 호흡곤란, 폐부종, 오심 및 구토, 단백뇨 등이 있습니다.

Q 11 만성신부전 환자의 영양요법에 대해 설명하시오.

A 11 단백질 제한, 소듐 제한, 포타슘 제한, 비타민 보충식이를 해야 합니다.

╬ 만성신부전 환자의 영양요법

단백질 대사에서 노폐물이 축적되면 요독증의 원인이 될 수 있기 때문에 단백질을 제한해야 한다. 하지만 필수 아미노산은 충분히 섭취해야 하고 고칼로리식을 제공해야 한다. 신부전 환자는 소변 배설량이 거의 없으면 수분과 소듐정체로 고혈압이나 부종을 일으킬 수 있다. 이는 울혈성심부전으로도 이어질 수 있다. 따라서 하루에 소듐을 1~2g으로 제한해야 한다. 포타슘 또한 제한해야 한다. 고칼륨혈증은 부정맥을 유발할 수 있기 때문이다.

Q 12 요로결석 환자에게 생활습관을 교육하려면 어떤 교육을 해야 하는지 설명하시오.

A 12
- 물 많이 마시도록 하기(최소 2L)
- 짜게 먹는 습관 고치기
- 고기보다는 과일이나 채소 위주로 식사하기
- 발열 등 감염 여부 확인
- 처방받은 항생제 꾸준히 복용
- 지시가 있다면 소변의 산도(pH) 측정

Q 13 투석의 종류에는 어떤 것들이 있는가?

A 13 혈액투석(HD; Hemodialysis)과 복막투석(PD; Peritoneal Dialysis)이 있습니다.

⊹ HD와 PD의 차이

	혈액투석(HD)	복막투석(PD)
통로	팔에 삽입한 혈관통로	복강 내 카테터
장점	소요시간이 짧고 노폐물을 제거하는 데 더 효과적	혈액계 합병증이 거의 없고 접근성이 쉬움
합병증	저혈압, 빈혈, 출혈 등	복막염, 고혈당, 단백질 소실, 요통

Q 14 혈액투석의 원리에 대해서 설명하시오.

A 14 혈액투석은 확산, 삼투, 초여과의 원리에 의해 이루어집니다.

⊹ 혈액투석의 원리
- 확산 : 용질이 고농도 → 저농도로 이동
- 삼투 : 물이 저농도 → 고농도로 이동
- 초여과 : 투석액과 혈액 사이에 압력차로 인해 혈액 내 수분이 투석액 쪽으로 이동

Q 15 동정맥루(AVF)를 가진 환자들에게 제공해야 할 간호에 대해 설명하시오.

A 15
- 동정맥루를 가진 팔에서 혈압 측정, 채혈, 정맥주사 금지
- 일상적인 ROM 운동 권장
- 매일 팔의 진동이나 잡음 촉진 및 청진
- 말초맥박과 순환 스스로 체크
- 바늘 삽입 부위의 감염 증상과 출혈 여부 확인

Q 16 혈액투석을 하는 환자는 Lt Arm Save를 하는데 그 이유는 무엇인지 설명하시오.

A 16 일반적으로 사람들은 오른손잡이기 때문에 상대적으로 덜 사용하는 왼팔에 동정맥루를 가지고 있기 때문입니다. 동정맥루는 투석을 위한 영구적인 혈관통로이며 이 팔에서는 혈압을 측정하거나 채혈 및 주사를 맞아서는 안 됩니다. 혈관통로에 힘을 가하게 되면 혈관에 이상이 생겨 투석을 제대로 할 수 없기 때문입니다.

Q 17 혈액투석 환자에게 제공해야 할 간호는?

A 17 • 투석 전후로 Body Weigh 체크
• 출혈 여부 확인
• 건체중(Dry Weight) 확인
• 저혈압 여부 확인
• 혈관통로 사정(진동과 잡음소리 확인)
• (입원 중일 때) 흉부 엑스레이 정기적으로 촬영(몸에 물이 얼마나 찼는지 확인하기 위해)

─╂─ 건체중
　건체중이란 몸이 붓지 않은 상태로 최고의 컨디션인 상태를 말한다.

Q 18 혈액투석 환자의 합병증은 어떠한 것들이 있는지 설명하시오.

A 18 저혈압, 근육 경련 및 감각 이상, 혈액손실, 뇌부종, 패혈증 등이 있습니다.

─╂─ 혈액투석 환자의 합병증
• 저혈압 : 혈관 내 수액의 빠른 제거로 인해 일시적으로 저혈압 증상이 나타날 수 있습니다.
• 근육 경련 및 감각 이상 : 물과 소듐이 빠르게 제거됨에 따라 가끔 쥐가 나거나 감각이 이상해지는 경우도 있습니다.
• 혈액 손실 : 잔여 혈액이 투석기에 남는 경우 혈액 손실이 일어납니다.
• 뇌부종 : BUN 수치가 급격하게 떨어지면 세포 사이의 불균형이 일어나 뇌부종 및 뇌내압 상승이 일어날 수 있습니다.
• 패혈증 : 혈관 통로가 감염되거나 투석 중 세균, 박테리아가 유입되는 경우 패혈증으로 이어질 수도 있습니다.

Q 19 복막투석 카테터를 가진 환자가 집에서 스스로 투석을 할 때 카테터 관리에 대해 교육해야 할 내용을 설명하시오.

A 19 • 투석 시행 전 손 씻기와 마스크 착용
• 카테터 주위에 분비물, 발적 등의 증상이 있는지 확인
• 베타딘(포비돈)솜으로 카테터 주변 소독
• 카테터와 투석액 연결할 때 무균적으로 시행하기
• 통목욕은 불가능. 물이 닿기 전에 방수테이프 붙이기
• 투석액은 너무 뜨겁거나 미지근하지 않게 온장고 사용하여 보온하기(40도 정도)

Q 20 신장이식을 받은 환자의 가장 큰 합병증은 무엇인가?

A 20 거부반응입니다.

╬ 신장이식 합병증

신장의 거부반응을 예방하기 위해서 신장이식 수술을 받은 환자는 평생 면역억제제를 복용해야 합니다. 수술 후 24시간 이내 초급성으로 거부반응이 나타나게 되면 괴사 등 심한 합병증을 예방하기 위해 신장을 다시 적출해야 하는 경우도 있습니다. 또한 합병증이 느리게 나타나 거부반응이 서서히 나타나면 추후에 다시 투석을 해야 하는 경우도 있습니다.

Q 21 요로감염을 예방하기 위해 환자에게 어떤 교육을 해야 하는지 설명하시오.

A 21 • 매일 2L 이상의 수분 섭취
• 크렌베리 주스를 매일 한 잔씩 한 달 동안 마시기
• 여성의 경우 소변을 본 뒤 회음부를 앞에서 뒤로 닦기
• 요의를 느끼면 바로 화장실 가기
• 꽉 끼는 속옷 피하기
• 성관계 전후 방광 비우기
• 거품을 사용한 통목욕 피하기

╬ 세균 정착 예방

크렌베리 주스는 산도(pH)를 낮추기 때문에 세균의 정착을 막을 수 있다. 비슷한 방법으로 주스에 사과식초를 두세 방울 떨어뜨린 뒤 마시는 것도 도움이 된다.

Q 01 NSAIDs의 부작용은 어떤 것들이 있는가?

A 01 오심, 구토, 흐린 시야, 변비, 설사 등이 있습니다.

Q 02 통풍(Gout) 환자에게 어떤 식이요법을 교육해야 하는가?

A 02 저퓨린식이와 알칼리성 식품 섭취입니다.

─ 통풍 환자의 식이요법
- 통풍은 단백질의 일종인 퓨린의 대사장애로 일어나는 질환이다. 요산이 체내에 축적되어 증상을 일으킨다. 따라서 저퓨린식이와 알칼리성 식품 섭취를 권장한다.
- 퓨린이 많이 함유되어 있는 음식(고등어, 새우, 말린 콩, 육즙, 정어리 등)을 피하되 엄격하게 제한을 하면 오히려 단백질 결핍을 초래하므로 치즈나 우유, 달걀 등으로 보충하는 것이 필요하다.

Q 03 류마티스 관절염의 증상은 무엇인가?

A 03 관절기형, 염증, 발열, 감각 이상 등이 있습니다.

─ 류마티스 관절염의 원인
유전, 환경요인(흡연, 과다한 카페인, 스트레스)

Q 04 골다공증의 원인은 무엇인가?

A 04
- 65세 이상의 여성
- 에스트로겐 감소
- 갑상선 질환
- 스테로이드 등 장기적인 약물 사용

Q 05 석고붕대를 적용한 환자에게 해야 할 간호는 무엇인가?

A 05
- 붕대를 적용한 쪽의 손가락, 발가락의 감각, 온도, 색깔, 순환상태 확인
- 붕대 속으로 철사 등을 넣어 긁지 않도록 하기
- 붕대를 감은 부위에 물 닿지 않게 하기
- 처방에 따라 관절 운동 시행하기
- 붕대에서 냄새가 나거나 작열감, 통증이 심한 경우 의사에게 알리기

Q 06 유방암의 위험요인은 무엇인가?

A 06
- 빠른 초경, 늦은 폐경
- 경구피임약 복용
- 자궁내막암
- 호르몬 대치 요법
- 노산

Q 07 유방암 자가검진을 하는 가장 좋은 시기는 언제인가?

A 07 매달 월경이 끝난 3~7일 뒤입니다. 유방이 가장 부드러울 때이기 때문입니다. 폐경 여성의 경우 매달 한 날짜를 정해놓고 같은 시간에 시행하는 것이 좋습니다.

Q 08 유방암 자가검진을 하는 방법에 대해 설명하시오.

A 08
- 거울 앞에 서서 상의를 벗고 육안으로 모양, 대칭 등 확인
- 서거나 앉아서 쇄골 부위, 겨드랑이, 유방 주변으로 만져가며 다른 몽우리가 만져지지 않는지 촉진
- 유두를 짜보며 분비물이 나오지 않는지 확인
- 한 자세로 누워서 같은 방법으로 확인

Q 09 유방절제술을 한 환자에게 제공해야 할 간호에 대해 설명하시오.

A 09
- OM 운동(주먹 쥐고 펴는 운동, 팔꿈치 굽혔다 펴는 운동, 줄 돌리기 운동, 손으로 벽 기어오르기 운동 등)
- 부종 예방을 위해 손은 팔보다, 팔은 어깨보다 높게 유지시키기
- 감염의 증상(수술 부위 부종, 발열, 불편감, 발적 등) 매일 육안으로 확인
- 수술한 쪽으로 혈압을 측정하거ㅣ나 정맥주사를 하지 않기
- 수술한 쪽으로 무거운 물건 들지 않기

Q 01 의식상태를 평가하는 도구로 GCS가 있는데 이 단계에 대해 설명하시오.

A 01 GCS는 Glasgow Coma Scale로 Eye Opening(E : 눈 뜨는 반응), Verbal Respones(V : 언어 반응), Motor Response(M : 운동반사 반응) 정도에 따라 4~6단계로 나눕니다. 최소 점수가 3점, 최대 점수가 15점이며 8점 이하인 경우 혼수상태를 의미합니다.

의식수준 평가도구 GCS(Glasgow Coma Scale)

평가방법	점수	반응
E(Eye Opening)	4	자발적으로 눈을 뜸
	3	부르면 눈을 뜸
	2	통증에 의해 눈을 뜸
	1	전혀 눈을 뜨지 않음
V(Verbal Respones)	5	지남력 있음
	4	혼란스러운 대화
	3	부적절한 언어
	2	이해할 수 없는 소리
	1	언어 반응 전혀 없음
M(Motor Response)	6	명령에 잘 따름
	5	통증 반응이 국소적임
	4	자극에 움츠림
	3	비정상적인 굴절반응
	2	비정상적인 신전반응
	1	움직임 전혀 없음

Q 02 ICP의 정상 범위를 말하시오.

A 02 70~180mmH$_2$O 혹은 5~13mmHg입니다.

Q 03 ICP가 상승하는 원인에 대해 설명하시오.

A 03 • 뇌 용적이 증가할 때(뇌부종, 뇌종양, 뇌농양)
- 혈액 용적이 증가했을 때(뇌출혈, 뇌척수액양의 증가)
- 기침, 재채기, 배변 시 힘을 주는 경우 등 일시적으로 복부와 흉부 내 압력이 증가할 때

Q 04 ICP가 상승했을 때 어떤 증상이 나타나는지 설명하시오.

A 04 • 오심 및 구토
- 두통
- 경련
- 활력징후 변화(맥압 차이 커짐, 서맥, 체온 상승)
- 의식수준이 떨어짐
- 느린 동공반사(수축 혹은 확대, 무반응, 유두부종 등)

Q 05 ICP가 상승했을 때 흔하게 사용되는 약물은?

A 05 만니톨입니다. 수분을 혈관 내로 삼투압에 의해 이동시키는 원리입니다. 즉 뇌 세포부종을 방지하기 위함이며 이 약을 Full Drop하여 빠른 시간 내에 주입해야 감압효과를 볼 수 있습니다.

Q 06 ICP가 상승했을 때 간호사가 환자에게 해야 할 간호에 대해 설명하시오.

A 06 • 침상머리 약간 높이기
- Valsalva Maneuver 금기(배변 시 과도한 힘을 주거나 기침 피하기)
- Suction이 필요한 환자에게 15초 이상 시행하지 않기
- 등척성 운동 피하기
- 누워있는 환자를 이동시킬 때 머리 받쳐 주기
- 호흡 상태(기도개방성) 확인하기

Q 07 뇌졸중의 위험요소는 무엇인가?

A 07 유전, 고혈압, 당뇨, 고지혈증, 관상동맥질환, 흡연, 음주, 비만, 스트레스

Q 08 요추천자 시 어떤 자세를 취해야 하는지 말하시오.

A 08 측와위입니다. 환자를 측위로 눕혀 등을 구부리게 합니다.

Q 09 GTC Type(Generalized Tonic - Clonic Type : 긴장성-간대성 발작)의 Seizure가 일어날 때 간호에 대해 설명하시오.

A 09
- 환자를 옆으로 돌려 눕히기
- 환자의 기도를 유지하고 필요 시 Suction
- 산소공급
- 낙상위험성 있어 침대를 가장 낮은 위치로 유지
- 침상 주변 위험한 물건 치우고 머리 보호
- 옷 느슨하게 풀어주기

Q 10 파킨슨병은 어떤 물질이 부족해서 생기는 질환인가?

A 10 신경전달 물질인 도파민의 공급이 감소되어 생기는 질환입니다.

Q 11 파킨슨병의 증상에 대해 말하시오.

A 11
- 강직(Rigidity)
- Tremor
- 운동마비(Akinesia)
- 어정쩡한 자세
- 종종걸음
- 걷다가 갑자기 멈출 수 없음
- 가속보행
- 저작곤란, 연하곤란

내분비 장애

Q 01 HbA1c에 대해서 설명하시오.

A 01 HbA1c란 당화혈색소를 의미하며 최근 2~3개월간의 혈당변화를 반영한 지표입니다. CBC를 통해 결과를 알 수 있고 정상수치는 6.5% 미만입니다.

Q 02 저혈당 증상은 어떤 것이 있는가?

A 02 손 떨림, 식은땀, 피로, 무기력, 정서 불안, 기억력 저하, 심한 경우 발작 및 혼수상태에 빠지기도 합니다.

Q 03 저혈당 증상을 호소하는 환자 간호에 대해 말하시오.

A 03
- 혈당 체크
- 식사에 제한이 없는 환자에게 초콜릿이나 사탕 섭취하도록 교육
- 의사 처방에 따라 50% 포도당 정맥 주입
- 침상 안정
- 30분~1시간 뒤 혈당 재측정

Q 04 DM(당뇨병)의 Full Term은?

A 04 Diabetes Mellitus입니다.

Q 05 당뇨병의 3대 증상은?

A 05 다음, 다뇨, 다갈입니다. 혈당이 올라가면 몸에서 포도당을 소변과 함께 배출하려 하기 때문에 다뇨 증상이 나타나고, 소변양이 많아지니 그민큼 체내에 수분이 부족해져 구강건조와 목마름 증상이 나타납니다. 그렇다보니 물을 많이 마시게 되는 다음현상이 나타납니다. 또 포도당이 소변으로 다량 빠져나가면 체내에 당이 부족하게 되는데 이를 다시 채우기 위해 몸에서는 배고픔을 느끼게 합니다. 따라서 다식 증상을 유발합니다.

Q 06 제1형 당뇨병과 제2형 당뇨병의 차이에 대해 설명하시오.

A 06 제1형 당뇨병은 인슐린 의존형 당뇨입니다. 인슐린 분비가 없거나 양이 적어서 생기며 주로 청소년기 같은 젊은 나이부터 시작합니다. 반면 제2형 당뇨병은 인슐린 비의존형입니다. 인슐린은 정상적으로 분비되나 인슐린에 대한 세포반응이 떨어져 생기며, 비만이나 운동부족으로 인해 35세 이상의 성인기에서 발병되는 당뇨입니다. 2형 당뇨병이 전체 당뇨병의 90% 이상을 차지합니다.

🕂 제 1형 당뇨병(IDDM)과 제 2형 당뇨병(NIDDM) 비교

구분	IDDM (Insulin Dependent Diabetes Mellitus)	NIDDM (Non-insulin Dependent Diabetes Mellitus)
동의어	• 제1형 당뇨병 • 인슐린 의존형 당뇨병	• 제2형 당뇨병 • 인슐린 비의존형 당뇨병
인슐린 결함	인슐린 분비가 없거나 적음	분비는 정상이나 인슐린에 대한 세포 반응이 떨어짐
발병시기 및 시작연령	청소년기, 젊은 나이	35세 이상의 성인기
빈도	전체 당뇨병의 10%	전체 당뇨병의 90%
영양상태	마름	과체중 또는 비만
인슐린 주사	필요	일부 환자에게서만 필요, 대부분은 당뇨 경구약 복용

Q 07 인슐린을 투약할 때 주사 부위를 번갈아가며 주는 이유는 무엇인가?

A 07 지방조직의 위축을 방지하기 위해서입니다. 같은 부위에 계속 주사를 놓을 경우 그 부분이 함몰되는 현상이 나타나 인슐린이 제대로 흡수되지 않기 때문입니다.

Q 08 DKA(Diabetes Ketoacidosis, 당뇨성 케톤산증) 환자에게서 자주 보이는 호흡양상은 무엇인가?

A 08 Kussmaul(쿠스말) 호흡입니다. 산증을 보상하기 위해 호흡 횟수와 깊이가 증가되는 것으로 숨을 내쉴 때 과일 냄새가 나는 것이 특징입니다.

Q 09 Metformin(메트포민) 제제의 당뇨약을 복용 중인 환자가 조영제를 사용하는 CT검사를 앞둘 경우 검사 전후 48시간 동안 약 복용을 중지하는데 그 이유는 무엇인가?

A 09 젖산증을 예방해 신장을 보호하기 위함입니다. CT 촬영 시 사용되는 방사선 요오드 조영제가 메트포민과 만나면 젖산혈증을 일으켜 신장에 독성을 일으킵니다. 따라서 이를 예방하기 위해 검사 전후로 이틀간 약 복용을 중단해야 합니다.

Q 10 요붕증의 원인은 무엇인가?

A 10 항이뇨호르몬인 ADH의 분비 부족으로 생기는 질환입니다. 소변량이 하루 최대 20L까지 배설될 수 있고 지속적인 다뇨로 인해 탈수, 심한 갈증을 일으킵니다.

Q 11 갑상선 기능 항진증을 보이는 Graves Disease의 임상 증상은?

A 11
- 안구돌출증
- 갑상샘 비대
- 습하고 부드러운 피부
- 식욕은 증가하나 체중은 감소
- 열에 대해 민감함
- 허약하고 피로함

Q 12 갑상샘 기능 항진증의 치료 중 방사선 요오드 치료가 있다. 이때 주의해야 할 점에 대해 설명하시오.

A 12
- 방사성요오드의 배출을 촉진하기 위해 수분을 많이 섭취하기
- 방사선이 타인에게 조금이라도 피폭될 수 있으니 1인실에서 치료
- 변기 사용 후 물을 2~3회 내림
- 속옷 및 침구류 분리하여 세탁
- 치료 후 6개월 동안 피임

Q 13 갑상샘 기능 저하증을 보이는 환자의 임상 증상은?

A 13
- 건조하고 거친 피부
- 근육 수축 및 이완이 느려지며 근육통 발생

- 심장비대, 심전도 변화, 고혈압 발생
- 식욕은 떨어지나 체중은 증가
- 추위에 민감함

Q 14 **쿠싱증후군의 증상은 어떠한 것들이 있는가?**

A 14 • Moon Face(둥글고 큰 얼굴)
- 가느다란 사지
- 가는 모발
- 골다공증, 골절이 잘 일어남
- 체모 증가
- 정서 불안

 ## 감각 장애

Q 01 **백내장의 증상에 대해 설명하시오.**

A 01 • 흐린 시야
- 색깔 인지 감소
- 시력 감소
- 감소된 시력은 실명으로 진행
- 복시

Q 02 **녹내장의 원인은 무엇인지 말하시오.**

A 02 안압 상승입니다. 이 상태가 지속되면 시신경이 손상을 받아 실명으로 이어질 수 있습니다.

Q 03 **안압을 상승시키는 활동은 무엇인지 설명하시오.**

A 03 • 허리 구부리기
- 코 세게 풀기
- Valsalva Maneuver
- 재채기 및 기침
- 구토

Q 04 어린 아이들이 성인에 비해 중이염에 잘 걸리는 이유는 무엇인가?

A 04 성인에 비해 이관이 넓고 짧기 때문입니다.

Q 05 피부는 어떤 기능을 하는지 설명하시오.

A 05 • 체온 조절
• 체내 수분 조절
• 비타민D 합성
• 통증, 온도, 압력 등의 감각을 담당

Q 06 단순포진과 대상포진의 차이에 대해 설명하시오.

A 06 단순포진은 입술 주변으로 병변이 발생하는 제 1유형과 생식기 주변으로 병변이 발생하는 제 2유형이 있습니다. 국소적으로 나타나며 면역력이 떨어진 경우 단순포진 바이러스에 의해 발생합니다. 반면 대상포진은 주로 일측성이며 신경절을 따라 몸통에 길게 나타납니다. 수두 - 대상포진 바이러스가 원인이며 극심한 통증을 일으킵니다. 두 바이러스 모두 항바이러스제인 Acyclovir를 투약하여 치료합니다.

Q 07 욕창을 각 단계별로 설명하시오.

A 07 욕창이란 피부가 지속적으로 압박을 받아 혈관의 순환장애로 피부 괴사가 일어나는 것입니다. 욕창은 1단계부터 4단계까지 나눠져 있습니다. 1단계는 국소적으로 홍반이 보이나 온전한 피부상태를 말합니다. 2단계는 표피와 진피가 부분적으로 손상된 상태이며 수포가 생기기도 합니다. 3단계는 표피, 진피, 피하조직까지 손상된 상태입니다. 근육이나 뼈까지 노출이 되지는 않았지만 괴사조직이 존재할 수 있습니다. 4단계는 가장 심한 단계로 근육이나 건, 뼈 등이 노출되어 조직이 손상된 상태입니다.

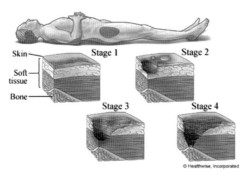

*출처 : https://myhealth.alberta.ca

Q 08 Supine Position(앙와위 자세) 시 Sore(상처, 욕창)가 생길 위험이 큰 위치는
어느 부분인가?

A 08 Supine Position은 천장을 보고 똑바로 눕는 자세입니다. 따라서 Coccyx(꼬리
뼈), Both Heel, Occipital Site에 Sore가 호발합니다. 예방을 위해 Position
Change를 자주 하는 것이 중요합니다.

-╀- Patient's position

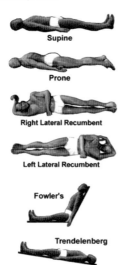

Supine

Prone

Right Lateral Recumbent

Left Lateral Recumbent

Fowler's

Trendelenberg

Q 09 욕창을 예방하기 위한 방법에 대해 설명하시오.

A 09 • 2시간마다 체위 변경
• 침대 위에 공기매트리스 깔기
• 등 마사지 요법
• 피부를 항상 건조하게 유지하기
• 수시로 피부 상태 확인하기
• 환자를 옮길 때는 끌지 말고 들어서 옮기기
• 감각 없는 부분에 핫팩 피하기
• 충분하게 Hydration 하기

Q 10 화상의 깊이에 따라 분류하여 설명하시오.

A 10 화상은 1도 화상, 2도 화상, 3도 화상으로 분류할 수 있습니다. 1도 화상은 표재성 화상으로 표피만 손상되어 다시 재생시킬 수 있습니다. 햇빛과 같은 열에 오래 노출되었을 때 발생합니다. 2도 화상은 표피 전체와 진피까지 손상이 된 정도를 말합니다. 물집이 생기며 색소변화가 나타날 수 있습니다. 3도 화상은 표피, 진피뿐 아니라 근육이나 혈관, 신경까지 모두 손상되어 피부이식이 필요한 정도입니다.

Q 11 전신화상 환자의 간호에 대해 설명하시오.

A 11 • 기도유지
• 산소공급
• V/S 모니터
• 수액공급
• 진통제 투약

PART 3

합격했는데
6개월 입사 웨이팅이라니요?

01

웨이팅게일이란?

   '웨이팅게일'이라는 말을 들어본 적이 있는가? 간호학과 학생들이라면 아마 이 단어를 유추할 수 있을 것이다. '웨이팅게일'이란 기다린다는 의미의 영단어인 '웨이팅(Waiting)'과 백의의 천사라고 불리는 영국의 의료개혁자이자 간호사인 '나이팅게일'의 합성어이다. 즉, '기다리고 있는 간호사, 대기 발령 중인 간호사'라는 의미이다.

   왜 간호사들이 바로 입사를 하지 않고, 대기하는지 궁금해 하는 분들을 위해 간단히 간호사의 채용방식부터 설명하겠다. 병원의 채용과정은 앞장에서 언급했듯이 다른 기업들과는 순서가 조금 다르다. 일반 기업들의 채용방식이 보통 '최종합격 후 입사'라면, 간호사는 '입사 후 최종합격'이다. 여기서 입사란 병원 입사를, 그리고 최종합격이란 국가고시 합격을 의미한다.

즉, 간호사에게는 최종면접 합격 이후에도 국가고시라는 큰 산이 남아있는 것이다. 대학병원의 서류전형은 보통 초여름부터 시작해 필기시험, 1차 면접, 2차 면접, 최종면접 등 모든 채용 절차가 끝나기까지 대략 반 년 정도의 시간이 소요된다. 그래서 간호학과 4학년 때는 중간고사, 기말고사 같은 학과 공부를 할 새 없이 바로 병원 취업을 준비하게 된다.

간호학과 4학년 학생들은 이력서와 자기소개서를 작성해 여러 병원에 지원하며 봄여름을 보내고, 면접 준비로 가을을 보낸 뒤 늦가을 즈음 최종합격 발표를 기다리는 등 일 년 내내 병원 입사를 준비한다고 해도 과언이 아니다. 특히 병원에서 합격 통보를 받은 이후부터는 본격적으로 겨울에 있을 국가고시 준비에 매진하게 된다. 매년 초에 치르는 국가고시를 합격하지 못한다면 내가 원하는 병원에 최종합격을 했다고 하더라도 그 병원에 입사할 수 없기 때문이다.

실제로, 필자는 지원했던 대학병원 합격 후 2016년 2월 병원에서 신입간호사 오리엔테이션을 듣고 있던 중에 국가고시 합격 소식을 들었다. 대부분의 신규 간호사들이 결과를 확인하고 안도하며 마음을 놓고 있었는데 그중한 간호사가 국가고시에서 불합격 통보를 받게 되었다. 나중에 전해들은 바에 따르면 그 간호사는 오리엔테이션을 끝까지 듣지 못한 채 곧바로 집으로 돌아갔다고 했다. 얼마나 마음이 아팠을까. 4년 동안 학과 공부와 임상실습을 마치고 원하던 병원까지 합격해 이제 새로운 시작만 남았다고 생각했을 텐데…. 국가고시에서 떨어져 1년을 다시 공부해야 하는 허탈함은 당사자가 아닌 이상 어느 누구도 헤아릴 수 없을 것이다.

하지만 반대로 모든 병원에 다 불합격했는데 국가고시만 패스하면 어떻게 될까? 이런 경우는 앞선 사례보다 조금 낫다. 국가고시 후 뒤늦게 추가 공고가 나는 병원이 있는데 그런 경우 다시 지원이 가능하기 때문이다. 따라서 병원에 합격하지 못한 간호학생일지라도 모든 채용이 끝나기 전까진 포기하지 말고 국가고시에 합격할 수 있도록 끝까지 최선을 다하는 것이 중요하다.

간호학생이 고군분투하는 동안 각 병원에서는 다음 해에 총 몇 명 정도의 간호사가 필요할지는 물론, 신규 입사 간호사들의 퇴사율까지 미리 예측하여 채용인원을 정한다. 신규 간호사의 퇴사율이 워낙 높아 이 비율을 무시할 수 없기 때문이다.

이러한 변수를 모두 포함해 보통 대학병원에서는 한 해에 000명의 신규 간호사들을 채용하는데 몇 백 명이 되는 신규 간호사들을 모든 부서에 한 번에 배치시키지는 않는다. 모든 간호사가 같은 날 트레이닝 받은 후 같은 날에 독립하게 되면 업무가 미숙하여 로딩이 길어지고, 실수가 잦아져 자칫 의료과실이 발생할 수 있기 때문이다.

따라서 대학병원에서는 빠르면 2월부터 신규 간호사를 각 부서로 배치하고, 이후부터는 15일 혹은 1~2달 간격으로 인력을 추가로 투입한다. 하지만 이때 내가 2월 입사자가 될지, 10월, 11월 입사자가 될지는 알 수 없다. 가끔 성적순으로 일찍 부른다, 연고지순으로 입사하게 된다, 무작위로 추첨하여 순서를 정한다는 등의 카더라가 있지만 정확한 기준은 각 병원의 인사담당자 외에는 아무도 장담하지 못한다.

본인이 2~3월과 같이 빠른 날짜에 입사를 하게 된다면 웨이팅 없이 바로 근무할 수 있지만, 9~10월에 입사 날짜를 지정받으면 2월에 대학교를 졸업한 이후로 몇 개월 동안은 백수 상태로 지낼 수밖에 없게 된다. 물론 우리가 보통 이야기하는 그 '백수'와 같은 의미는 아니겠지만 말이다.

따라서 관계자들은 이렇게 입사 날짜를 늦게 지정받아 하염없이 그 날이 오기만을 기다리는 간호사들을 '웨이팅게일'이라고 부른다.

02

웨이팅 기간에는 뭘 하면 좋을까?

　그렇다면 웨이팅 기간은 길어야 좋을까? 짧아야 좋을까? 사람마다 다르겠지만 필자 본인의 경우, 병원에 최대한 빨리 입사하고 싶었다. 빨리 돈을 벌어서 내가 사고 싶은 것, 먹고 싶은 것을 아무 눈치 안 보고 내 돈으로 쓰고 싶었고, 부모님께 자랑스럽게 첫 용돈도 드리고 싶었다. 또, 친구들과 만날 때는 통 크게 밥도 사고 싶었다. 마치 어릴 때 상상한 돈 잘 버는 커리어 우먼처럼 말이다.

　운 좋게 필자는 바람대로 2016년 2월 국가고시 합격 후 3월에 바로 입사했다. 그것도 매우 들뜬 마음으로, 이 병원에서 끝까지 버티겠다는 큰 포부를 가지고. 하지만 한 달 후 그 생각은 180도 바뀌었는데, 신규 간호사 시절 병원 생활이 정말 생각하기도 싫을 만큼 너무 힘들고 괴로웠기 때문이다.

이른 출근, 고된 근무강도, 끼니를 거르는 건 일쑤고 화장실도 마음 편히 못가며 퇴근도 남들보다 2~3시간씩 늦는 현실에 몸과 마음은 빠르게 지쳐갔다. 선배들과의 관계뿐 아니라 일 자체가 힘들고 어려워 매일 혼이 났으며 자존감도 바닥을 쳤다. 그런 생활이 반복되면서 '왜 괜히 일찍 입사해서 이렇게 고생을 하고 있을까. 차라리 여행이라도 갔다 올 걸.'하며 많이 힘들어했다.

끼니 이야기가 나온 김에 잠시 여담을 해보겠다. 필자가 처음 병원에서 일을 하며 무척이나 놀랐던 부분이 있었는데 바로 병원에 점심시간이 따로 없는 점이었다. 일반적인 회사에서는 12시부터 점심시간이 시작되지만 간호사들은 그렇지 않다. 병동 간호사들은 11시 30분부터 14시 사이에 몇 명씩 짝을 지어 잠깐 여유가 있을 때 식사를 하러 간다. 2~3명씩 짝을 지어 1차로 식당에 가서 식사를 하고, 1차로 식사를 끝낸 간호사들이 올라오면 나머지 2차 간호사들이 또 짝을 지어 식당에 다녀온다. 11시 30분부터 14시 사이에 계속 쉬는 것이 아니라 말 그대로 그 사이의 시간에 그저 잠깐 여유가 생겼을 때 다녀오는 것이다.

이마저도 병동 상황이 여유가 없으면 식당에 내려가지 못한다. 한번은 선배들과 함께 식당에 내려갔는데 선배들은 얘기도 하지 않고 식사를 매우 빠르게 끝냈다. 처음에는 도저히 그 속도를 맞출 수가 없었다. 선배들은 '밥을 마신다.'는 표현이 맞을 정도로 빠르게 식사를 마치고 비로 탈의실로 올라와 양치를 했고, 양치가 끝나자마자 한숨 돌릴 새도 없이 바로 간호사 스테이션으로 나갔다. 30분도 채 걸리지 않은 이 모든 행동이 매일매일 반복되고 있었다. 그나마 평소보다 더 바쁜 경우에는 양치도 하지 못한 채 마스크를 쓰고 바로 일하기도 했다.

처음에는 이런 상황이 이해가 가지 않았다. 고등학교에서는 점심시간 종이 '땡' 치기 1분 전부터 한쪽 발을 책상 밖으로 내밀며 달릴 준비를 했었고, 다음 수업시간 종이 치기 전까지 쉴 수 있었는데 병원은 그런 게 없었다. 하다 못해 대학생 때도 점심시간이 되면 알아서 수업을 마치고 밥을 먹으러 갔었는데 말이다.

하지만 간호사가 되고 병원에 입사한 후로는 가끔씩 일부러 밥을 먹지 않을 때도 있다. 배는 고프지만 밥 생각이 나지 않는다. 밥을 먹으러 가면 일의 흐름이 끊기기 때문이다. 할 일이 너무 많다. 환자들이 밥을 먹을 때 못 했던 일들, 밀렸던 일들을 하고 또 바로 점심시간이 끝난 환자들에게 식후 약을 돌려야 한다. 그래서 월급명세서를 떼면 항상 급양비가 많이 남았다. 공제가 되지 않은 것이다. 내가 먹지 않았으니까….

아마 병원 입사를 대기 중인 예비 신규 간호사들은 생각이 정말 많을 것이다. 웨이팅이 길어야 좋은 것인지, 짧아야 좋은 것인지, 미룰 수 있으면 미뤄야 하는지, 바로 입사해야 하는지 등 말이다. 하지만 정답은 없다. 후배 간호사들 중에서 아주 일찍 입사한 후배와 늦게 입사한 후배가 있는데 그 후배들의 이야기를 비교하여 들어보니 각각 장단점이 있었다.

⑩ 일찍 입사한 경우

이른 시기에 입사를 한 후배는 다른 동기들보다 적응이 수월했다는 점을 장점으로 꼽았다. 병원에서 적응하는 것은 정말 중요하면서 어려운 일이다. 인간관계에서의 적응, 전산시스템에서의 적응, 업무에서의 적응 등 익숙해져야 할 것들이 굉장히 많다. 필자의 경우, 특히 전산시스템에 적응하는 것이 너무 힘들었다. 병원의 전산프로그램은 워드프로세스, 엑셀 등 대부분의 직장인들이 사용하는 프로그램과는 차원이 달랐다. 뭐가 이렇게 Tap이 많고 복잡한지. 환자의 Vital Sign을 측정하여 그 값을 전산에 입력해야 하는데, 이조차 내가 어느 Tap을 눌러서 올려야 하는지 모를 정도였다. 이런 전산시스템을 익히는 데만 몇 달이 걸렸다. 이마저도 내가 출근 시간보다 일찍 나와서 여러 번 들여다본 덕분이었다. 후배 신규 간호사들 또한 병원 전산시스템에 미리 익숙해질 수 있다는 점을 장점으로 꼽았다.

반면, 많은 간호사들이 병원에 일찍 입사했을 때 가장 아쉬웠던 일로 긴 여행을 다녀오지 못한 점을 꼽았다. 사실 신규 간호사들이 병원을 입사할 시기에는 여행에 대한 큰 아쉬움이 없을 수도 있다. 당장 일에 집중하고 공부하는 것이 먼저라, 여행을 가지 못해서 아쉽다는 생각을 할 여유가 없기 때문이다. 본인 또한 신규 간호사 때는 그랬다. 휴가도 모르고 일만 했는데, 충분히 쉬고 입사했기 때문인지 크게 아쉽지도 않았다. 게다가 실제로 막 병원에서 일을 시작한 신규 간호사는 남는 연차가 없어 쓸 휴가도 없었다. 그래서 내 신규 간호사 시절 휴가다운 휴가라고는 수간호사 선생님의 배려로 Off를 3~4개 연속으로 받아 가까운 제주도라도 잠깐 다녀온 것뿐이었다.

하지만 간호사 5년 차가 된 지금 돌이켜보면 참 아쉬운 기회였다는 생각이 든다. 그러니 웨이팅 때 여유가 있다면 부디 가까운 곳이라도 최소 한 달은 긴 여행을 다녀오는 걸 추천한다. 간호사가 된 순간부터 이렇게 긴 여행이자 휴식은 간호사를 그만두기 전까지는 없을 테니 말이다. 물론 여름휴가는 있겠으나 한 달 이상의 긴 여행은 오로지 웨이팅 중일 때만 가능한 일이다. 학생 때는 돈이 없어서 여행을 못 가고, 입사 후에는 시간이 없어서 여행을 못 간다는 말은 정말이었다.

ⓦ 늦게 입사한 경우

그렇다면 병원에 늦게 입사한 간호사는 어떨까? 앞서 말한 것처럼 병원에 적응하는 데 조금 더 힘들 수 있다. 동기와 자신을 비교하며 스스로 주눅 들 수도 있다. '분명히 나와 같이 채용된 동기인데, 몇 달 먼저 일했다고 이렇게 아는 것이 많을 줄이야. 나와는 다르게 척척 잘해 나가다니.' 하며 괜히 위축될 수 있다.

실제로 같은 달에 입사한 동기가 나에게 말했었다. 내가 그렇게 부러웠다고. 자신은 물품 카운트를 하는 것도 20~30분이 걸리기 일쑤인데 필자가 같은 일을 10분 만에 끝내버리는 것을 보고 일을 잘하는 것처럼 보여 몹시 부러웠다고 했다. 게다가 본인에 비해 선배 간호사들과 몇 마디라도 더 주고받으며 친하게 지내는 것 같아, 선배 같은 동기로 느껴졌다고 말했다.

하지만 이 부분은 정말 본인의 착각일 뿐이라고 말해주고 싶다. 선배 간호사의 입장에서는 3월에 입사한 신규 간호사나, 9월에 입사한 신규 간호사나 크게 다르지 않다. 오히려 같은 실수를 하더라도 늦게 입사한 신규 간호사의 경우 '그래 늦게라도 들어왔으니….' 하며 이해하고 넘어가는 경우도 있으니 말이다.

♡ 웨이팅 시 미리 해두면 좋은 일

　웨이팅이 걸려 있는 예비 간호사들은 과연 기다리는 동안 무슨 일을 하며 준비해야 좋을지 고민과 걱정이 많을 것이다. '병원 환경에 미리 익숙해지기 위해 Local❷이나 요양병원에 취업해서 몇 개월 일을 좀 하고 있을까?', '어차피 평생 병원에서 근무할 테니 차라리 아예 못해본 알바를 할까?' 등 정말 많은 생각을 하고 있는 것으로 알고 있다.

　유튜브와 메일을 통해 웨이팅 기간에 무엇을 하는 것이 좋은지, 혹여 병원에서 미리 근무를 하다가 오는 것이 좋은지 여러 상담 요청 및 질문이 들어온다. 사실 이 부분에 대해서 본인이 확답을 주기는 어려웠다. 수간호사 선생님 같은 관리자 입장에서 이야기를 들어보니, 타 병원에서 근무를 미리 경험해오는 일은 추천하지 않는다고 한다.

　새 도화지에 그림을 그리는 게 이미 그려진 그림을 수정하는 것보다 더 쉽듯이, 다른 곳에서 병원 시스템적인 부분이나 간호술기를 처음에 어설프게 익혀온다면, 나중에 합격한 병원에 입사를 하고 나서 일을 배울 때 오히려 더 힘들어질 수 있다는 것이었다.

　이는 물론 다른 병원이 어설프게 가르쳐준다는 의미가 아니다. 그저 신규 간호사가 웨이팅 때 일하는 병원을 잠시 스쳐지나갈 병원이라고 생각하여 어설프게 배울 가능성이 있어 우려가 된다는 말씀이었다.

　해당 병원에서 웨이팅 시간만 보내다 가려고 마음을 먹었거나, 본인이 가지고 있는 나쁜 습관이나 버릇을 버리지 못했다면 추후에 근무할 병원에 큰 방해가 됨은 물론, 본인에게 부정적인 요소가 될 수 있다.

---

❷ 대학병원이 아닌 중소병원(2차 병원)

한 가지 문제가 더 있다. 웨이팅 기간 때 대학병원에 비해 중증도가 낮은 병원에서 먼저 일을 경험하게 된다면 그 환경에 익숙해져 본인이 합격한 대학병원에 입사를 한 후 힘든 업무에 적응하지 못해 버티지 못하고 자칫 퇴사할 가능성이 커진다. 상대적으로 대학병원은 환자의 중증도도 높고 근무시간도 길기 때문에 이에 놀라서 도망가는 경우도 있다.

실제로 하반기 10월에 신규 간호사 한 명이 우리 병동으로 입사를 했던 적이 있다. 같이 채용된 동기들은 이미 근무한 지 반년이 넘어가고 있으니 참 많이 불안하겠다고 생각하여 그 마음을 풀어주려 말도 많이 걸어주었다. 웨이팅이 꽤 길었는데 무엇을 했냐, 여행은 좀 다녀왔냐, 푹 쉬다 왔냐 하며 이야기를 주고받았다. 그 간호사는 국가고시 합격 발표가 나자마자 웨이팅이 길어질 것 같아 요양병원에서 나이트킵❸으로 근무를 했다고 했다. 요양병원 나이트킵은 시스템이 어떤 식으로 이루어지고, 간호사 수는 어느 정도이고, 월급은 대략 어떻고, 무슨 일을 하는지 등 정말 많은 이야기를 했다.

그러나 독립❹을 앞두고 그 친구는 더 이상 출근하지 않았다. 응급사직이었다. 나는 이후에 왜 이 친구가 응급사직을 했을까, 그 친구와 나눴던 이야기를 떠올리며 스스로 요양병원과 대학병원을 비교해보았다. 돌이켜보니 '어떻게 같은 간호사인데 이렇게 하는 일이 다르지? 나도 요양병원을 한 달만이라도 경험해보고 싶다.'는 생각을 자주 했던 것 같다. 그만큼 내가 근무하고 있는 병동과는 근무강도에서 많은 차이가 나지 않았나 싶다(물론 이건 나의 지극히 개인적인 생각으로, 모든 요양병원 근무 강도가 낮다는 이

---

❸ 밤 근무. 보통 2교대로 이루어지며 한 달 15번 근무하며 15개의 애를 받는다. 근무시간은 병원별로 다르다(7p.m. ~ 7a.m. 또는 10p.m. ~ 10a.m. 등).
❹ 프리셉터와 1:1 교육이 끝난 후 스스로 환자들을 돌보아야 할 때를 표현하는 단어

야기는 아님을 밝힌다).

자세한 사정은 알 수 없으나 요양병원에서 6개월 이상을 근무했음에도 대학병원에서 한 달 만에 사직했던 걸 보면 여러 가지 면에서 요양병원과는 달랐던 대학병원에 대한 부담감을 이기지 못했던 게 아닐까 하는 생각이 든다.

지금까지 만 4년 동안 근무를 하면서 많은 간호사들이 들어오고 나가는 모습을 봤는데, 경험상 한 달도 되지 않아 나가는 경우는 이렇게 대체로 Local이나 요양병원 출신의 간호사였을 때가 많았다. 그들은 다른 신규 간호사들보다 먼저 업무를 경험했음에도 불구하고 대학병원에서의 일을 생각보다 많이 힘들어하며 쉽게 그만두었다. 이에 비해 대학병원에서 대학병원으로 이직을 해 온 간호사들은 잘 버티고 오랫동안 근무를 했다. 같은 병동에 같은 동료들, 같은 분위기였는데 말이다.

사실 필자 역시도 병동 생활이 아직까지도 힘들다고 생각한다. 하지만 그럼에도 힘든 병원생활을 견딜 수 있는 것은 이 병원을 첫 병원으로 입사를 해서 그런 게 아닌가 싶을 때가 있다. 만약 개인병원에서 접수를 받으며 아르바이트를 하고, 중소병원에 입사해 일을 조금 배우다 이 병원으로 왔다면 본인 역시 한 달 안에 간호사를 그만두었을지도 모른다. 하지만 첫 시작이 매우 고단했기 때문에 오히려 이것이 당연한 줄 알고 힘든 것조차 모른 채 버텨왔던 것 같다.

그럼에도 웨이팅 기간 때 병원 분위기를 익히고자 꼭 근무를 하고 싶은 분들에게는 주사실에서의 근무를 추천하고 싶다. 주사실에서 근무를 하면

IV[5] Skill이 많이 좋아져 나중에 실제로 입사를 했을 때도 IV에 대한 두려움이 덜할 테니 말이다.

대부분의 신규 간호사들은 입사하기 직전에 흥분과 기대감에 차 공부를 많이 하고 들어가고 싶어 한다. 그래서 간호사 커뮤니티나 유튜브 댓글, 메일로도 입사 전 무엇을 공부해야 할지에 대한 질문들이 많이 들어오는 편이다.

하지만 필자 본인의 시간을 돌려 웨이팅 기간으로 돌아간다면 여행을 갈 것이고, 그렇지 않다면 차라리 색다른 아르바이트를 해보고 싶다. 스키장, 놀이공원, 워터파크 같은 액티브한 곳에서 일을 하며 앞으로는 경험하기 힘든 것들을 시도해볼 것이다. 그리고 입사하기 2~3주 전부터 기본적인 간호학 공부를 다시 익히며 입사할 시기를 기다릴 것이다.

앞서 말했듯 입사를 앞둔 후배 신규 간호사분들이 각자의 웨이팅 기간 동안 플랜을 잘 짜서 계획했던 바를 모두 이루며, 입사 전 가졌던 병원에 대한 열정을 부디 오랫동안 간직하여 끝까지 근무하기를 진심으로 바란다.

---

[5] Intravenous Injection의 약어로 정맥주사를 말한다.

PART 4

임상 간호사의 모든 것
A to Z

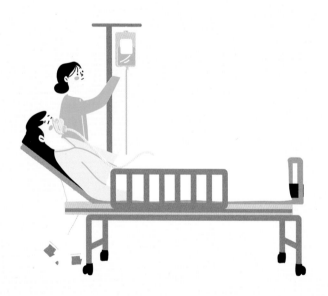

01

입사 전 외워야 할 필수 의학용어

'제가 곧 신규 간호사로 입사를 하는데 뭘 공부해야 할까요?'
'웨이팅 기간에 미리 공부를 하고 싶은데 어떤 것을 공부하면 좋을까요?'

유튜브 영상 댓글이나 널스홀릭 메일로 몇몇 분들이 가끔씩 이런 질문을 한다. 사실 이 질문을 들을 때마다 답변하기가 참 곤란하다. '의학용어 전체를 다 공부하세요.'라고 무책임하게 답하고 싶지 않기 때문이다. 의학용어가 얼마나 방대한데 이것들을 다 공부하라고 감히 말할 수 있을까.

개인적으로 생각하기에 가장 효율적인 학습 방법은 필수 의학용어를 웨이팅 기간에 암기하고, 신규 간호사로 입사를 하고 나서 본인이 가고자 하는 발령 부서가 정해지면 그때 해당하는 과에 대한 공부를 자세히 하는 것이다.

전 챕터에서도 이야기했지만 필자는 웨이팅 기간에는 휴식시간을 가지는 것이 가장 좋다고 생각한다. 하지만 그럼에도 '나는 꼭 공부를 해야겠다.', '나는 불안해서 마냥 놀기만 하는 것은 싫다.', '너무 많이 놀아서 지겨우니 미리 공부를 해두고 싶다.'라고 생각하는 분들이 계시다면 앞으로 필자의 이야기를 잘 듣고 실천해 줬으면 한다.

사실 필자도 웨이팅 기간에 마냥 놀게 되면 동기들에게 뒤쳐질까봐 불안했기 때문에 공부를 미리 해둔 뒤에 입사를 하려 했다. 하지만 막상 공부를 시작하려고 하니 그 어느 누구에게서도 자세히 '어느 부분을 공부하라.'고 상세한 조언을 들을 수 없었다. 기껏해야 '의학용어를 공부해라.', '기본간호학을 공부해라.'와 같은 포괄적인 이야기만 들었기 때문에 어디서부터 어디까지 공부를 해야 할지 전혀 감을 잡지 못해 답답하기만 했었다.

과거에, 포털 사이트에서 일일이 전공지식을 다 찾아가며 공부할 자료를 모았던 적이 있다. 하지만 그 양이 너무 방대하고 중심이 없어 자료는 결국 흐지부지되었고, 제대로 공부에 활용하지 못했던 기억이 있다.

다음은 실제 임상에서 간호사들이 차팅(기록)이나 Verbal로 자주 사용하는 줄임말, 약어와 Full Term이다. 신규 간호사 생활을 시작하기 전에 필자가 작성한 아래 내용을 잘 숙지하고 암기한다면 동기들보다 한발 앞서 똑똑한 신규 간호사로 자리매김하는 데 도움을 줄 것이다.

신규 간호사가 꼭 암기해야 할 필수 의학용어는 뒤에 부록으로 정리해 두었으니 참고하자. 필자가 생각했을 때 정말 중요하고 기본적인, 꼭 임상에서 알아야 하는 단어만 거듭 추려낸 것이다.

⚕ 암기의 지름길, 접두사/접미사

의학용어는 일반 영어단어와는 달리 암기하기가 꽤 힘들다. 단어 자체가 낯선 경우가 많아 그 의미를 추측하기 어렵기 때문이다. 하지만 의학용어를 조금 더 쉽게 외우는 방법이 있다. 바로 접두사와 접미사를 잘 알아두는 것이다.

영어에서는 pre/post(전/후), -er(~사람), -tion(명사), -ed(과거형태) 등과 같은 접두사 · 접미사가 나오면 대충 의미를 추측할 수 있는데 이는 의학용어도 마찬가지이다. 잘 외워두면 절반은 뜻을 예상하여 해석할 수 있다.

-itis 염증

- arthritis 관절염
- tonsillitis 편도염
- cystitis 방광염
- hepatitis 간염
- gastritis 위염
- dermatitis 피부염

hypo/hyper- 적은/많은

- hypoxia 저산소증
- hypoglycemia 저혈당
- hyponatremia 저나트륨혈증
- hypothyroidism 갑상선저하증
- hypertension 고혈압
- hyperlipidemia 고지혈증
- hyperkalemia 고칼륨혈증
- hyperglycemia 고혈당
- hyperplasia 세포 등이 과증식하는 것

hemo- 피(blood)

- hemorrhage 출혈
- hemo-vac 수술 후 고인 피를 빼내는 배액관
- hemorrhoid 치질
- hemodialysis 혈액투석
- hematuria 혈뇨
- hemoptysis 객혈
- hematochezia 혈변

pre/post- 전/후

- pre operative 수술 전
- pre medication 수술 전 투약
- pre order 수술 전 처방
- post op 수술 후
- post fluid 수술 후 환자에게 줄 수액
- post care 수술 후 관리

dys- 문제, 기능부전

- dyspnea 호흡부전
- dyspepsia 소화불량
- dysphagia 연하곤란(음식을 잘 삼키지 못함)
- dysuria 배뇨곤란(소변을 잘 보지 못함)

-ectomy 절제술, 제거술

- appendectomy 충수 절제술(=맹장수술)
- cholecystectomy 담낭 절제술
- lobectomy 폐 절제술

a, an- 없음, 부재

- anemia 빈혈
- anorexia 식욕부진
- avascular 무혈관의, 혈관이 없는

hemi/semi- 절반

- hemiplegia 편측마비
- semi fowler's position 반만 앉은 자세, 30도 정도 상체를 세운 자세

hydro- 물, 액체

- hydration 수화
- hydrocele 음낭수종
- hydrocephalus 뇌수종
- hydronephrosis 수신증

-scopy (내시경을 통해) 보는 법

- laparoscopic cholecystectomy 복강경하 담낭절제술

-plasty 성형술

- cranioplasty 두개 성형술
- mammoplasty 유방 성형술
- tympanoplasty 고막 성형술

-lysis 용해술(녹임, 파괴시킴)

- adhesiolysis 유착박리술

-otomy 절개술

- craniotomy 두개술
- tracheotomy 기관지 절개술

-orrhaphy 봉합술

- perineorrhpahy 회음부 봉합술
- herriorrhaphy 헤르니아 봉합술

많은 간호학생들이 외우기 힘들어하는 의학용어는 무턱대고 외우기보다는 이처럼 큰 틀을 잡고 접근하여 암기하는 것이 훨씬 효율적이다.

차팅 용어를 외우기 전에, 예전 이야기를 하나 해볼까 한다. 필자가 간호학생으로서 대학병원으로 실습을 나갔을 때의 일이다. 당시 간호사 선생님들은 열심히 차팅을 남기고 Acting 업무도 하며 한창 바쁘게 근무하고 있었고, 필자는 한 간호사 선생님을 바짝 쫓아다니며 무슨 일을 하는지, 차팅을 어떤 식으로 써야 하는지 자세히 관찰하고 있었다. 그러던 중 차팅에서 'F/U'이라는 표현을 보게 되었다. 그 당시만 해도 'F/U'가 무엇을 의미하는지 전혀 몰랐다. 궁금해서 포털 사이트에 검색을 하였지만 그 의미가 명확히 나오지 않았다.

그 단어를 해석하기 위하여 간호사 선생님이 작성한 기록의 전후를 읽어보았다. 하지만 아무리 읽어보아도 도무지 무슨 말인지 이해를 할 수 없었다. 그래서 간호사 선생님의 업무가 Stable로 바뀌었을 때 살짝 물어보았다. "선생님, 죄송하지만 제가 선생님이 작성하신 차팅을 읽어보다가 이해가 가지 않는 부분이 있어서요, 혹시 '에프 슬래시 유(F/U)'가 뭔가요?"라고 말이다.

간호사 선생님은 뭔지 모르겠다는 표정으로 "에프 슬래시 유?"를 되뇌며 3초 정도를 생각하더니 이내 한참을 크게 웃으셨다. 웃음을 그친 간호사 선생님은 "아~ 그거 '팔럽(Follow-up)'이라는 거야. 한 번으로 그치지 않고 다음번, 그 다음번에도 계속해서 지켜보겠다는 의미지."라며 "학생 선생님한테는 이런 부분이 궁금하겠구나?"라고 말씀하셨다.

이 말이 아직도 기억에 남는 이유는 당시에 각자가 생각하는 '포인트'가 달랐음을 몰랐었기 때문이다. 누군가가 "1+1은 뭐야?" 라고 물었을 때, 정답을 맞히려 하기는커녕 "더하기가 뭐에요?"라고 되묻는 것처럼 말이다.

처음에 그 선생님은 내가 어떤 환자의 질환에 대해 궁금해 하거나 약물의 명칭에 대한 것을 질문하였을 거라 생각했을지 모르겠다. 하지만 당시 필자는 수많은 차팅 용어 속 'F/U'이라는 용어 하나조차 제대로 숙지하지 못한 수준이었다. 이를 통해 필자는 간호학생과 간호사 사이에는 서로가 생각하고 기대하는 수준의 차이가 굉장히 크다는 것을 느꼈다.

필자가 굳이 과거의 실수담을 꺼낸 이유는 무엇일까? 바로 실제로 신규 간호사가 병원에 발령받고 입사를 하여 선배 간호사에게 트레이닝을 받을 때 위와 같은 상황이 생각보다 많음을 알려주고 싶었기 때문이다.

선배 간호사는 '주사 놓는 방법'을 가르쳐 주려고 하였으나 정작 신입 간호사는 '주사기'가 어떻게 생겼는지조차 모르는 경우가 생각보다 많다. 그리고 당연하지만, 그 누구도 입사 후에는 이런 부분까지 가르쳐 주지 않는다. 선배 간호사들은 후배들이 이 정도는 당연히 알고 있을 것이라 생각하기 때문이다. 그런 의미에서 간호사들이 차팅이나 Verbal로 자주 사용하는 용어와 그 의미를 모아보았다. 이 책을 읽는 후배 분들은 이를 숙지하여 부디 필자가 겪은 바보 같은 상황을 마주하지 않기를 바란다.

🫀 간호사들이 차팅이나 Verbal로 자주 사용하는 용어와 의미

용어 및 약어	Full Term	의미
OS	Orthopedic Surgery	정형외과
PS	Plastic Surgery	성형외과
GS	General Surgery	일반외과
CS	Cardiothoracic Surgery	흉부외과
ENT	Eye, Nose, Throat	이비인후과
OT	Otorhinolaryngology	이비인후과
NS	Neurosurgery	신경외과
CSF	Cerebrospinal Fluid	뇌척수액
N/V	Nausea/Vomiting	오심/구토
SAH	Subarachnoid Hemorrhage	지주막하출혈
SDH	Subdural Hemorrhage	경막하출혈
Dx	Dressing	소독
F/U	Follow-up	추적관찰
S/P	Status Post Operation	수술 후 상태
ROM	Range of Motion	운동범위
MI	Myocadial Infaction	심근경색
DM	Diabetes Mellitus	당뇨병
OPD	Out Patient Department	외래
H/A	Headache	두통
DNR	Do Not Resuscitation	심폐소생술 금지
Anti	Antibiotics	항생제
PT	Physical Therapy	물리치료
EDBC	Encourage Deep Breath Coughing	심호흡과 기침격려
ARF	Acute Renal Failure	급성신부전
I/D	Incision&Drainage	절개 및 배농
CVA	Cerebrovascular Accident	뇌혈관질환
A/S	Arthroscopy	관절경검사

용어 및 약어	Full Term	의미
THRA	Total Hip Replacement Arthroscopy	고관절 인공 관절 치환술
NSAIDs	Non-steroidal Anti Inflammatory Drugs	비스테로이드 항염증제
O/R and I/F	Open Reduction and Internal Fixation	개방적 정복술 및 내고정술
C/R and I/F	Close Reduction and Internal Fixation	폐쇄적 정복술 및 내고정술
RA	Rheumatoid Arthritis	류마티스성 관절염
B/K	Below Knee	무릎 아래
B/G	Bone Graft	뼈이식
DA	Degenerative Arthritis	퇴행성 관절염
AVN	Avascular Necrosis	무혈성 골괴저
Fx	Fracture	골절
POD	Postoperative Day	수술 후
D/C	Discharge	퇴원, 중단
Prep	Preparation	준비
PRC	Pack Red Cell	농축적혈구
COPD	Chronic Obstructive Pulmonary Disease	만성 폐쇄성 폐질환
Bx	Biopsy	조직검사
F – cath	Foley Catheter	도뇨관(소변줄)
ECHO	Echocardiogram	심장초음파
EKG	Electrocardiogram	심전도
Sx	Symptom	증상
HD	Hemodialysis	혈액투석
BMD	Bone Mineral Density	골밀도
LFT	Liver Function Test	간기능검사
PFT	Pulmonary Function Test	폐기능검사
MRSA	Methicillin-Resistant Staphylococcus Aureus Infection	메티실린 내성 황색포도알균 감염
VRE	Vancomycin-Resistant Enterococci Infection	반코마이신 내성 장알균 감염

용어 및 약어	Full Term	의미
CRE	Carbapenem−Resistant Enterobacteriaceae	카바페넴 내성 장내세균
CTD	Chest Tube Drainage	흉관배액
BRS	Bronchoscopy	기관지내시경
URI	Upper Respiratory Infection	상기도감염
BCC	Basal Cell Carcinoma	기저세포암
G/A	General Anesthesia	전신마취
L/A	Local Anesthesia	국소마취
Chemo	Chemotherapy	항암요법
PLT	Platelet	혈소판
C−line	Central Line	중심정맥
PICC	Peripherally Inserted Central Catheter	말초삽입형 중심정맥 카테터
Sz	Seizure	경련, 발작
LC	Liver Cirrhosis	간경화
ABR	Absolute Bed Rest	절대 침상안정
RD	Regular Diet	밥
SD	Soft Diet	죽
LD	Liquid Diet	유동식(미음)
EGD	Esophagogastroduodenoscopy	위내시경(식도, 위, 십이지장)
CFS	Colonofiberscope	대장내시경
HBV	Hepatitis B Virus	B형간염
HCV	Hepatitis C Virus	C형간염
MSII	Multiple Subcutaneous Insulin Injection	나중 피하 인슐린 주사법
ESRD	End−stage Renal Failure	말기신부전
CKD	Chronic Kidney Disease	만성신부전
BST	Blood Sugar Test	혈당검사
FBS	Fasting Blood Sugar	공복 시 혈당
CAG	Coronary Arteriography	관상동맥조영술

용어 및 약어	Full Term	의미
PTA	Percutaneous Transluminal Angioplasty	혈관성형술
PCI	Percutaneous Cononary Intervention	경피적 관상동맥 개입술
Hx	History	과거력
CAD	Coronary Artery Disease	관상동맥질환
HTN or HBP	Hypertension / High Blood Pressure	고혈압
NRS	Numeric Rating Scale	숫자통증척도
RT	Radiotherapy	방사선치료
A.fib	Atrial Fibrillation	심방세동
HNP	Herniated Nucleus Pulposus	추간판탈출증
DI	Diabetes Insipidus	요붕증
DI	Drug Intoxication	약물중독
NIDDM	Non-insulin-dependent Diabetes Mellitus	인슐린 비의존성 당뇨병(2형당뇨병)
GERD	Gastroesophageal Reflux Disease	위식도 역류병
PEG	Percutaneous Endoscopic Gastrostomy	위루술(위를 뚫어 입이 아닌 위로 바로 영양을 공급할 수 있도록 하는 시술)
DVT	Deep Vein Thrombosis	심부정맥 혈전증
CHF	Congestive Heart Failure	울혈성 심부전
ICP	Intracranial Pressure	두개내압
ICH	Intracerebral Hemorrhage	뇌내출혈
PD	Peritoneal Dialysis	복막투석
R/O	Rule Out	추정
DT	Delirium Tremens	진전섬망
Meta	Metastasis	(암세포 등의) 전이
S/O	Stitch Out	봉합제거
CPR	Cardiopulmonary Resuscitation	심폐소생술
PID	Pelvic Inflammatory Disease	골반 내 감염
EVD	External Ventricular Drain	내실외배액술
KT	Kidney Transplant	신장이식

사실 병원에 최종합격하더라도 발령 부서를 바로 알려주지는 않는다. 대부분의 대학병원의 경우 신규 간호사 전체 오리엔테이션 기간이 끝난 후, 즉 각 파트로 발령받기 1~2일 전에 해당 부서를 알려준다.

간호사들에게 미리 부서를 알려주지 않는 이유에 대해서는 확실히 알려진 바는 없다. 필자 또한 발령 부서를 미리 알게 된다면 담당 부서에 대한 공부를 더 자세히 할 수 있었을 텐데 말이다. 다만 본인이 원하는 부서가 아닌 경우 지원자들이 사전에 그만둘 수도 있어 퇴사율을 조금이나마 줄이려는 것 때문은 아닐까 조심스레 추측해본다. 실제로 관리자 선생님에게 직접 들은 이야기지만, 간호사가 사직할 때 사직 이유를 '발령받은 과가 본인과 맞지 않아서'라고 작성하는 경우가 꽤 있다고 한다.

따라서 앞서 말씀드렸듯이 전체적인 신규 간호사 오리엔테이션 기간에는 병원의 전반적인 시스템을 익히되, 각 해당 부서를 발령받으면 그때 발령받은 과에 대하여 공부하는 것을 추천한다.

02

3교대의 모든 것

간호학생들은 대부분의 간호사들이 3교대로 근무하고 있다는 것을 알고 있을 것이다. 3교대란, 하루에 8시간씩 3개 조를 이루어 교대로 근무하는 것을 말한다. 이러한 3교대 근무는 흔히 Day Shift(데이-오전 근무), Evening Shift(이브닝-오후 근무), Night Shift(나이트-새벽 근무)로 이루어져 있다.

근무시간은 병원마다 차이가 있겠지만 보통 데이 근무는 오전 7시~오후 3시이고, 이브닝 근무는 오후 3시~오후 11시, 나이트 근무는 오후 10시~익일 오전 7시까지다. 교대근무의 특성상 겹치는 시간에는 서로 인수인계를 주고받아야 하기 때문에 당연히 초과근무를 할 수밖에 없으나 인계수당은 병원마다 있을 수도, 없을 수도 있다.

지금부터 간호사가 각 근무시간에 어떤 일을 하는지 자세히 설명하겠다. 신규 간호사, 예비 간호사들은 데이, 이브닝, 나이트 때 주로 무슨 일을 하는지 흐름만 익혀 두더라도 업무를 이해하는 데 상당한 도움이 될 것이다 (단, 필자는 주로 병동에서 근무하기 때문에 병동 기준으로 설명한다는 점을 참고하기 바란다).

각 근무별 일과를 설명하기에 앞서 몇 가지 알아야 할 점이 있다. 보통 대부분의 대학병원 병동들은 'Team Nursing', 즉 '팀 간호' 체제로 근무한다. 팀 간호란 근무하는 8시간 동안 본인의 담당 환자를 맡아서 케어하는 것이다. 보통 병실을 기준으로 나누게 되는데 예를 들어 1~3호실은 A팀 간호사가, 4~5호실은 B팀 간호사가, 6~8호실은 C팀 간호사가 담당하는 형식이다. 물론 각 병동에 Bed 수가 많을 경우 D팀, E팀까지 있을 수 있다.

이렇게 팀 간호로 근무를 하게 된다면 간호사 한 명당 돌봐야 할 환자 수는 12명에서 많게는 15명이 된다. 팀은 3~4개월마다 고정하여 맡다가 수간호사 선생님이 팀을 바꿔주시면 바뀐 대로 근무를 하게 된다.

이렇게 팀 간호 형태로 환자를 보게 되면 더 질 높은 케어를 할 수 있게 된다. 아무래도 같은 환자를 자주 보다 보니 간호사와 환자 사이에 라포(신뢰) 형성에도 좋고, 환자에 대한 정보가 내 머릿속에 이미 입력되어 있기 때문에 처음 맡는 환자를 돌보는 것에 비해 수월하기 때문이다.

♥ Day, 모든 수술과 검사들이 활발하게 이루어지는 시간

데이번 간호사는 전 근무자인 나이트번 간호사에게 인계를 듣는다. 데이번 간호사는 인계를 듣기 전에 보통 미리 출근하여 오늘 어떤 환자가 수술을 할 것이며, 어떤 환자가 퇴원을 하게 될지 간호사 탈의실에서 미리 전산으로 확인한다.

따라서 인계시간은 오전 7시이지만 보통 간호사들은 늦어도 30~40분 전에 출근한다. 필자의 경우, 데이 근무일 때는 오전 6시 20분에 병원에 도착하여 유니폼으로 먼저 갈아입은 후 전산에 로그인하여 인계장을 출력한다. 오늘 수술할 환자, 퇴원할 환자를 인계장에 나만의 표시로 미리 메모해 둔다. 환자가 무엇 때문에 입원을 했고 어떤 약이 투여되는지, 현재 주 증상은 무엇인지, 앞으로의 Plan은 무엇인지 등을 간단하게 파악한 뒤에 텀블러에 물을 뜨고 간호사실로 나간다.

교대시간을 기다리는 나이트번 간호사에게 아침인사를 한 뒤, 간호사들이 가장 먼저 하는 일은 바로 '물품카운트'이다. 병원에는 수많은 의료물품들이 있다. 고가의 의료기기부터 일반 일회용 소모성 제품까지 그 수가 많고 종류 또한 다양하다. 카운트해야 할 물품들은 여러 개의 파일로 나뉘어 있으며 이를 각 팀마다 하나씩 맡아서 물품을 세게 된다.

예를 들어, Defibrillator(심장제세동기), Emergency Cart(응급카트), Infusion Pump(약물주입펌프), Pulse Oxymeter(산소포화도 측정기계), 자동혈압계 등의 의료기기부터 Foley Cather(소변줄), Urine Bag(소변주머니), L-tube(비위관을 위한 튜브, 카테터), Chemoport Needle(항암용 주사바늘)과 같은 일회용 물품, 멸균소독을 해야 하는 드레싱 Set, 의료용 가위, 포셉(집게), 소독캔 등 세야 할 물품들이 매우 많다.

이 외에도 간호사들은 비상약 비품, 마약금고 및 약품냉장고까지 물품이 없어지지는 않았는지, 기계가 정상적으로 작동하는지를 매일 확인한다. 처음 신규 간호사로 입사하면 물품카운트를 먼저 배우게 되는데, 필자는 초반에 물품 세는 데만 30분 이상이 걸려 애를 먹었던 적이 있다. 물론 일을 할수록 속도가 붙게 되었지만 말이다.

이렇게 물품 카운트를 끝내고 인수인계 시간 전까지 여유가 된다면 '투약기록지'를 출력하여 환자들의 아침 약을 확인한다. 환자분들이 곧 아침식사를 할 테니 아침을 먹고 복용할 약이 제대로 맞는지 확인하는 작업이다. 출력한 투약기록지와 환자에게 드릴 약을 모양까지 하나하나 비교하며 살펴본다. 약 모양과 용량까지 맞는지 확인 작업이 필요하므로 간호사들은 약에 대해서도 충분한 지식을 갖추고 있어야 한다.

이렇게 아침 약을 확인하다 보면 인수인계 시간이 다가온다. 보통 팀별 인수인계를 하기 전에 '전체인계'를 하게 되는데, 전체인계는 출근한 데이번 간호사와 근무 중이었던 나이트 근무자의 가장 Senior 간호사가 모여 중요한 공지사항이나 문제 환자들을 인계하는 것이다.

몸 상태가 좋지 않아 주의 깊게 봐야 할 중환자는 없는지, 간밤에 컴플레인은 없었는지 등 전반적인 병동의 분위기를 파악하기 위함이기도 하다. 따라서 담당 환자가 아니더라도 전체인계에서 넘어오는 환자는 잘 숙지하고 있어야 한다.

한번은 전체인계에서 'A팀 ○○○ 환자 보호자분이 보는 간호사마다 붙잡고 매일 베개랑 이불을 여유분으로 더 달라고 하니 드릴 때마다 확인해라.'라는 내용이 넘어왔던 적이 있다. 사실 베개와 이불은 침상당 한 개씩만, 환자분이 사용할 용도로만 지급되는 것이 원칙이다. 보호자분이 사용할 침구류는 각자 집에서 가져와야 하며 환자의 이불에 오물이 묻었을 경우, 기존에 사용한 이불은 세탁물실에 넣으라는 이야기를 하면서 하나를 더 지급한다. 하지만 한 보호자분께서 침구류를 더 달라며 간호사를 바꿔가며 하나 더 줄 수 있는지 물어봤었나 보다. 아마 추가로 침구류를 제공하지 않는 것을 간호사 개인의 문제로 판단하신 듯하다.

이처럼 사소한 일부터 중요한 사항까지 전달하는 전체인계를 10분 정도 하고 나면 팀별인계가 시작된다. 인계를 주고받을 때 기본적인 부분이 있는데, 인계를 해줘야 하는 간호사는 항상 인계받을 간호사가 '몇 Off'였는지 확인을 하고 그에 맞는 내용을 전달해야 한다는 점이다. 방금 출근한 간호사가 3일을 쉬고 왔다면 그 사이에 있었던 이벤트에 대해서 쭉 전달해야 하고 전날 출근했었던 간호사라면 퇴근했던 시간부터 추가로 있었던 일을 인계하면 되니 말이다.

간호학생 때는 이런 세세한 부분까지 신경 써야 할 줄 모르고, 단지 내가 8시간 동안 근무했었던 내용만 전달하면 되는 줄 알았다. 하지만 다음 번 간호사에게 인계할 때는 전후 상황을 잘 파악한 후 다음 근무할 간호사의 상황에 맞게 요약해서 넘겨야 한다.

앞선 이야기를 읽고 당연한 말이 아닌가 싶으신 분들도 계시겠지만, 의외로 상당수의 신규 간호사들은 이 부분에 대해 신경 쓰지 않는다. 신규 간호사에게 업무를 가르칠 때 "혹시 이브닝 간호사가 누구니? 몇 오프 인계를 줘야 하니?"라고 물어보면 꿀 먹은 벙어리가 되는 경우가 대부분이다. 그러니 적어도 이 책을 읽고 있는 예비 간호사분들은 인계를 할 때 이 부분을 꼭 염두에 두길 바란다.

30분 정도 각 팀의 인계가 끝나면 나이트 간호사는 퇴근하고, 데이 간호사는 본격적으로 업무를 시작한다. 먼저 출력한 투약 기록지를 가지고 병실로 가서 각 환자에게 아침 경구약을 확인하며 나눠 드린다. 이때 퇴원할 환자가 있다면 퇴원 절차를 설명해 주고, 수술이 예정되어 있다면 환자분이 수술 갈 준비가 제대로 되었는지 마지막으로 한 번 더 확인한다. 환자분의 IV Line은 잘 잡혀 있는지, 주사바늘을 꽂은 부분이 붓지는 않았는지, 수액은 잘 들어가는지, 오늘 예정된 검사시간과 수술시간은 대략 몇 시쯤인지, 수술할 부분에 Skin Prep(피부 준비)은 잘 되어 있는지, 혈액형은 어떻게 되는지, 보호자분이 없다면 몇 시에 오시는지 등을 하나하나 꼼꼼하게 파악한다.

물론 전에 근무했던 간호사도 사전에 모두 확인했겠지만 의료사고를 줄이기 위해서라도 두 번, 세 번 다시 언급하며 물어봐야 한다. 따라서 환자분 입장에서는 굉장히 번거로울 수도 있다. 가끔 "아니 간호사들이 돌아가면서 이름을 물어보네. 내 이름 아직도 몰라요?"라고 귀찮은 듯 말씀하시는 환자분도 계시지만, 그럴 때마다 "정확한 환자 확인을 위해 필요한 절차예요. 당연히 알고 있지만 그래도 잘 대답해 주세요."라고 좋게 이야기하면 대부분은 웃으며 답해주신다.

이렇게 환자분들에게 아침 경구약을 드리고 병실 라운딩까지 잘 끝마쳤으면 다시 스테이션으로 돌아와서 차팅을 남긴다. 차팅은 각 병원에서 사용하는 전산시스템에 따라 방법이 전부 다를 것이다. 각 시스템에 맞춰 본인이 라운딩하였을 때 지켜보았던 내용들에 대하여 기록을 하면 된다. 과거에는 수기로 차팅을 하였다지만 요즘에는 컴퓨터로 기록한다. 환자의 주 증상과 관련된 간호진단을 작성하여 기록하고, Free 차팅을 남긴다. 차팅은 간단한 듯 복잡한 일이니 아래 예를 참고하여 적응해두면 도움이 될 것이다.

- ☑ '병실 라운딩함'
- ☑ 'Side Rail 상태 확인함'
- ☑ 'IV Site Swelling, Redness 없이 Dropping 잘 됨'
- ☑ 'Abdomen op Site Oozing, Bleeding Sx None'
- ☑ 'Abdomen Site JP 1개 Keep State'
- ☑ 'JP Negative Pressure로 유지 중이며 Blood Color로 Output 중임'
- ☑ 'Foley Catheter Keep 중임'
- ☑ 'Abdomen Site Pain Mild하게 있다고 함'
- ☑ 'PCA 유지 중으로 N/V Sx None'
- ☑ 'BR 중임'
- ☑ '보호자(배우자) 상주 중임'
- ☑ 'EDBC 격려 중이며 현재 Fever 없음'

학생 간호사 때 'NANDA(난다)'라는 말을 많이 들어 보았을 것이다. '간호진단'이라고 하는데, 의사들이 질병에 대한 진단을 내린다면 간호사들은 환자가 가지고 있는 신체적, 정신적, 사회적, 영적인 모든 부분의 문제를 간호에 적용하여 진단을 내린다. 전산에 등록되어 있는 간호진단이 매우 많기 때문에 그날 그날 환자에게 해당되는 간호진단을 입력하면 되는 것이다.

학생 간호사 때 컨퍼런스를 하면서 NANDA를 많이 접해 보았는데 당시 공부했던 내용이 실제 임상에도 적용이 되어 실제로 입사한 직후에 많은 도움이 되었던 기억이 있다.

이렇게 차팅을 한두 명 정도 남기고 있으면 각 과별로 교수님과 레지던트들이 모여 회진을 돌기 시작한다(이때 영화나 드라마에서 보았던 것처럼 모두가 다 함께 우르르 몰려 온다). 같은 병실이라고 해도 같은 교수님들의 환자들만 모여 있는 것이 아니다. 어떤 환자분은 A교수님, 또 다른 환자분은 B교수님의 담당 환자이기 때문에 교수님들은 본인들의 담당 환자들만 들여다보고 떠난다. 간혹 가다 "왜 나는 안 봐줘요?"라고 하시는 환자 및 보호자분들이 계시는데 그럴 때마다 해당 교수님이 아니기 때문에 그렇다고 잘 설명해 드려야 한다.

회진 시간에는 교수님들이 환자들에게 앞으로의 치료 계획이라든지 퇴원 계획, 수술 경과 등 전반적인 내용을 설명해 주고 필요한 경우 수술 부위 드레싱을 진행하신다. 교수님께서 드레싱을 한다고 하면 간호사들은 재빠르게 카트를 끌고 환자 앞으로 가서 드레싱 Set와 소독포를 깔아 세팅해야 한다.

필자는 외과병동에서 근무하기 때문에 병동 특성상 드레싱 Assist를 서는 경우가 참 많은데, 교수님께서 환자 소독을 위해 드레싱 카트를 가져오라고 하셨을 때 이미 다른 교수님이 카트를 사용하고 계시면 굉장히 난감해진다. 병동에 보유하고 있는 드레싱 카트는 두 개 뿐인데, 회진 오시는 교수님마다 카트를 다 찾게 되니 발생하는 일이다. 이럴 때는 아주 큰 목소리로 "드레싱 카트 어디에 있어요!"라고 목청껏 외쳐야 한다. 그럼 어딘가의 동료 간호사가 "5호실이요!"라고 대답해준다. 병동이 넓은 만큼 동선도 길기 때문에 전속력으로 5호실로 뛰어가 필요한 물품들을 미니 카트에 챙겨 발 빠르게 돌아와 교수님께 챙겨드린다. 아침 회진 때마다 교수님들이 다섯 분 넘게 오셔서 드레싱을 할 때마다 이런 일이 일상다반사니 전쟁터가 따로 없다.

이렇게 중요한 회진 시간대에 환자가 부재중일 경우, 간호사들은 또 한 번 달리기 실력을 자랑해야 한다. 화장실 및 휴게실을 돌아다니며 환자의 이름을 크게 부르며 찾아다니고, 전화를 걸기도 한다. 그럼에도 불구하고 환자를 찾지 못하면 교수님들은 결국 해당 환자의 진료를 보지 못하고 병동을 떠나게 된다. 서로 엇갈리게 되면 2~3일 동안 교수님 얼굴도 못 보는 경우도 많아 간혹 환자분들의 볼멘소리를 듣기도 한다.

'비싼 돈 내고 수술하고 입원했는데 며칠 동안 교수님 얼굴 한 번도 보지 못하는 게 말이 되냐.'고 하시지만 사실 교수님들도 정해진 회진 시간 이외에 외래진료나 시술, 수술 등 따로 스케줄이 있기 때문에 환자분들이 만나고 싶다고 자유롭게 만나는 것은 힘들다. 그래서 필자는 항상 환자분들에게 회진 시간 때에는 꼭 자리에 앉아 계시라고 당부한다.

회진과 관련하여 할 이야기가 굉장히 많아 조금만 더 하겠다. 회진이 끝나면 항상 환자분들에게 듣는 말이 있다.

"교수님이 진통제 준다고 했는데 약 왜 안줘요?"

회진 때 환자가 통증이 좀 나아지지 않는 것 같다고 말하니 교수님이 더 센 진통제를 추가해주겠다고 하신 것이다. 회진 끝난 지 불과 5분밖에 지나지 않았는데 말이다. 그럴 때마다 항상 조금만 기다려달라고 말한다.

짜장면이 안 와서 중국집에 전화하면 "출발했어요."라는 말을 항상 하듯이 부분도 그저 정형화된 루틴처럼 '기다려라.'라는 말로 들리겠지만, 간호사 입장에서는 별 도리가 없다. 하지만 필자는 그저 계속 기다리라고 말을 하지 않는다. 어차피 또 물어볼 것임을 알기 때문에 절차를 설명하고 이해시킨다.

"교수님 회진이 이 병실만 끝난 거지, 다른 병실, 다른 층에 있는 환자분들은 아직 안 끝났어요. 모든 회진이 끝나야 교수님이 처방을 내주실 테고 그 뒤에 약국에서 약이 올라오는 거지, 교수님이 약을 처방했다고 해서 바로 나오지는 않아요. 저희도 약국에서 약이 조제된 다음에 받을 수 있어요."

사실 환자분들이 필자를 재촉하면 왜 이렇게 기다리지 못할까 하는 원망 섞인 생각을 할 때도 있다. 물론 환자분들의 마음도 이해가 간다. 당장 본인이 아픈데 병원 시스템을 굳이 알고 수긍할 여유가 있을까. 하지만 간호사 입장에서는 별다른 방도가 없기 때문에 회진 때는 이러한 약간의 갈등이 생기기도 한다.

이렇게 30~40분간의 회진이 모두 끝나면 수많은 추가 처방이 올라온다. 예를 들어 '이 환자는 A약 대신에 B약으로 변경할 것이다.', 'A환자 추가로 피검사를 해 달라.', 'B환자 추가로 CT촬영이 있으니 스케줄 잡아 달라.' 등 등 오더의 종류도 다양하다.

본인의 담당 환자에게 추가 오더가 모두 나면 이를 전부 빠른 시간 내에 수행해야 한다. 특히 이때는 Acting(환자에게 직접 수행해야 하는 일)이 많 아져서 굉장히 바빠진다. 거기에 중간중간 하루에 100통씩 넘게 울리는 전 화나 수십 번 울리는 환자들의 응급호출벨, 보호자 및 간병인분들의 문의 및 응대 등을 실시간으로 해결해야 하기 때문에 정말 몸이 열 개라도 모자 를 지경이다.

한편, 간호사는 추가 오더를 받아 바쁘게 일하면서도 퇴원 할 환자도 신경 을 써야 한다. 환자분에게 퇴원 절차 설명과 안내를 하며 퇴원 준비를 시킨다.

'진통제' 이야기와 비슷하게 교수님이 오전 회진 때 "그동안 고생 많으셨 네요. 오늘 조심히 가십시오."라고 말하면 상당수의 환자분들은 교수님이 돌아서자마자 간호사에게 "지금 돈 내고 가면 되나요?"라고 역시 빠르게 묻는다.

퇴원은 무작정 수납을 하고 옷을 갈아입은 뒤 집으로 가는 것이 아니다. 이 부분도 마찬가지로 절차가 필요하다. 먼저 간호사들이 전산으로 환자 차 트를 마무리 짓는다. 미수행 처방이 없는지, 환자에게 투약했던 약물기록 에 혹여 빠진 부분이 없는지, 마약을 투여했을 때 잔량으로 남은 게 없는 지, 환자에게 더 추가로 넣어야 할 Cost(Fee : 재료대)는 없는지 등을 체크 한다. 간호사가 1차적으로 전산 마무리를 하면 그 전산 서류는 보험팀으로 넘어간다.

보험팀에서는 서류를 통해 환자에게 비용이 중복으로 청구되지는 않았는지, 정식퇴원인지 가퇴원인지 판단을 하게 된다. 비용이 중복으로 입력되어 있다면 삭제를 하기도 하고, 누락된 부분이 있다면 추가하기도 한다. 이 중에서 중요한 것은 가퇴원 여부이다. 대부분의 환자들은 정식으로 퇴원절차를 밟고 퇴원을 하게 되지만, 가끔 가퇴원을 하는 경우가 있다. 가퇴원이란 쉽게 말해 '임시퇴원'이라고 할 수 있는데, 퇴원비 수납을 정확하게 하지 않고 대략적인 금액만 정산 후 추후에 외래 F/U했을 때 재정산하는 것이다.

예를 들어 환자가 조직검사를 했는데 그 조직검사 결과가 나오지 않아 확실한 진단이 되지 않는 경우에는 가퇴원을 하게 된다. 진단 결과에 따라 검사 자체가 보험처리 되거나 100% 본인부담이 될 수 있기 때문이다.

이렇듯 보험팀까지 모든 서류 심사가 끝나야 비로소 환자가 수납을 할 수 있게 되고, 환자에게 수납절차를 설명한 뒤 약국에서 퇴원약이 불출되기를 기다려야 한다. 날마다 다르지만 퇴원하는 환자들이 많다면 약국에서도 그만큼 조제할 약이 많아지기 때문에 불출이 늦어질 수밖에 없다. 이 모든 절차를 거쳐 퇴원약까지 환자에게 전달하고 나서야 비로소 퇴원수속이 끝났다고 할 수 있다.

이밖에도, 데이 근무 때는 앞서 말했듯 모든 검사 및 시술이 활발하게 이루어지기 때문에 환자들의 검사실, 수술실로의 이동이 잦다.

"○○○ 환자 수술실로 내려주세요."라는 전화를 받으면 환자를 Long Car⑥로 옮겨서 동의서를 챙겨 보낸다. 각 병원마다 이송 시스템이 갖춰져 있겠지만 정말 긴급한 상황 혹은 이송이 많이 밀려있는 경우 간호사들이 침

---

⑥ 병원에서 사용하는 간이침대, 이동용 침대

대를 끌고 직접 수술실로 내려가기도 한다.

몇 시간 후 수술이 끝나고 환자가 병동으로 Return하면 역시나 Post 오더를 챙긴다. 게다가 간이침대에 누워 있는 환자를 본인 침대로 옮겨 줘야 한다. 극심한 통증에 환자 스스로 옮겨갈 수 없어 Long Car에서 침대로 의료진 2~3명이 붙어 "하나, 둘, 셋!" 하며 누워 있는 환자를 들어서 옮긴다.

이후 소독약이 묻어 있는 옷을 갈아입혀 주고, 환자 및 보호자에게 수술 후 주의사항 및 금식시간을 설명한 뒤 Special V/S를 챙긴다. 수술 후에는 환자의 상태를 면밀히 살펴야 하기 때문에 V/S 측정을 30분 간격으로 3~4시간 동안 해야 한다. 본인 팀에서 수술할 환자가 많다는 것은 그만큼 더 바빠진다는 것을 의미한다. 보통 Surgery 병동에서는 일일 평균 수술이 10건 이상이다.

이렇게 환자를 수술실로 보내고, 받고 하다 보면 정규처치 시간이 찾아온다. 환자들에게 식후약을 드린 뒤 2~3시간 후에는 항생제 약물을 주입하게 된다. 이때 항생제 투약을 하며 모든 환자들의 V/S를 측정한다. V/S가 Abnormal 하면 즉시 주치의에게 노티하여 조치를 취한다.

또 항생제 처치를 하면서 환자의 링거바늘 부위가 부었다면 Remove 후 다시 IV Line Start하고 수액도 바꿔준다. 혈관이 잘 나오지 않는 환자분들이라면 Line을 잡는 데 시간이 꽤 소요될 것이다.

하지만 아무리 혈관이 없더라도 10~15분 이상 시간을 지체히면 안 된다. 지금은 웬만하면 혈관을 금방 찾아 재빨리 약물을 투약하지만, 신규 간호사 때는 혈관을 잘 찾지 못해서 시간도 많이 잡아먹고 선배 간호사에게 매번 부탁하는 등 고생을 많이 했던 기억이 있다.

의자에 엉덩이를 붙일 새 없이 Acting 일을 하여 어느 정도 상황이 마무리가 되면 오전에 남기지 못했던 차팅을 기록하고, 약국에서 쏟아져 나온 어마어마한 양의 약들을 받게 된다. 환자들의 아침, 점심, 저녁 경구약부터 항생제, 호흡기치료제 등 많은 약물이 병동으로 올라온다. 그러면 우리 간호사들은 각 약물들을 환자 이름이 적힌 간호사 카트에 넣어 정리를 해야 한다.

쉴 새 없이 일하다 보면 어느 새 점심시간이 다가오고, 점심이 나오기 전에 미리 식전 처치를 해야 한다. 인슐린을 맞아야 하는 환자에게는 주사를 주고, 식전약을 먹는 환자들에게는 약을 나눠준다. 그리고 환자들이 밥 먹는 시간이 되면 밀렸던 일을 다시 시작한다. 30~40분 후 환자들이 점심식사를 다 하면 또 식후약을 나눠주러 카트를 끌고 병실로 들어간다.

점심 약을 드리고 나면 I/O를 체크한다. I/O란 Intake&Output으로 섭취량&배설량을 의미한다. 사람 몸에 들어온 것과 나간 것의 비율을 확인하는 것이다. 환자의 I/O 수치가 어느 정도 비슷해야 하는데, 이것이 맞지 않으면 몸 어딘가에서 균형이 깨졌다는 것을 의미한다.

예를 들어 환자는 식사도 잘하고 수액도 충분하게 혈관을 통해 주입되고 있는데, 그에 들어간 만큼 소변이 나오지 않는다면 문제가 발생할 수 있다. 이는 몸에 부종이 생긴다는 것을 의미할 수도 있고, 신장 기능이 떨어진다는 것을 의미할 수 있기 때문이다. 그래서 보통 I/O 수치가 +1,000 이상일 경우 주치의에게 Notify를 한다. 이후 주치의가 환자를 살피고 이뇨제를 투약하라는 오더를 내면 간호사들은 직접 주사제 투약을 하게 된다.

물론 이후에도 해야 할 일들은 얼마든지 있다. 환자들의 통증 척도를 평가하고, 낙상위험성이 있는 환자들 또한 눈여겨보며 본인이 환자들에게 투약한 약물을 전산으로 체크한다.

업무가 어느 정도 마무리가 되면 이브닝 간호사가 출근할 시간이 가까워지는데, 이때 잠깐 인계준비를 한다. 변경사항을 체크하고 전산상 카텍스를 수정하며 추가 오더를 마지막으로 확인한다. 최대한 데이에서 해결할 수 있는 부분을 해결하여 이브닝까지는 넘기지 않도록 한다.

이렇게 쉴 새 없이 일하고 바로 인계시간이 다가온다면 간호사들은 대체 언제 밥을 먹을까? 사실 대중없다. 시간이 나는 대로 몇 명씩 조를 이루어 식당을 내려갔다 오는 것이다. 다행히 데이 근무 때는 수간호사 선생님과 함께 근무하기 때문에 아무리 바쁘더라도 끼니를 거르는 일은 드물다. 밀린 일에 치여 밥 생각이 없어도 수간호사 선생님이 식당에 같이 내려가자고 하시거나 너무 바쁜 경우 일을 도와주시고, A팀이 바쁘고 B팀이 그나마 좀 덜하다면 서로서로 도와주는 식으로 그날의 데이 업무를 수행한다.

이처럼 데이 근무가 눈코 뜰 새 없이 바쁜 건 사실이지만 그나마 불행 중 다행으로 평일에 비해 주말에는 상대적으로 여유가 있는 편이다. 주말에는 교수님들의 회진이 없어 추가 오더가 잘 나지 않으므로 주어진 일만 부지런히 하면 평일 데이보다는 숨 돌릴 틈이 있다. 물론 남들 쉴 때 주말에 일하는 것이 썩 좋지는 않지만, 그래도 평일보다는 여유로워서 좀 일할 맛이 나기는 한다.

지금까지 데이 근무 시 어떤 일을 하는지에 대해 자세하게 적어 보았다. 정리하자면 데이 근무 때의 주요 업무는 다음과 같다.

데이 간호사의 주요 업무
- ☑ 출근 후 물품 카운트
- ☑ 인계 주고받기
- ☑ 경구약 돌리기
- ☑ 회진 따라다니기
- ☑ 추가 처방 받기
- ☑ 정규 차팅 남기기
- ☑ 환자 퇴원 보내기
- ☑ 환자 수술 보내기
- ☑ 수술 끝난 환자 받기
- ☑ 식전 약 투약하기
- ☑ 식후 약 투약하기
- ☑ I/O 체크 후 입력하기
- ☑ 통증평가
- ☑ 낙상평가
- ☑ 욕창평가
- ☑ 추가 차팅 입력하기
- ☑ 카덱스 수정하며 인계 준비
- ☑ 이브닝 간호사에게 인계 후 퇴근

"차팅은 당장이 아니더라도 좀 나중에 해결할 수 있지만, 환자에게 피검사를 하거나 직접 어떤 행위를 해주어야 하는 일은 나중에 할 수가 없잖아. 정 못 하겠으면 차팅을 포기해."

신규 간호사 시절 선배 간호사에게 늘 들었던 말이다. 슬프지만 맞는 말임을 부정할 수는 없다. 당장 환자의 주사 부위가 부었는데 차팅을 남기고자 환자를 그대로 내버려둘 수는 없으니 환자에게 해야 할 일을 먼저 해결하는 것이 옳다.

필자가 신규 간호사로 근무를 했을 때 업무 중 차팅을 남기는 것은 사치에 가까운 일이었다. 엉덩이를 의자에 댈 일 없이 거의 Acting 일만 하다가 인계시간이 되기 일쑤였고, 그나마 Acting 일마저 완벽하게 하지 못해 많이 혼났다. 그래서 항상 차팅은 퇴근 후에 남기고 갈 수밖에 없었다.

신규 간호사 때는 환자 파악도 잘 안되고 일도 서툴고 느렸기 때문에 데이 근무가 잡히는 날에는 항상 새벽 5시까지 출근했다. 물론 새벽부터 먼저 출근하여 업무를 보라고 강요한 사람은 없었다. 단지 내가 일을 더 잘하고 싶고, 환자에 대해 더 확실히 알고 싶었으며, 다른 선배들처럼 퇴근시간에 모두와 함께 퇴근하고 싶어서 스스로 많이 노력했던 것이다. 그렇게 1년 가까이 노력하면서 조금은 자신감이 붙게 되었고 출근에 대한 거부감도 자연스레 사라졌다.

♡ Evening, 입원환자를 받는 시간

이브닝은 '입원 환자 받기'가 주 업무라고 해도 될 만큼 큰 비중을 차지한다. 우리가 호텔이나 리조트 등 숙박업소에 놀러갔다고 가정을 해보자. 보통 체크아웃은 오전 일찍 이루어지고, 체크인은 오후 3시 이후에 하지 않는가? 병원 또한 마찬가지다. 오전에 환자 퇴실처리가 되면 침상 정리, 주변 소독을 한 뒤 오후에 입원하는 환자를 맞이하게 된다.

많은 신규 간호사들이 이 기본적인 흐름을 파악하지 못해 우물쭈물하게 되는 안타까운 경우가 많다. 본인이 지금 당장 뭘 해야 할지 모르니 마냥 서있지도, 그렇다고 무엇을 하지도 못한 채 당황하는 것이다. 그런 모습을 볼 때마다 본인 스스로는 얼마나 답답할까 하는 생각이 들고는 했다.

학생 간호사 때는 보통 Observation만 하기 때문에 언제 입원을 오고 언제 퇴원을 보내는지에 크게 관심이 없다. 오로지 선생님들이 IV Line을 잡는 방법, 즉 '나무'에만 관심이 있을 뿐이다. 그러니 당연히 바로 입사를 했을 때 아무것도 모르는 상황과 마주할 수밖에 없는 것이다.

"일의 흐름을 먼저 파악하세요."

필자는 신규 간호사들을 교육시킬 때 담당 프리셉티에게 항상 하는 말이다. 간호사는 교대근무이기에 해야 하는 업무도 데이, 이브닝, 나이트별로 다르다. 아직 업무에 미숙한 신규 간호사들은 근무별로 하는 일을 서로 헷갈려하기 마련인데, 이 때문에 전체적인 상황을 먼저 파악하라고 가르쳤다. '나무를 먼저 보지 말고 숲을 보라.'는 격언처럼 말이다. 그래서 프리셉티에게 '지금 시간에는 뭘 해야 하죠?', '곧 오후 8시인데 뭐 할래요?'라는 질문을 자주 했었고, 이러한 질문에 익숙해진 신규 간호사들은 먼저 큰 틀을 잡아주어서인지 몰라도 업무를 이해하는 속도가 꽤 빨라졌다.

이러한 필자 나름의 트레이닝 지침을 만들게 된 것은, 필자가 신규 간호사로서 교육을 받았을 때 아쉬웠던 부분 중 하나가 바로 '나무 보기'를 강조한 교육이었기 때문이기도 하다. 신규 간호사 시절, 필자는 교육을 받으면서 "지금은 이 일을 해야지!", "아니 그건 나이트 때 하는 거잖아!"라는 말을 많이 들었고 스스로도 많이 혼란스러웠다. 선배 간호사가 "지금 얼른 이 일을 하고 와!"라고 하니 부랴부랴 그 일을 하면서도 '지금 내가 왜 이 일을 하고 있지?' 하는 의문이 자주 들었다.

결국에는 나중에 스스로 깨달았지만 이미 많은 시간이 흐른 뒤였다. 그때부터 필자는 '먼 미래에 선배가 되어 후배 간호사를 가르친다면, 기본적인 업무의 큰 틀부터 알려줘야겠다. 그래야 더 이해하기 쉬울 테니까.'라고 결심했다.

그럼 본격적으로 이브닝 업무에 대해서 알아보자. 이브닝은 보통 오후 3시~밤 11시까지 근무를 하게 되는데 오후 2시~밤 10시로 정해진 곳도 있는 등 병원마다 차이가 있다. 필자의 경우 오후 3시부터 이브닝 업무가 시작되는데, 평균 오후 2시 25분~30분 사이에 병원에 도착한다. 데이 때와 마찬가지로 유니폼을 갈아입고 전산으로 입원할 환자를 확인한다.

그 날 내 팀으로 입원할 환자가 없으면 속으로 '나이스!'를 외치고 근무 내내 '소확행'을 느낀다. 이브닝은 입원을 받는 게 주 업무인데 환자가 없으면 그만큼 일이 바쁘지 않다는 것을 의미하기 때문이다. 그 대신 입원할 환자가 3명 이상이라면 일하기도 전에 벌써 시무룩해진다. 굉장히 바쁠 예정이기 때문이다.

입원할 환자를 확인한 후 인계장을 출력하여 환자가 무엇 때문에 입원할 예정인지, 수술을 할 것인지, 검사를 할 것인지 등 전반적으로 기록을 파악한다. 이제는 4~5분만 봐도 환자의 기록을 금세 파악할 수 있지만 과거에는 한 환자를 파악하는 데에만 30분 이상, 복잡한 환자는 1시간씩 걸리기도 했다. 그래서 이브닝인 경우에 11시~12시까지 출근하여 전산실에서 매번 컴퓨터를 들여다보기도 했었다.

또 메모장에 입원 올 환자에 대한 정보를 모두 입력해 저장해 두고 사내 메일로 보내 놓은 다음, 실제로 근무를 할 때 정리한 정보를 카덱스에 곧바로 복사, 붙여넣기를 했었다. 타자를 쳐야 하는 시간조차 아껴서 다른 일을 해야 했기 때문이다. 그만큼 신규 간호사 때는 업무가 미숙하여 허덕이는 날이 참 많았다.

업무에 익숙해진 지금은 미리 출근해서 시간이 가능한 만큼 파악한 뒤, 역시 텀블러에 물을 뜨고 간호사실로 나간다. 폭풍을 온몸으로 겪은 듯 힘들어하는 데이번 간호사에게 인사를 건넨 후 데이 때와 마찬가지로 물품카운트를 시작한다.

이때 물품을 세다가 하나가 비어 있다면 전 듀티 간호사, 그러니까 데이번 간호사에게 꼭 확인을 해야 한다. 예를 들어 A환자에게 소변줄을 끼우기 위해 Foley Catheter와 Urine Bag을 사용했다고 생각해보자. 그렇다면 그 F-cath와 Urine Bag은 이미 A환자에게 사용을 한 것이므로 A환자 앞으로 Cost(fee)를 입력해야 한다. 나중에 환자가 퇴원할 때 청구되도록 말이다.

데이번 간호사가 바빠서 제대로 Cost를 입력하지 못한 채 잊는 경우가 있을 수 있으므로 이브닝 간호사는 물품카운트를 제대로 함으로써 이를 제대로 상기시켜줄 필요가 있다. 환자 팔에 주사를 잡아야 하는데 물품이 Loss 되어 주사용 카테터를 사용할 수 없다면 아무런 일도 못하게 되니 말이다.

물품카운트가 끝나면 이번에는 오후에 환자에게 투약할 약물이 제대로 약통 안에 들어 있는지 확인한다. 입원 환자들은 상황에 따라 항생제 같은 약물을 하루에 3회, 많게는 4회까지 맞게 된다. 따라서 간호사들이 6시간마다, 혹은 8시간마다 스케줄에 맞게 투약 준비를 하게 되고, 해당되는 시간대의 간호사가 약을 투여하게 된다.

주사제 약을 확인하다 보면 전체인계를 할 시간이 되고 마찬가지로 전체인계가 끝나면 각 개별인계를 시작한다. 데이-이브닝 인계시간은 때에 따라 그리 길지 않을 수도 있다. 이미 데이 때 환자 몇 명이 퇴원을 하여 그만큼 인계할 환자 수가 줄어들었기 때문이다.

각 개별인계가 끝나면 데이번은 퇴근을 하고 본격적인 이브닝 업무가 시작된다. 데이 때와 마찬가지로 간호사 투약카트를 끌고 환자 병실로 가 라운딩을 한다. 항생제를 투약할 시간이 되면 주사를 놓으면서 Fluid가 들어가고 있는 팔은 붓지 않았는지, 오늘 수술한 환자의 수술 부위는 어떤지,

배액관에 꼬임이나 막힘은 없는지 등을 확인한다. 이런 식으로 병동 라운딩을 하고 있다 보면 드디어 입원 환자가 올라온다.

환자분이 병동으로 올라오면 먼저 "성함이 어떻게 되세요?", "생년월일이 어떻게 되세요?"라고 개방형으로 질문한다(간호학생 때 참 지겹도록 들었던 그 개방형 질문은 실제 임상에서도 역시 지겹도록 적용하고 있다). 환자 확인을 마치고 나면 환자의 신상이 적힌 팔찌를 채워준 후 키와 몸무게를 재고 병실로 안내한다. 병실에 들어간 환자에게 V/S를 측정하고 먼저 Past History를 확인한다. 즉 환자에 대한 전반적인 개인정보를 조사하는 것이다.

예를 들면 어떤 치료를 위해서 입원을 왔는지, 증상이 언제부터 시작됐는지, 통증은 어느 정도인지, 수술 부위가 어디인지, 어떤 기저질환을 가지고 있는지, 현재 복용 중인 약물이 있는지 등이다.

특히 환자가 개인적으로 복용 중인 약물이 있다면 '약품 식별'을 위해 약국에 요청서를 내려야 한다. 오메가3나 비타민제 같은 사소한 건강보조제 같은 약도 꼭 확인 후 포함해서 말이다. 병원에서 치료를 시작하게 되면 추가로 항생제든, 진통제든 약물을 사용할 텐데, 의료진 몰래 본인이 먹었던 약을 그대로 먹게 된다면 약을 중복으로 먹게 되어 자칫 간이나 신장이 나빠질 수 있기 때문이다. 약품식별 요청서를 약국에 제출하면 하루 뒤에 결과가 뜨니 그때 주치의에게 복용 여부를 확인받으면 된다.

여기서 신규 간호사들이 자주 하는 실수를 하나 짚고 넘어가자. 바로 환자들이 약을 가지고 오면 본원 약인지 타 병원 약인지 확인을 제대로 하지도 않고서는 무조건 다 약품식별을 내려버리는 것이다. 본원 약은 어차피 전산에서 검색하면 확인할 수 있기 때문에 굳이 식별을 나갈 필요는 없다. 따라서 타 병원 약만 잘 확인해서 약품식별 요청서를 내리길 바란다.

한번은 젊은 여자 환자에게서 채혈을 했는데, 날이 갈수록 간수치가 점점 올라갔던 적이 있었다. Liver Sono(간 초음파)를 해도 큰 이상은 없었다. 혹시나 싶어 환자에게 몰래 "혹시 저희가 드리는 약 외에 드시는 약이 있나요?"라고 물었더니 사실 다이어트약과 한약을 복용하고 있었음을 실토하였다. 즉시 주치의에게 Notify한 뒤 중단시켰고, 간 약을 추가로 투여하여 수치를 서서히 정상으로 되돌릴 수 있었다.

환자가 외과병동으로 입원을 하는 이유는 보통 다음 날 수술을 진행하기 위해서이다. 환자는 수술 하루 전날 입원해야 수술에 필요한 검사를 모두 마치고 안전하게 수술실에 들어갈 수 있다. 수술 전 금식은 MN(자정)부터 시작하게 된다. 따라서 환자에게 입원한 당일 저녁까지는 식사가 가능하나 밤 12시부터는 물 포함 금식임을 교육해야 한다.

전반적인 병실 안내를 설명할 때에는 입원생활 안내 책자를 활용한다. 이 팸플릿에는 병원생활과 관련된 다양한 내용이 포함되어 있다. 팸플릿에는 세면도구, 슬리퍼 등은 개인이 준비할 것, 보호자의 침구류 역시 개인적으로 준비할 것, 외출은 불가능함이 원칙이지만 주치의의 판단에 따라 가능할 수 있음, 도난사고 주의, 낙상사고 주의, 욕창 발생 주의, 탕비실 및 휴게실 위치 확인 후 이용하기 등 실용적인 내용이 포함되어 있다. 간호사는 이 모든 내용을 환자 및 보호자에게 설명해 주어야 한다.

History와 입원생활 안내를 마쳤다면 간호사실로 돌아와서 입원처방을 확인한다. 입원처방이란 말 그대로 입원 온 환자에게 적용할 수 있는 오더를 말한다. 예를 들어 'V/S는 TID로 체크해주세요.', 'Diet는 MN NPO라고 교육해주세요.', '왼쪽 수술부위에는 IV Line 잡지마세요.', 'AST는 ○○○ 약물로 해주세요.' 등이다. 이 입원처방을 보고 간호사들은 그에 맞게 수행을 하게 된다. 피검사와 수액 처방이 있다면 IV Line을 잡으면서 함께 검사를 나가고, 수액도 연결해준다.

입원환자가 한두 명이라면 후다닥 처치를 할 수 있지만 세 명 이상씩 동시에 몰려오면 그때부터는 정말 정신줄을 부여잡으면서 일한다. 원무과에서는 계속해서 환자를 올리는데 입원을 받을 간호사 수는 그만큼 따라주지 못해 업무 Loading이 생기기 때문이다.

이렇게 입원 오는 환자를 다 받고 Head to Toe Assessment를 하며 전산으로 기록까지 하다 보면 Post Op 환자가 올라올 때가 있다. 수술을 늦게 출발해 오후에 Return을 하는 환자가 있다면 이마저도 다 이브닝 간호사의 몫이다.

차팅은 거의 포기하다시피 Acting 일을 하다 보면 어느새 오후 5시가 훌쩍 넘는다. 곧 환자들의 저녁식사가 나오기 때문에 식전처치를 해야 한다. 데이 때와 마찬가지로 저녁식사 전에 인슐린을 맞는 환자가 있다면 투약을 하고, 저녁식전에 복용할 약이 있다면 건네주는 등 간호사 본인들의 밥은 챙겨먹지 못한 채로 일만 하게 된다.

환자들이 저녁식사를 하느라 스테이션이 그나마 조용해지면 못했던 차팅을 마저 하고, 30분 후 또 다시 저녁 식후약을 투약하게 된다. 마찬가지로 투약기록지와 약을 하나하나 대조하며 말이다.

그리고는 다음 날 수술할 환자들의 명단을 확인한 뒤, Pre Op 준비에 들어간다. 수술 시 환자에게 사용할 항생제가 있다면 미리 AST를 해서 Negative(음성) 반응이 나왔는지 체크하고, 수술부위에 털은 없는지 확인 후 털이 있다면 제모를 해주어야 한다. 미세한 털이 수술 시 감염의 Source 가 될 수 있기 때문이다. 보통 수술 전 제모를 할 때 제모용 칼로 잘못 밀었다가는 자칫 살이 베어 상처가 날 수 있으니 제모용 크림을 사용하게 된다.

한번은 한 환자가 본인 다리의 털을 직접 밀겠다며 간호사한테 말도 하지 않고 자신이 가지고 있던 면도기로 털을 밀다가 작게 상처를 낸 적이 있다. 다행히 Incision Site(절개부위)와 먼 부분이라서 교수님께 Notify 후 그대로 수술을 진행했던 적이 있었지만 자칫 수술이 미뤄질 뻔했던 사건이었다. 환자의 수술 부위가 발이라 하더라도 수술방에서는 허벅지까지 다리 전체를 소독하게 된다. 때문에 간호사들은 발가락에 있는 털부터 허벅지 털까지 싹 밀어야하는데 이 환자는 스스로 허벅지를 밀다가 면도날로 살짝 스쳤던 것이다.

스스로 제모를 하겠다는 환자들이 간혹 있지만 Skin Prep은 모두 간호사가 해줘야 하는 일임을 잊어서는 안 된다.

환자들이 저녁식사를 한 뒤에는 데이 때와 마찬가지로 오후 I/O, 정규 V/S를 챙겨준다. 특히 I/O는 데이 때 측정했던 것과 합쳐서 Input과 Output을 비교한다. 동시에 I/O를 하면서 환자들이 가지고 있는 배액관도 함께 비워준다. 보통 수술을 하고 나면 JP, Hemovac 같은 피 주머니를 달고 나오는데 이 배액관도 듀티별로, 또는 QD로 배액 양을 확인해야 하기 때문이다.

어느 정도 마무리가 되었으면 HS 처치시간이 된다. 환자가 HS(취침 전) Time 때 먹을 약이 있거나 맞을 인슐린이 있는 경우 역시 투약을 해준다. 또, 환자들에게 항생제 처치를 하면서 혈당을 잰다. 이쁜 아니라 익일 수술할 환자들에게 MN NPO 교육을 한다. 특히 환자가 전신마취로 수술을 하는 경우에는 금식이 기본이다. 전신마취를 하는 과정 중에 Intubation(기관삽관)을 하는데 위에 음식물이 남아있다면 구역반사로 음식물이 기도로 넘어가 Aspiration 될 위험이 있기 때문이다. 물 포함 금식이라고 환자 및 보호자에게 이해가 잘 되도록 설명을 해주어야 한다.

이렇게 환자에게 수술을 위한 준비를 하고 있으면 어느새 의사 선생님이 환자에게서 수술동의서를 받아다 준다. 간호사들은 건네받은 동의서에 서명이 빠진 곳은 없는지, 환자 및 보호자가 이해를 잘 했는지 2차로 확인하고 보관한다.

이후 밀렸던 일들(추가 차팅, 전산 기록 입력 등)을 하고 있으면 시간이 열시가 넘어가고 나이트번 간호사가 출근을 하게 된다. 이로써 이브닝 간호사의 업무도 마무리되는 것이다.

이브닝 간호사의 Pre Op 준비

- ☑ 동의서 확인
- ☑ 18G Peripheral Line 확보
- ☑ MN NPO 교육
- ☑ 전체적인 Lab 결과 확인(Abnormal한 값이 있는지)
- ☑ PFT, Echo 등 진행 여부 확인, Op Risk 확인
- ☑ AST Negative 확인
- ☑ Skin Preparation
- ☑ 보호자 Keep 설명
- ☑ 수술용 수액 처방 확인
- ☑ 수술 후 필요한 준비 물품 확인(복대, 스타킹, IPC 기계, 호흡기 치료제 등)

입원환자를 받는 것은 겉보기와 달리 매우 복잡한 일이다. 환자분들 입장에서는 입실해서 병실에 앉아 환자복으로 갈아입고, 주사만 맞는 게 끝이라고 생각하겠지만 환자를 담당하게 되는 간호사들이 해야 할 일들은 생각보다 많다.

그나마 다행인 것은 데이 근무할 때보다는 추가 처방이 덜 난다는 것이다. 예를 들어 주치의가 Lab(피검사)을 추가로 처방 낸다든지, 다른 검사들을 진행해보자고 한다면 그만큼 해야 할 일들이 늘어나는데 이브닝 때는 이런 추가처방이 많이 나지 않는다. 따라서 입원환자를 받는 일에 집중을 해도 그 날 업무의 50%는 수행했다고 볼 수 있다. 이브닝 근무의 포인트는 '입원환자 받고 수술 준비하기'임을 명심하자!

Night, 하루의 시작을 Setting하는 시간

학생 간호사로 병원 실습을 할 때 가장 궁금했던 근무가 바로 '나이트'였다. 학생 간호사는 데이와 이브닝 근무밖에 할 수 없었기 때문에 간호사 선생님들이 나이트 근무를 어떤 식으로 하시는지 정말 궁금했었다. 게다가 필자는 아침형 인간이 아니기 때문에 나이트 근무를 하게 되면 오히려 일을 더 잘 할 수 있을 것 같다는 생각도 했었다.

'환자들이 다 자는데 무슨 일을 할까?', '간호사 선생님들은 새벽에 자는 시간이 따로 있을까?' 등 궁금한 점이 많아 하루 이틀 정도는 끝까지 남아서 근무를 해보고 싶다는 생각까지 했었다. 그러나 결국 나이트 근무를 구경조차 해보지 못한 채 졸업했고, 신규 간호사로 입사를 한 뒤에서야 나이트 근무를 경험할 수 있었다.

나이트 근무가 시작되는 시간 역시 병원마다 30분 혹은 많게는 1시간 정도 차이가 난다. 필자의 병원을 기준으로 이야기를 하자면, 나이트 근무시간은 오후 10시 30분~익일 오전 7시 30분이다. 데이 근무 시작 시간이 오전 7시이고 인계를 30분 정도 한다고 생각하면 교대시간이 얼추 맞아 떨어진다.

하지만 나이트가 오전 7시 30분에 끝나는 경우는 거의 드물고, 인계가 끝난 뒤 마무리 정리하는 시간을 생각하면 오전 8시, 그 이상이 되는 경우도 있다. 그래서 나이트는 다른 듀티보다 근무시간이 길지만, 그만큼 나이트 수당도 계산되어 월급에 포함된다.

나이트 근무 때는 어떤 일을 하는지 본격적으로 이야기해 보겠다. 인계시간이 오후 10시 30분이라고는 해도 역시 조금 일찍 출근하여 전산을 보고 환자를 파악한다. 필자의 경우 신규 간호사 때는 오후 7~8시쯤 출근해서 스스로 공부하며 환자 파악을 했었지만 요즘은 오후 9시 20분~30분쯤 출근한다. 간단히 전산을 살펴본 뒤에 역시 수분 보충을 위해 텀블러에 물을 가득 채운 뒤 오후 9시 45분쯤 간호사 스테이션에 나간다.

간호사 스테이션에 나와 근무 중인 이브닝번 간호사 선생님들에게 간단히 인사한 뒤 바로 물품카운트를 시작한다. 역시나 환자에게 쓴 물품 Cost(Fee)가 입력이 잘 되어 있는지, 없어진 물건은 없는지 꼼꼼히 확인하기 위해서이다.

참고로, 같은 나이트번이라도 주말이나 공휴일인 경우에는 평일에 나오는 시간보다 15분~20분 정도 더 일찍 출근해야 한다. 평일에는 병동에 보조원님(보통 '여사님' 혹은 '자매님'이라고 칭한다)께서 간호사 카트에 물품이 없는 경우에는 채워 주시고, 의료폐기물 쓰레기통이 꽉 차면 비워 주시는 등 간호사실 청소를 해 주시는데 주말 혹은 공휴일에는 보조원님들이 출근을 하지 않아 그 몫까지 간호사들이 일을 해야 하기 때문이다. 주말인 경우 이렇게 청소까지 한 뒤, 물품카운트가 끝나면 간호사 카트에 들어 있는 환자들의 약을 확인한다. 투약기록지를 확인하면서 혹시 데이, 이브닝 간호사가 환자에게 줘야 할 약을 놓치지는 않았는지, 다음 날 복용할 약이 제대로 카트에 들어 있는지 확인한다.

약을 다 확인할 때쯤이면 오후 10시 30분이 되는데 이때부터 전체인계가 시작된다. 다른 번 근무와 같이 중환자나 문제 환자는 없는지, 전반적인 병동의 상황과 분위기를 확인한 뒤에 개별인계가 시작된다. 환자의 검사나 시술이 오전, 오후 안으로 모두 끝난 상태이기 때문에 나이트 간호사는 딱히 Post Op 환자를 받을 필요가 없다. 간혹 수술이 밤늦게 끝나는 경우에는 병동으로 Return한 환자를 받으면 되지만, 웬만해서는 모든 검사, 수술이 종료되어 환자들이 취침할 상태가 되기 때문에 나이트 간호사는 환자들이 잠은 잘 자고 있는지, 수술 후 환자의 상태가 어떤지 체크하면 된다.

좀 더 자세히 이야기를 하자면, 개별인계가 끝난 뒤 병실 라운딩을 돈다. 라운딩을 돌 때 확인할 점은 방금 말했던 것처럼 환자의 수술 부위에 Oozing이나 Bleeding은 없는지, 수술이나 시술 후 가져온 배액관 (Hemovac, JP, Pigtail, EVD 등)의 막힘이나 꼬임이 없는지, 주사부위가 붓지는 않았는지, 수액이 충분하게 gtt 수에 맞게 들어가고 있는지, 통증 때문에 잠을 설치지는 않는지 전반적인 상태를 확인한다.

다음 날 수술이 예정되어 있는 환자가 있다면, 이브닝 간호사가 Skin Prep한 부위를 다시 한번 확인한다. 혹시 털이 덜 밀리지는 않았는지, 환자의 혈액형이 본인이 알고 있는 것과 전산 결과가 일치하는지, 항생제 반응검사가 Negative(음성)가 나왔는지 등이다.

이런 식으로 병실을 돌며 본인의 담당 환자를 모두 살펴보았으면 다시 간호사실로 돌아와 일을 시작하게 된다. 간호업무의 애피타이저라 할 수 있는 물품 카운트와 라운딩을 끝내면 본격적으로 일을 시작하게 되는데 가장 먼저 하는 일은 '오더 받기'이다. 주치의들은 다음 날 환자에게 적용해야 할 오더들을 내놓는데 그 정규 오더들을 간호사가 확인하는 것이다.

'정규 오더를 받는다.'라고도 표현하는데 오더를 받을 때 가장 주의할 점은 약물이 추가되거나 빠진 것은 없는지 꼼꼼하게 확인해야 한다는 것이다. 예를 들어 오늘이 1일이라고 하면 나이트번 간호사는 2일 자 오더를 받아야 하는데, 이때 이미 받았던 1일 정규 오더와 받아야 할 2일 정규 오더가 같은지, 다른지를 잘 확인해야 한다. 자칫 불필요한 약물이 빠질 수도, 혹은 약물이 새로 추가될 수도 있기 때문이다.

데이, 이브닝번 간호사는 나이트번 간호사가 이미 받은 오더를 가지고 일을 수행하기 때문에 나이트번 간호사의 오더 업무는 매우 중요하다. 전날과 비교했을 때 어떤 약이 빠졌는데 이 빠진 약을 나이트 간호사가 발견하지 못한다면 데이, 이브닝 간호사도 놓칠 확률이 커진다. 데이, 이브닝 간호사는 시간적 여유가 없어 일일이 오더를 확인할 수 없는 것이다

이렇게 본인 환자의 정규 처방을 모두 확인하였으면 정규 차팅을 남긴다. 라운딩하면서 보았던 것들(IV Site, Op Site, Fluid 등)을 자세하게 기록한다. 차팅을 남겨야 할 환자 수가 많기 때문에 차팅을 남기는 데 대략 30분 정도가 소요된다. 물론 이는 숙련된 간호사의 경우로, 필자가 신규 간호사

때는 일이 미숙하고 특히 '차팅'하는 일이 익숙하지 않았기 때문에 1시간이 넘게 걸린 적도 허다했다.

이렇게 본인 담당 환자의 정규 처방을 모두 확인 후 차팅까지 남겼다면 새벽에 Lab(피검사)를 위한 검체 바코드를 출력해야 한다. 오전 회진 때 교수님께서 피검사 결과를 확인할 수 있도록 간호사들이 새벽에 일찍 채혈을 해야 하는데 이를 위한 준비과정인 것이다. 이후 CBC, BC, PT 등 처방에 맞게 검체 Bottle을 준비한다. 피를 뽑아 임상병리과에 전달하면 그 결괏값이 나오는 데 대략 2시간 정도가 걸리기 때문에 간호사들은 꼭두새벽부터 채혈을 해야 한다.

필자의 경우에는 오전 5시 전부터 채혈을 시작한다. 깊은 잠에 빠진 환자분들이 가끔 잠결에 짜증을 내기도 하고 왜 이렇게 빨리 피를 뽑냐며 컴플레인을 거시는 경우도 있는데, 그럴 때는 항상 "오전 회진 때까지 피 검사 결과가 나와야 해요. 피 검사 결과가 나오려면 두 시간 정도 걸리기 때문에 미리 뽑을 수밖에 없어요. 죄송해요."라며 설명을 해준다.

피 검사를 해야 할 환자가 더 많다면 오전 5시보다 더 빨리 시작한다. Lab을 하는 데에도 시간이 걸리고(특히 Line이 없는 환자분들은 병실에서 더 오랫동안 혈관을 찾아야 한다) 환자 수가 많다 보니 늦게 채혈한 환자의 검체는 결과가 미뤄질 수 있기 때문이다.

다시 업무로 돌아가서, 검체 Bottle을 준비해 두었으면 이번에는 주사제 바코드를 출력한다. 환자가 입원을 하면 주사치료(항생제 치료와 수액 치료)를 시작하는데, 각 환자들에 맞는 항생제 바코드를 시간별로 묶어두는 작업인 셈이다. 예를 들어 필자의 병원의 경우 Anti(항생제)를 IV 주는 시간이 정해져 있다. QD로 하루에 한 번 주는 경우에는 오전 10시, BID의 경우 오전 9시, 오후 4시, TID의 경우 오전 9시, 오후 4시, 오후 9시이다 (병원마다 투약하는 시간은 다르겠지만 아마 큰 차이는 없을 것이다).

이 시간은 환자들에게 처치를 하는 시간이고, 나이트 간호사는 데이, 이브닝 간호사가 각 시간에 맞게 처치를 할 수 있도록 투약바코드(라벨)에 각 시간에 맞게 마킹한 뒤 출력하여 스케줄러에 세팅해 두는 것이다.

다음으로는 수술할 환자의 모든 준비가 끝났는지 최종확인을 해야 한다. 수술동의서가 잘 받아져 있는지, 동의서에 환자, 보호자, 의사 사인이 잘 되어 있는지, 준비물품은 다 챙겨두었는지 피 검사 결과에 이상이 없는지, 수술부위가 오른쪽인지 왼쪽인지 부위표식이 제대로 마킹되어 있는지 등을 마지막으로 확인한다.

물론 이브닝 간호사가 이미 수술준비를 끝마쳤겠지만 전산으로도 다시 한번 확인해야 한다. 전신마취를 걸고 수술하는 환자들은 특히 꼼꼼하게 할 필요가 있다.

수술 준비를 모두 끝냈으면 다음으로는 환자 퇴원을 보내기 위해 정리하는 일을 해야 한다. 퇴원약이 제대로 처방이 났는지, 외래는 언제 F/U하면 되는지, 그동안 검사하지 않은 항목은 없는지 등 미실시 항목을 정리한다. '퇴원간호기록지'에 간호사는 환자가 퇴원 후 특히 주의해야 할 사항들을 메모하여 출력해 둔다. 출력한 기록지를 데이번 간호사가 오전에 환자에게 건네주며 설명을 하고 퇴원을 보내는 것이다. 환자를 퇴원 보낼 때 '그냥 집으로 가시면 됩니다.'라고 빈손으로 보내지는 않을 것 아닌가?

다음으로는 통증, 낙상 평가를 한다. 대부분의 환자들은 아파서 병원에

오기 때문에 통증에 민감할 수밖에 없다. NRS, VAS, FPRS 등 간호학생 때 통증사정도구를 배웠던 기억이 있을 것이다. 이를 사용하여 간호사들은 각 듀티별로 통증 평가를 해주어야 한다.

낙상 또한 병원에서 자주 일어나는 사고이므로 낙상 고위험 환자들의 경우 신경 써서 관리를 해야 한다. 젊은 사람들의 입장에선 의문스럽겠지만, 낙상과 관련된 사고는 고령 환자들에게 상당히 자주 일어나는 일이다.

한번은 나이트 근무를 하고 있었는데 새벽 1시경 갑자기 '쿵' 하는 소리가 병실에서 들린 적이 있었다. 모든 간호사들이 놀라서 소리가 난 병실로 뛰어 들어가 보니 한 할머니께서 병실 중앙에 넘어져 있었다. 바로 일으켜 세운 뒤 Full V/S를 재고 환자에게 넘어지게 된 경위를 확인했다.

화장실에 가고 싶었는데 옆에 있는 보호자(딸)를 깨우기 미안해서 혼자 가려다가 보호자 침대에 발이 걸려 넘어지면서 머리를 살짝 부딪히게 된 거란다. 즉시 주치의에게 Notify한 뒤 Brain CT를 새벽에 응급으로 진행했다. 다행히 출혈소견은 없었다. 이후 환자를 진정시킨 후 다시 주무시도록 도우며 상황을 마무리했다.

특히 고령의 환자에게서 빈번하게 일어나는 낙상사고는, 꼭 침대에서 떨어지는 경우가 아니더라도 침대에서 휠체어로 이동하는 과정에서 휠체어 바퀴의 잠금장치가 제대로 잠기지 않아 넘어지는 경우, Walker를 사용하여 Ambulation을 하는 도중 다리에 힘이 풀려 주저앉는 경우 등 다양한 방식으로 발생한다.

낙상사고가 일어나면 앞서 이야기한 것처럼 즉시 환자를 가까운 의자에 앉힌 후 Full V/S를 체크한다. 넘어질 때 부딪힌 부위를 확인하고 주치의에게 바로 Notify한다. 머리를 부딪쳤다고 하면 Brain CT를 찍기도 하고, 엉덩방아를 찧었다거나 손으로 짚었다고 하는 경우 상황에 따라 해당되는 부위의 엑스레이를 찍기도 한다. 특별히 부딪힌 곳이 없으면 주치의 판단 하에 Observation 하기도 한다.

비록 환자의 부주의로 일어난 낙상사고라도 담당 간호사는 환자가 낙상 했을 경우 '낙상 보고서'를 작성해야 한다. 이 모든 것은 바로 환자의 안전 을 위한 것이며, 때문에 간호사들은 항상 주변 환경까지 신경 써야 한다.

다음으로는 '반납 약 찾기'를 해야 한다. 병원에서 환자들이 약을 복용하 거나 주사제를 맞게 될 때 약이 Hold, 즉 '반납'되는 경우가 있다.

예를 들어 환자의 간수치가 높아 간장약을 복용 중이었는데 며칠 후 간수 치가 Normal로 측정되면 간장약을 반납한다. 또 환자의 항생제가 A에서 B로 변경될 경우에도 남은 A약물 역시 모두 반납해야 한다. 이렇게 하루에 도 반납해야 할 약이 꽤 되는데 이를 모두 모아 약국에 내리는 작업을 해야 한다.

반납 약을 찾아 약국에 내리는 일은 대부분 병원마다 시간이 정해져 있을 것이다. 필자가 재직 중인 병원은 데이 근무 때 반납 약을 내릴 수 있도록 나이트 간호사가 모두 모으는 작업을 맡아 하고 있다.

이러한 순서대로 일을 하다 보면 어느새 새벽 2시가 되어간다. 오전 2시 가 넘어가면 다시 한번 병실 라운딩을 돌아야 한다. 이때는 자세히 들여다 보기보다는 그저 환자가 잘 주무시는지, 혹여 밖으로 돌아다니시지는 않는 지 정도를 주로 확인한다.

그럼에도 새벽 라운딩은 정말 중요한데, 이 중요성을 크게 깨닫는 계기가 된 사건이 있었다. 필자가 신규 간호사 시절 나이트 근무를 하고 있을 때였 다. 평소처럼 출근 후 이브닝 간호사에게 인계를 듣고, 루틴 업무대로 환자분들이 잘 계시는지 라운딩을 돌고 난 뒤 업무에 임하고 있었다.

그 날은 정말 차분한 밤이었지만, 새벽 두 시가 되어 다시 한번 환자 분들이 잘 주무시는지 확인하기 위해 병실 라운딩을 돌기 시작했다. 한 분 한 분 살펴보고 있는데 어떤 80대 남자 환자분의 침대가 축축한 느낌이 들었다. 느낌이 싸해서 취침 등을 켜보니 어딘가에서 출혈이 심하게 나고 있었다. 게다가 그 옆에는 칼(과도)이 놓여 있었다.

놀란 나머지 함께 근무하고 있던 선배 간호사에게 도움을 요청하였고 간이침대에서 주무시고 계신 보호자분을 깨워 전후 상황을 물어보았다. 보호자분은 영문을 모른 채 일어나자마자 피범벅이 된 환자를 보고 충격을 받은 것 같았고, 환자는 계속 우물쭈물하며 말하는 것을 피하다가 결국 자백을 하였다.

"내가 그냥 죽고 싶어서…"

알고 보니 환자에게 과일을 깎아 먹이기 위해 보호자가 가져온 칼(과도)을 가지고 환자가 새벽에 몰래 스스로 자신의 배와 양쪽 손목을 그은 것이었다. 처음에는 계속 자해를 한 것이 아니라고 발뺌하였지만 마지막에는 눈물과 함께 자신 때문에 보호자를 힘들게 하는 게 너무 미안해서 이런 짓을 했다고 속내를 털어냈다.

이야기를 들으며 너무 마음이 아팠지만 그 일과는 별개로 급히 당직의에게 이 사실을 알리고 응급조치에 들어갔다. 새벽에 당직의가 병실로 와서 배와 팔 부분의 상처를 살펴보고 필요한 부분을 Suture하였다. 다행히 출혈과는 별개로 상처는 깊지 않다고 하였다.

결국 이 사건은 필자에게 새벽 라운딩의 중요성을 다시 한번 상기시키며 잘 마무리가 되었다. 이처럼 신입 간호사들은 새벽 라운딩을 게을리하지 않으면서, 동시에 환자 주변에 날카로운 물건은 없는지 꼭 확인 후 바로 치우도록 꼭 보호자에게 안내를 해야 한다.

다시 본론으로 돌아와서, 이렇게 새벽 라운딩까지 끝낸 간호사에게는 슬슬 배고플 시간이 다가온다. 병원 측에서는 새벽에 근무하는 병원 직원들을 위해 야식을 매일 제공해주고 있는데 그 종류는 빵, 삼각김밥, 컵라면, 컵밥, 음료 등 다양하다. 신규 간호사 때는 이렇게 먹는 야식이 정말 꿀맛이었지만, 이런 야식을 5년 동안 먹다보니 지금은 배고파서 허겁지겁 먹는 정도이다.

물론 나이트 근무 인원이 모두 한꺼번에 먹으러 티룸(탈의실)으로 들어가면 간호사 스테이션에 아무도 남지 않기 때문에 짝지어 나눠 들어가야 한다. 당장 어떤 일이 일어날지 모르기 때문에 간호사 스테이션을 비울 수는 없다. 야식을 먹으러 먼저 티룸으로 들어가면 몇 명의 간호사들과 간단히 식사를 하며 동료 간호사와 사적인 이야기도 나눈다. 이때 동료 간호사들과 사이가 더 가까워지기도 한다. 30분 정도 야식을 먹고 나면 다음 조가 야식을 먹으러 들어간다. 이처럼 간호사는 간단한 간식을 먹을 때도 이런 식으로 항상 교대로 움직여야 한다.

배를 든든히 채웠으면 마저 남은 일들을 해야 한다. 바로 '혈당판 만들기'이다. 병원에 입원한 환자 중에는 기저질환으로 당뇨병을 앓고 있는 환자들이 참 많다. 이러한 환자들은 혈당을 잘 조절해 주어야 하기 때문에 혈당을 측정하고 기록할 수 있는 종이, 즉 혈당판을 만들어야 한다. 혈당은 보통 QID(Quater In Die, 하루에 네 번)로 측정을 하게 된다. 아침 공복 시 혈당, 아침 식후 2시간, 점심 식후 2시간, 취침 전 체크를 하여 혈당이 높거나 낮으면 바로바로 조절해준다.

다음은 '드레싱판 만들기'이다. 앞서 말했듯 외과 병동의 경우에는 간호사가 드레싱 Assist를 서는 일이 잦다. 각 환자마다 사용하는 드레싱 재료가 다양하기 때문에 한 번에 모든 것을 기억할 수가 없다. 따라서 드레싱을 하면서 환자에게 사용했던 물품을 바로바로 메모한 뒤, 모든 드레싱이 끝나면 Cost(fee)를 입력하는 것이다. 예를 들어 A환자에게는 A습윤밴드를 사용하고, B환자에게는 B습윤밴드와 붕대를 사용했다면 재료대 입력을 각각 다르게 해야 하는 식이다.

병원에는 각 과마다 사용하는 드레싱 물품이 전부 다르기 때문에 그 이름과 종류가 굉장히 많다. 따라서 간호사들은 해당하는 과에 맞추어 어떤 파트에서 어떤 물품을 자주 사용하는지 꼭 숙지하고 있어야 손 빠르게 Assist를 설 수 있고 업무 Loading을 만들지 않는다.

드레싱 이야기를 하니 신규 간호사 시절의 일이 떠오른다. 어떤 주치의가 환자에게 소독을 해주기 위해 병동에 왔다.

"드레싱 갈게요."

의사에 말에 필자는 약간의 부담감과 두려움을 안고 드레싱 카트를 질질 끌고 주치의를 따라가게 되었다. 신규 간호사 때는 내과 병동에서 근무를 했기 때문에 외과 병동처럼 드레싱이 폭발적으로 많지 않았다. 그래서 낯선 드레싱에 특히 더더욱 긴장하기도 했었다. 의사가 환자 앞에 가서 소독할 부위를 오픈한 뒤 "블레이드(Blade) 11번 주세요."라며 낮고 작은 목소리를 냈다. 당시 필자는 소독 물품, 재료대 물품의 이름도 익숙하지 않았기 때문에 "죄송한데 뭐 달라고 하셨죠?"라고 재차 물으며 물건을 찾고, 또 잠시 뒤에 "솔박(Sorbact) 주세요."라는 말에 부스럭거리며 허둥대기만 했다.

"아, 선생님! 빨리 좀!"

결국 의사 선생님은 짜증 섞인 목소리와 함께 큰 소리를 냈고, 필자는 너무 창피해서 숨고 싶어졌다. 주변에는 다른 환자, 보호자들도 많이 있었고 큰 소리에 모두가 나를 쳐다보고 있었기 때문에 많이 부끄러웠다. 기가 죽으면서도 한편으로는 '조금만 기다려주지…'라는 생각도 했다. 지금 생각해 보면 그 의사의 입장도 이해가 간다. 본인 업무만 해도 바쁠 텐데 신규 간호사가 물품도 못 찾고 달라는 물건도 못 알아들으니 오죽 답답했을까. 그 의사 선생님의 입장에서는 드레싱 어시스트가 신규 간호사이든 선배 간호사이든 상관없이 빨리 당장 눈앞에 있는 드레싱을 마치는 게 더 중요했을지 모른다. 이후로 필자는 드레싱 카트 안에 있는 소독물품, 어떤 재료대가 있는지, 그 재료대는 어디에 쓰는 건지, 어디에 위치해 있는지 1초 만에 찾을 수 있도록 싹 암기해 두었다.

다음은 'Charge 간호사(차지 간호사, Senior)'에게 해당되는 업무이다. 바로 아침에 곧 출근할 수간호사 선생님과 데이번 간호사들이 한눈에 확인할 수 있게 업무일지를 작성하는 일이다. 금일 퇴원하는 환자는 몇 명인지, Study(검사)나 수술은 모두 몇 건인지, 집중적으로 관찰해야 할 문제 환자나 중환자가 있는지 업무일지를 정리하고 전체인계 때 리포트를 해야 한다. 퇴원 환자가 많거나 검사 및 수술 건수가 많다면 그 날은 아주 바쁠 것임을 미리 예상할 수 있다. 퇴원 환자가 많다면 그 자리에 바로 오후 입원환자가 Arrange 될 것이고, 수술이 많다면 환자 수술을 보내고 받는 데 정신이 없을 테니 말이다.

다음은 'Self Medi 만들기'이다. Self Medi는 말 그대로 환자 본인이 가지고 있는 약을 말하는데, 이브닝 때 환자가 입원하면 '자가약'을 확인해야 한다고 앞서 말한 바 있다. 이 자가약을 먹어도 되는지 주치의에게 Confirm 되었다면 간호사들이 하루치씩 약을 재 둔다.

앞서 언급한 대로 일을 하다 보면 새벽 4시가 훌쩍 넘어간다. 새벽 4시 30분~5시부터는 정규처치를 시작하게 되므로 간호사 카트를 끌고 병실로 가기 위해 필요한 물품들을 싣는다. 몇 시간 전에 출력해 둔 채혈 바코드와 검체 Bottle, BST를 위한 준비물품, 환자 수액이 다 들어갔을 경우 다시 Connect해 줄 수액, 환자에게 투약할 항생제, I/O기록지, V/S기계 등이다.

앞서 말했듯이 Lab 결과를 일찍 확인해야 하므로 채혈을 먼저 시작한다. 이 외에도 새벽동안 혹시 먹은 것이 있는지, 대변이나 소변을 보기 위해 얼마나 자주 화장실에 갔는지, 수액은 밤 동안에 얼마나 들어갔는지, V/S는 괜찮은지 등 14명, 혹은 그 이상의 환자들을 전부 확인한다.

이 모든 정규처치를 끝내는 데 보통 1시간 30분~2시간까지 소요된다. 모든 처치가 끝난 간호사는 다시 간호사실로 돌아오는데 이 시간이 대략 새벽 5시 30분~6시 정도이다. 다시 컴퓨터 앞에 앉아서 처치했던 것들을 전산에 올리고 추가로 의사에게 Notify할 것들을 메모해 둔다. 검사결과 중에서 Abnormal한 것들은 없는지, Total I/O는 괜찮은지 등을 확인하고 정리를 하다 보면 어느새 데이번 간호사가 출근하게 된다.

데이번 간호사들에게 전체인계를 할 때쯤에는 인슐린도 투약해야 한다. 밥이 나오기 전 15분~30분 전에 인슐린 용량을 확인받고 인슐린을 준 뒤에 출근한 데이번 간호사에게 인수인계를 주고 나서야 나이트 업무가 끝이 난다.

사실 나이트 근무 때 업무를 수행하는 순서가 정해져 있는 것은 아니다. 본인이 편한 순서대로, 하고 싶은 일부터 해도 무관한 경우가 많다. 전산으로 환자의 식사를 먼저 신청해도 좋고, 통증평가를 먼저 넣어도 되며 자가 약을 먼저 세팅해 두어도 된다.

대신에 이런 정규 업무 외에도 중간중간 약국을 오가며 추가로 약물이 나온 것을 확인해야 하고, 새벽에도 울리는 간호사 호출벨과 가끔씩 울리는 전화를 받는 일이 있음을 잊어서는 안 된다. 환자들이 새벽에 아무리 잠을 잘 자고 있더라도 간호사들에게 취침시간이 주어진다는 것은 대학병원에서 절대로 상상할 수 없는 일이다.

나이트 간호사의 주요 업무

- ☑ 물품 카운트 및 청소
- ☑ 인계 받기
- ☑ 병실 라운딩 돌기
- ☑ 오더 받기
- ☑ 정규 차팅 남기기
- ☑ 검체 바코드 출력하기
- ☑ 주사제 바코드 출력하기
- ☑ Pre Op 준비
- ☑ 퇴원준비
- ☑ 통증평가
- ☑ 낙상평가
- ☑ 반납약 찾기
- ☑ 새벽 라운딩, 약국에서 추가로 불출된 약 타오기
- ☑ 혈당판 만들기
- ☑ 드레싱판 만들기
- ☑ 업무일지 만들기(Charge 간호사 업무)
- ☑ Self Medi 하루치 만들기
- ☑ 정규처치 나가기(V/S, BST, I/O, 채혈)
- ☑ 전산 올리기
- ☑ 주치의에게 Notify하기
- ☑ 인슐린 투약
- ☑ 데이번 간호사에게 인계
- ☑ 정리 후 퇴근

지금까지 데이, 이브닝, 나이트 때 해야 할 일들에 대해 알아보았다. 간호사는 교대근무 특성상 인수인계를 주고받는 일이 많다. 하지만 다음 듀티의 간호사에게 인계가 끝났다고 해서 '칼퇴'한 적은 많지 않다. 인계를 하면서 놓친 부분이 있다면 끝까지 남아 해결을 해야 하고, 아직 일을 다 끝내지 못한 상황에서 인수인계 시간이 다가왔다는 이유로 어쩔 수 없이 인계를 줬다면 남은 일을 다 마치고 퇴근해야 하기 때문이다. 인계를 받은 간호사가 전 간호사가 하지 못했던 일들을 해결할 수도 있겠지만, 본인도 해야 할 일이 많기 때문에 각자의 근무시간에 처리해야 할 일들은 스스로 해야 한다. 본인의 일을 다음 간호사에게 미루기 시작하다 보면 일이 한도 끝도 없이 바빠지기 때문이다. 따라서 도입부에 이야기한 각 듀티의 근무시간은 딱 맞아 떨어지지 않음을 알아두자. 간호사들에게 오버타임은 떼려야 뗄 수 없는 관계인 것 같다.

데이, 이브닝, 나이트 듀티에는 각각의 장단점이 있다. 데이는 새벽 일찍 일어나야 하기 때문에 많이 피곤하지만 퇴근시간이 빨라서 내 시간을 갖고 자기계발을 할 수 있어서 좋다. 이브닝은 푹 자고 일어나 피곤함이 덜하고 느긋하게 출근준비를 할 수 있어 좋은 대신 밤늦게까지 병원에 있어야 하기 때문에 하루 종일 내 시간을 가질 수가 없다. 나이트는(특히 첫 나이트 때는) 미리 여기저기 돌아다니며 놀다가 출근할 수 있고, 아주 늦게까지 늦잠을 잘 수 있어서 좋다. 마음 편히 늦잠을 자도 되기 때문에 일어나는 것에 대한 부담이 없다. 하지만 나이트를 이틀~삼일 동안 연달아서 하게 된다면 급격한 피로를 느낀다.

물론 각 듀티 모두 없는 시간을 쪼개서 어떤 일을 시도할 수는 있다. 이브닝 때 일찍 일어나서 출근 전에 돌아다니며 자유시간을 가져도 되고, 나이트 출근 전에 몇 시간 더 일찍 일어나 나만의 시간을 가져도 된다. 본인의 24시간을 어떻게 사용하느냐에 따라 차이가 있을 것이다.

필자가 신규 간호사 때는 나이트 근무를 좋아했다. 데이나 이브닝은 직접 뛰어다니며 몸이 열 개라도 모자를 정도로 Acting 일을 해야 했고, 의료진이나 환자 및 보호자들과 의사소통을 해야 하는 일도 잦았기 때문이다. 평소 대화하는 것을 좋아하는 편이지만 의료진과의 대화는 의학용어가 난무하여 잘 알아듣지 못했고, 환자들의 컴플레인에도 잘 대처하지 못했으며 일 자체도 서툴렀기 때문에 차라리 모든 환자들이 자고 있는, 검사실이 문을 닫아 전화가 오지 않는 나이트 근무가 편하다고 생각했다.

5년 동안 3교대를 경험해 온 지금은 딱히 '최고의' 듀티는 없다고 생각한다. 오히려 데이, 이브닝, 나이트가 조화롭게 이루어져 있어야 스스로 컨디션을 조절할 수 있는 것 같다. 3교대 자체의 장점은 근무의 간격이 짧다는 것이다. 일반 회사의 경우 월요일~금요일 또는 월요일~토요일 오전까지 근무를 해야 해서 최소 5일, 6일은 쭉 출근을 해야 하는데 3교대는 3일 일하고 하루 쉬고, 4일 일하고 이틀 쉬는 등 중간에 Off가 껴있다. Short Vacation을 좋아하는 사람들에게는 3교대도 나쁘지 않은 근무방식이라고 할 수 있다. 다만 교대근무 자체가 몸에 무리를 가져올 수 있으니 스스로 건강도 잘 챙겨야 할 것이다.

03

인수인계

　현재 학생 간호사이거나 실습 경험이 있는 분들이라면 병원 실습을 하면서 간호사 선생님들끼리 인수인계를 하는 모습을 많이 보았을 것이다. 인수인계 시간만 되면 선생님들께서는 "학생 선생님들도 여기 앉아서 같이 인계 들어요."라고 말씀하시곤 했다. 인계를 들으면서 수첩에 메모하려고 하면, 인계하시는 선생님의 말이 너무 빠르고 많고 어려워서 항상 끝날 때쯤이면 내 수첩에는 빈 공간이 수두룩했다. 저렇게 막힘없이 인계하는 선생님도 신기했고 그 말을 또 잘 알아듣는 선생님도 신기했다. 온갖 의학용어에 모르는 약물에 모르는 검사에 그야말로 '멘붕'이었다.

"인계가 어려워요."
"어디서부터 말을 해야 할지 모르겠어요."

신규 간호사들이 근무 중 가장 어려워하는 부분 중 하나가 바로 '인수인계'다. 요즘 병원에서는 인수인계를 점점 없애는 추세이기도 하고, 또 어떤 병원에서는 아예 인수인계를 하지 않는다고도 한다. 필자가 재직 중인 병원에서도 인수인계를 없애기 위해 시범적으로 몇 개의 병동만 운영해 보았으나 결국 원래대로 유지하기로 했다고 한다. 교대근무 특성상 인수인계는 꼭 필요한 부분인 것 같다. 미리 말해두지만, 인수인계를 하는 방법은 병원마다, 병동마다, 사람마다 모두 다를 수 있다. 그러니 부디 필자가 지금부터 이야기하는 부분을 맹신하지 않고 읽어주었으면 한다. 크게 인계를 받는 경우와 인계를 하는 경우 두 가지로 나누어서 설명을 해보려 한다.

⚕️ 인계를 받는 경우

인계를 받는 입장에서 중요한 점은 '내가 할 일'과 '의사에게 Notify할 내용'을 따로 구분하여 메모해두는 것이다. 몇몇 신규 간호사들이 이 두 부분을 헷갈려 혼란스러워한다. 따라서 필자의 경우 인계 시 신규 간호사들에게 A4 용지의 반을 접어서 왼쪽에는 내가 수행해야 하는 일을, 오른쪽 면에는 의사에게 Notify해야 할 일을 적으라고 이야기한다.

인계를 들으면서 앞 듀티의 간호사가 해결하지 못한 부분이 있다면 왼쪽 공란에 메모를 하여 본인이 일을 이어나갈 수 있도록 하고, 일을 하다 중간에 추가로 해야 할 일이 생기는 것 역시 왼쪽 공란에 적도록 한다. 반면 주치의에게 처방을 받아야 할 약이나 Confirm 받아야 하는 내용은 오른쪽 공란에 적도록 한다. 본인이 수행한 일을 볼펜으로 지워가며 다음 근무까지 넘어가지 않도록 한다. 최대한 본인의 듀티때 일을 마쳐야 불필요한 업무 Loading이 발생하지 않을 수 있다.

♥ 인계를 하는 경우

본격적으로 인계하는 방법을 이야기하기 전에 전 챕터에서 이미 언급했던 인수를 되짚어보겠다. 기본적으로 알아야 할 부분은 '내가 인계해줄 사람이 몇 Off였는지 확인하는 것'이다. 그리고 이에 맞춰서 해당되는 이야기를 인계해야 한다. 예를 들어, 어제 데이로 출근했던 간호사가 오늘도 데이로 출근했다면 그 간호사가 퇴근한 이후, 즉 이브닝과 나이트 때 일어났던 주요 내용만 이야기하면 된다. 하지만 다음 근무자가 3일을 쉬고 왔다면 그 3일 동안에 있었던 주요 내용을 이야기해야 한다. 그 3일 사이에 새로운 환자가 입원을 했다면 그 환자가 왜 입원을 왔는지(입원 동기)부터 하나씩 모든 정보를 끝까지 인계해야 한다. 어떤 드라마의 줄거리를 누군가에게 설명한다고 했을 때, 한 편도 보지 않은 사람에게는 처음부터 설명하고, 중간까지 보았던 사람에게는 그 이후부터 설명하지 않는가? 인계 또한 마찬가지이다. 복잡하게 생각하기보다는 자연스럽게 흐름에 맞추어 스토리텔링을 하는 것이 좋다.

이 부분을 파악하지 않고 인계받는 간호사가 이미 알고 있는 내용을 반복해서 이야기한다면 듣는 사람 입장에서도 말을 자르게 되거나, 인계시간이 불필요하게 길어진다. 그렇게 되면 당연히 그 뒤의 일도 늦어질 수밖에 없다.

신규 간호사 때 선배 간호사가 필자에게 한 이야기가 생생히 기억이 난다. "권지은 선생님은 뒷사람 생각도 안 해요? 이렇게 인계를 길게 하는 것도 다음 근무자에 대한 예의가 아니에요." 충분히 맞는 말이다. 필자는 인계를 하고 퇴근하는 입장이지만 뒤에 들어온 선배는 이제 일을 시작하는 것이니까. 깔끔하게 인계를 넘기지 못해 뒷사람 시간을 빼앗는다면 그 뒤에 들어오는 간호사 또한 마찬가지로 업무가 늦어질 것이다. 당시에는 미처 그 생각까지는 하지 못했기 때문에 머리를 세게 얻어맞은 기분이었다.

⚕️ 인수인계 순서

신규 간호사들은 인계를 할 때 어느 부분을 먼저 이야기해야 하는지 모르는 경우가 많다. 큰 틀을 토대로 순서를 매겨보겠다.

❶ 처음 인계를 시작할 때는 환자의 병실 호수, 이름, 진단명을 먼저 읽는 것이 기본이다. 수술을 한 환자라면 구체적으로 어떤 수술을 했는지 수술명과 POD 몇 병일 째인지를 이야기하고 시작하는 것이 좋다.

❷ 신환(신규환자)에 대해 인계하는 입장이라면 입원동기, 주 호소를 포함해서 처음부터 읽어주되 앞으로 어떤 치료를 할 건지, 현재 어떤 약물을 먹고 있는지, 예정되어 있는 수술이나 시술이 어떤 것인지를 인계하면 된다.

❸ 과거 질환으로 인해 Self Medication을 복용 중이라면 어떤 약을 먹는지, 그 약을 Stop 하는 건지 Keep 하는 건지까지 인계한다.

❹ 현재 주 Focus가 무엇인지 파악을 잘 해두고 Lab 결과상 Abnormal한 수치가 있으면 인계한다. 예를 들어 염증으로 인해 항생제 치료를 하고 있는 환자가 있다고 가정을 해보자. 이럴 경우에는 현재 어떤 항생제를 쓰는지, Fever는 얼마인지, Lab상 CRP나 ESR 또는 WBC 수치는 얼마인지 함께 인계를 해야 한다.

환자의 진단명에 대한 지식을 잘 갖추고 있다면 스스로 어떤 부분을 확인해야 하는지 알 수 있을 것이다.

♥ 카덱스 인계

아래 카덱스(Kardex) 샘플을 토대로 인계를 해 보려고 한다. 카덱스 작성하는 방법 또한 병동마다 다르니 각자 해당되는 병동에 맞게 익혀 두길 바란다.

101호 김OO (F/59) (등록번호 : 123456)	Type 2 DM
입원동기	**전달사항**
상기 남환 본원 내분비내과 F/U하는 분이나 최근 혈당조절 되지 않아 DM Control 위해 입원함	1. Diet : DMRD 1900kcal
	2. Fluid : NS10 10gtt
	3. I/O : Q Duty Check
삽관기록	4. Daily BW Check
	5. 사식 제한해 주세요.
	〈DM Control〉
	짐-트레시바 10단위 ASC, 애피드라 8-8-8
	3/1 12/10-10-10
	3/2 14/12-12-12
Self Medi → 유지	**기타사항**
다이아백스 500mg 2T#2PC	
글리멜정 2mg 2T#2AC	Whole Body Itching → 피부과 협진 원함
오로디핀 5mg 1T#1PC	
글리아타민 3C#3PC	
	〈Study〉
#DM	
#HBP	3/1 Abdomen&Pelvic CT(+)
#Old Infarct	

인계 드리겠습니다. 101호 김OO님 Type 2 Diabetes Mellitus 환자분으로 평소에 본원 F/U하였으나 당 조절 잘 되지 않아 DM Control 위해 입원오신 분입니다. 평소에 집에서 DM Control을 인슐린 트레시바 10단위에 애피드라 식전마다 8-8-8, 다이아백스와 글리멜로 조절하셨는데 입원 왔을 때 당이 350mg/dl 나와 주치의에게 Notify했습니다. 3/1에 인슐린 12/8-8-8로 증량했고 금일은 14/10-10-10으로 주자고 하셨습니다. 사식을 많이 드시는 분으로 중간에 혈당 또 오를 수 있어 라운딩 갈 때마다 사식 제한하도록 교육하고 있습니다.

지금 Normal Saline 1L 10gtt로 Hydration하고 있고 Daily로 BW 체크 중입니다. 기저질환으로 HBP와 Old Infact 있어 Self Medi 복용 중이시고 모두 Keep하자고 하였습니다. 환자 온몸이 간지럽다 하여 주사제 추가로 들어갔는데도 Subside되지 않아 피부과 협진 원하는 상태입니다. 주치의에게 Inform주었으나 협진은 아직 들어가지 않은 상태입니다. 금일 교수님 회진 오셔서 DMR 협진 보자고 하셨고 추가로 당뇨합병증 검사해 보자고 하셨습니다. 처방은 아직 나지 않은 상태이니 추후에 처방 확인해 주시면 될 것 같습니다.

102호 박OO (F/73) (등록번호 : 234567)	Femur Neck Fracture 3/1 O/R and I/F POD#1
입원동기	**전달사항**
상기 여환 내원 전일 화장실 가려다가 미끄러져 발생한 Femur Neck Fx 소견으로 수술적 치료 위해 입원함	1. Diet : RD 2. 넘어지면서 Rt Elbow Laceration 　→ Suture 3땀 되어있음, EOD(짝) Dx 3. BR
삽관기록	
3/1 Hemovac 3/1 Foley Catheter 3/1 PCA	
Self Medi → 유지	**기타사항**
오메가3 1T#1PC 루테인 1T#1PC 디카맥스 1T#1PC 크레스논정 5mg 1#C	대변약 원함 Fever 37.8도
#Osteoporosis #Hyperlipidemia	〈Study〉

　인계 드리겠습니다. 102호 박OO님 화장실에서 미끄러져 Femur Neck Fracture 진단 받고 입원하여 O/R and I/F(Open Reduction and Intenral fixation) 후 POD 1병일째입니다.

　현재 가지고 있는 관은 Hemovac 1개, PCA, Foley입니다. Hemovac negative로 걸려 있고 금일 day때만 25cc 나왔습니다. 환자분 넘어지면서 오른쪽 팔꿈치 쪽에 Laceration 있어 Suture 되어있는 상태입니다. 드레싱은 EOD로 인턴 선생님께서 챙겨주고 있고 오늘도 드레싱 해 주셨습니다. Cost도 입력하였습니다.

환자분 계속 BR 중이고 Fever 오늘 아침에 37.8℃ 나왔습니다. Chilling 증상은 없고 Ice Bag 대준 뒤 주치의에게 Notify하니 EDBC 격려해주고 Observation 하자고 하였습니다.

PCA 맞고 있지만 통증 호소하셔서 추가로 오전 10시경 진통제 IV 맞았습니다. 현재 Nausea, Vomiting 증상 없습니다. History로 Osteoporosis, Hyperlipidemia 있어 현재 복용 중인 약 모두 Keep하자고 하셨습니다.

대변 3일째 못 보았다 하여 대변약 원하는 상태로 주치의에게 Notify하였으나 처방은 아직 나지 않았습니다.

이런 식으로 중요한 포인트를 집어서 인계 받는 사람에 맞춘 뒤 간단명료하게 인계하면 된다. 인계가 마냥 어려운 것만은 아니다. 틈틈이 혼자 중얼거리며 말하는 연습을 하다 보면 점차 실력이 늘고 있는 자신을 발견할 것이다.

인수인계 포인트

☑ 인계 받을 사람이 몇 OFF였는지 확인하고 그에 맞는 인계를 줘라.
☑ 처음 시작할 때 병실 호수, 이름, 진단명부터 Full Term으로 읽는 습관을 들여라.
☑ 현재 주 Focus를 이야기하고 앞으로 Plan이 어떻게 되는지, 회진 때 교수님께서 어떤 이야기를 했는지 인계하라.
☑ 추가된 검사나 Lab을 했다면 결과를 설명하라. Drain을 가지고 있다면 배액된 양도 인계하라.
☑ 기타사항(환자가 추가로 요구한 사항, 처방을 받아야 할 약 등)을 확인하라.
☑ 모든 내용을 세세하게 읽을 필요는 없다는 것을 기억하라.

04

간호사의 연봉

"간호사면 돈 잘 벌겠네?"

"힘들어도 돈 많이 벌잖아."

"내가 그 정도 연봉 받는다면 그냥 일한다."

"간호사는 초봉은 높지만 연차가 쌓여도 그만큼 오르지 않는다던데?"

주변에서 자주 듣는 말이다. 많은 사람들이 간호사의 연봉에 대해서 많이 궁금해 한다. 사실 필자도 학생 간호사 시절에 간호사들이 얼마를 버는지 많이 궁금했다. 간호학과 학생들의 상당수는 대학병원으로 입사를 하는 것이 큰 목표일 것이다. 학생들이 병원을 선택할 때 가장 중요하게 보는 항목은 연봉, 복지, 네임벨류(Name Value), 간호사로서의 프라이드 등일 것이다. 필자도 역시 그랬다.

대학병원 역시 규모가 클수록 연봉이 높은 것은 맞다. 하지만 사실 같은 간호사라도 연봉은 지역마다, 병원마다, 연차마다, 학력마다, 파트마다 상당히 큰 차이가 있다. 게다가 대학병원이라고 해서 무조건 다 연봉이 높은 것도 아니다. 수당에 따라 오히려 종합병원이나 요양병원의 연봉이 더 높을 수도 있다.

인터넷에 '대학병원 간호사 연봉'을 검색하면 수많은 자료를 찾아볼 수 있다. 하지만 이러한 자료는 말 그대로 평균 금액이기 때문에 실제로 받는 월급과는 차이가 있을 수 있다.

먼저 소위 말하는 '대학병원 TOP 5'의 초봉을 살펴보겠다.

1위 세브란스 4,800만 원
2위 서울아산 4,300만 원
3위 서울대학교병원 4,200만 원
4위 고려대학교병원 4,200만 원
5위 삼성서울병원 4,000만 원

이는 '블라인드'라는 직장인 커뮤니티에서 간호사 약 1,800여 명을 대상으로 조사한 연봉에 대한 설문 결과이다. 위 금액은 각종 수당(오버타임 수당, 나이트 수당 등)이 포함되지 않은 기본급을 기준으로 측정된 것이라고 한다. 따라서 모든 수당이 다 포함된다면 기재된 수치보다는 훨씬 더 높게 받을 수 있고, 연차가 쌓일수록 받는 금액도 당연히 더 높을 것이다. 필자의 경우 2020년 기준, 현재 5년 차 간호사로 근무 중이다. 병동 간호사 기준으로 2019년 연말정산 시 4,700만 원이 넘게 나왔는데, 특수파트로 불리는 중환자실, 수술실, 응급실에서 근무할 경우 수당이 더 붙을 것이다.

각종 보험, 연금 등을 제하면 실 수령액은 월 평균 300만 원 초반이며, 매달 조금씩은 차이를 보였다.

따라서 평균적으로 서울을 비롯한 수도권 대학병원의 간호사 연봉은 4,000만 원 이상, 더 높게는 5,000만 원 이상이라고 생각하면 될 것이라고 생각한다. 지방에 있는 대학병원은 서울 수도권 대학병원과 비교했을 때 비슷하거나 많게는 1,000만 원 이상 차이가 나는 곳도 있는 등 차이가 있다. 종합병원이나, 요양병원도 병원마다 기본급, 나이트 수당 등 차이가 크기 때문에 본인이 가고자 하는 병원의 정보를 잘 알아두고 선택하였으면 한다.

대부분의 간호사들은 공감할 것이다. 간호사의 근무강도와 환경 등을 생각하면 위의 연봉은 그리 많은 것이 아니라고. 다른 사람들이 보기에는 '헉' 소리가 절로 나는 연봉을 받음에도 1년 이내에 사직하는 간호사들이 수두룩하다. 그만큼 간호사라는 직업의 업무 강도가 세고 힘들다는 것을 의미한다.

물론 대학병원에서 근무를 했을 때의 이점은 많다. 본인 및 가족의 의료비 감면, 사학연금, 육아보조비, 학자금 지원, 기숙사 제공 등 병원마다 다양한 복지가 마련되어 있다. 무엇보다 한 달에 한 번씩 찍히는 월급이 다시 힘을 내 일을 하게 만드는 원동력이 된다.

언젠가 요즘 예비 신규 간호사들은 대학병원 입사에 크게 목매지 않는다는 글을 한 커뮤니티에서 읽은 적이 있다. 대학병원에 입사 후 많이 힘들어하여 퇴사하는 선배들의 모습을 보았기 때문에, 곧바로 간호직/보건직 공무원을 준비하기 위해, 3교대를 하고 싶지 않기 때문에, 연봉에 큰 욕심이 없기 때문에 등 여러 이유가 있다고 한다.

간호사라는 일을 함에 있어 분명 연봉이 전부는 아니다. 대학병원에서 일하며 심한 육체적, 정신적 스트레스를 겪고 건강 악화 등으로 고통스러울 바에야 차라리 '삶의 질'을 높일 수 있는 일을 하는 것도 하나의 방법임을 꼭 기억해두자.

05

간호사 태움

　'간호사 태움'이란 말을 들어본 적이 있는가? 아마 현직 간호사들이나 간호학생들에게는 익숙한 단어일 것이다. 최근에는 언론에 많이 보도되어 이슈가 되기도 했으니 일반 직장인 등 간호 분야에 종사하지 않는 사람들도 이 말이 그렇게 낯설지는 않을 것이다.

　'간호사 태움'을 포털 사이트에 검색해 보았다. '영혼이 재가 되어 없어질 때까지 활활 태우는 것, 선배 간호사가 신규 간호사를 가르치는 과정에서 괴롭힘 등으로 길들이는 규율을 지칭하는 것'이라는 설명이 나온다.

　필자는 졸업 후 24세부터 병원에서만 사회생활을 해왔기 때문에 사실 다른 기업의 분위기가 어떤지는 잘 모른다. 하지만 간호사가 아닌 친구들에게 이야기를 들어보면 병원뿐 아니라 다른 사기업에서도 막내일(?)이 어느 정도 있다고 한다. 커피 타기, 문서 정리하기, 정수기 확인 등의 잡무는 신입사원 본인들이 눈치껏 스스로 챙긴다고 하였다.

이런 악습(?)은 필자가 신규 간호사였을 때만 해도 비슷했다. 굳이 병원으로 따지자면, '전화 먼저 받기', '약국 내려갔다 오기', '드레싱 따라가기' 등의 일들은 신규 간호사들이 먼저 신경 써서 해야만 했다.

하지만 내심 본인 일은 본인이 스스로 하는 것이 당연한데 옛날부터 잘못 내려오던 이상한 문화를 '원래 그랬었다.'는 말로 치부해버려 안타까운 적이 참 많았다.

그럼 지금부터 태움이 왜 생기는지, 어떻게 해야 태움을 없앨 수 있을지, 간호사들이 경험한 태움에 대해서 함께 이야기를 해보고자 한다.

다음은 한 어플리케이션에서 간호사 700여 명이 참여한 설문조사의 결과이다.

1. 당신은 태움을 경험하신 적이 있습니까?

▷ 있다. 85%
▷ 없다. 15%

2. 태움의 원인이 무엇이라고 생각합니까?

▷ 간호사 인력부족 및 업무량 과중 51%
▷ 선배 간호사 개인의 성격 문제 38%
▷ 신규 간호사의 업무미숙 6%
▷ 기타 5%

3. 태움에 대한 근본적인 대책이 무엇이라고 생각하십니까?

▷ 간호사 1인당 환자 수 제한 60%
▷ 태움 발생 시 명확한 진상 조사 및 가해자 처벌 28%
▷ 기타 12%

1번 질문에서 간호사의 대다수가 태움을 당하거나 목격한 적이 있다고 답했다는 것은 그만큼 대부분의 병원에서 실제로 크고 작은 태움이 일어난다는 것을 의미한다. 또 병원의 규모가 클수록 태움 경험이 있다는 답이 더 높게 측정되었다고 한다. 아마 환자의 수나 중증도가 높기 때문에 간호사들이 더 예민해져 태움으로 이어진 것이 아닐까 추측을 해 본다.

　2번 질문의 경우 '간호사 인력부족 및 업무량 과중'이 태움의 원인이라고 절반이 넘는 간호사들이 답했다. 인력부족으로 간호사 한 명당 많은 환자 수를 담당하게 되어 업무량도 그만큼 늘어났고 이러한 스트레스가 태움으로 이어졌다는 것이다.

　OECD에서 밝힌 자료에 따르면 대한민국 간호사 한 명이 담당하는 환자 수는 평균적으로 15명~20명이라고 한다. 반면 미국은 평균 5명, 호주나 캐나다는 4명, 일본은 7명으로, 우리나라 간호사들은 다른 나라보다 돌보아야 할 환자 수가 적게는 2배, 많게는 3배가 넘으니 업무량도 2배, 3배 이상이라고 볼 수 있겠다.

　한편 선배 간호사 개인의 성격 문제도 상당히 높은 비율을 차지했다. 필자가 간호대 학생 시절 K병원으로 실습을 나갔는데 한 간호사 선생님께서 짜증이 난다며 '아이씨!' 하는 욕설과 함께 본인의 볼펜을 책상에 집어 던지는 모습을 본 적이 있다. 당시에는 '화가 많이 나셨나보다. 뭐 때문에 이렇게 화가 나셨지? 무섭다.'라고 생각하고 넘어갔었지만 지금 돌이켜보면 그건 그저 짜증을 표현하는 그 선생님만의 방법일 뿐이며 화가 나면 물건을 던져버리는 그런 성격이었던 것에 불과했다. 신규 간호사가 똑같은 잘못을 하더라도, 방금 말한 이 선배에게 혼나는 것과 다른 선배 간호사에게 혼나는 것은 당사자가 느끼기에 분명 다른 점이 있을 것이다. 따라서 개인의 성격 문제가 태움의 원인 중 하나라고 생각할 여지는 충분하다.

다음 3번 질문에서는 60%의 간호사들이 태움의 근본적인 대책으로 '간호사 1인당 케어해야 할 환자 수를 제한하는 것'이라고 답했다. 앞서 언급했지만 간호사 1인당 15명을 돌보는 일은 정말 업무강도가 높다. 특히 규모가 큰 대학병원일수록 강도가 더 높아진다.

간호학생 때는 환자 15명을 돌보는 것이 얼마나 힘든지, 얼마나 업무량이 많은 것인지 가늠이 잘 가지 않았다. 오히려 '유치원 아이들이나 학교 선생님들도 25명 이상씩은 거뜬하게 보는데 15명이면 괜찮은 것 아닌가?'하는 어리석은 생각까지 했었다.

병원에는 스스로 걸어 다닐 수 없는 환자분들이 많고 신체적으로 많이 불편한 상태이기 때문에 요구하는 바를 다 들어줘야 하며, 환자를 이동시키는 데에 체력이 많이 필요하다. 게다가 몸이 아픈 환자분들의 경우 신경이 예민해지고 짜증도 많이 늘어난 상태이기 때문에 간호사들에게 썩 좋은 말을 해주실 거란 기대는 접어둬야 한다.

물론 몸 상태가 많이 나아져 퇴원을 하실 때쯤에는 고생한다며 위로의 말을 건네주시는 환자분들도 계시지만, 대부분 환자분들은 본인 몸을 챙기기에도 급급한 것이 사실이다. 꼭 위로의 말을 해주시길 바라는 것은 아니지만 여러모로 간호사들은 일을 할 때 체력적으로 정신적으로 지치는 경우가 참 많다.

게다가 4~5년 차 간호사들이라면 신규 간호사들이 일을 잘 하고 있는지 Back을 봐주어야 한다. 본인 환자들을 돌보면서 추가로 후배 간호사의 환자들까지 커버를 하려고 하니 더욱 부담감을 느낄 수밖에 없다.

예를 들어 후배 간호사가 "선생님 죄송하지만 제가 IV를 Fail해서 한번만 부탁드려요."라고 이야기를 한다면 바쁘지만 선배 간호사가 나서서 문제를 해결해 주어야 할 것이다. 또 환자에게 제대로 설명하지 못하고 있다면 역시 나서서 해결해 주어야 할 것이다. 이런 비슷한 일들이 반복된다면 선배 간호사들도 해야 할 업무가 더 많아져 압박을 받을 수밖에 없는 것이다. 특히 '프리셉터'라도 맡게 되면 30분이면 끝낼 일을 후배 간호사에게 말하고, 설명하고, 하나하나 다 보여주면서 일을 해야 하니 1시간 이상씩 걸려 업무가 심하게 Loading되기도 한다. 게다가 교육 기간 동안이라고 해서 환자 수를 줄여주거나 중증도가 상대적으로 낮은 환자들만 배정해주는 것도 아니기에 선배 간호사들 입장에서는 더욱 부담스러워 하는 것 같다. 쌓인 피로와 스트레스가 '일을 알려주어도 제대로 수행하지 못하는 후배'에게 잘못된 방법(태움)으로 고스란히 내려간 것은 아닌가 싶기도 하다. 교육을 하든지 하지 않든지, 본인이 담당하는 환자 수가 줄어든다면 상대적으로 여유가 생겨 후배도 챙길 수 있고 환자들을 더 면밀하게 케어할 수 있기 때문에 만족도도 올라가지 않을까 생각해본다.

"너는 이 길이 아닌 것 같아. 다른 분야로 알아보는 게 어때?"

선배의 말에 충격을 받고 집 가는 내내 주저앉아 울었던 기억이 있다. 그날의 데이 근무는 최악이었다. 중증도가 높은 환자들, 수혈을 받고 있는 환자, 자꾸 처방 나는 피 검사, 추가되는 검사 처방, 각종 Study 준비, 검사가 끝나고 병실로 Return하는 환자들, 그 외에 수없이 울리는 콜 벨과 전화 등으로 필자 혼자서 도저히 감당할 수 없는 상황이 이어졌다. 점심식사는 당연히 생각조차 할 수 없었고 스스로 환자 파악도 제대로 하지 못했으며 도움을 받아도 업무들은 끝날 기미가 보이지 않았다. 그러니 이브닝 간호사 선생님이 출근하기 전까지 정리가 될 리가 만무했다. 더 최악인 것은 그 날이 모든 팀이 바뀌어 Full 인계(처음 입원 온 동기부터 현재까지 있었던 일을 모두 정리해서 인계하는 것)를 해야 하는 날이었다는 사실이었다.

제대로 인계를 넘겼을 리가 없었다. 그날 인계하는 도중 가장 많이 했던 말은 "죄송합니다. 끝나고 제가 다 하고 가겠습니다. 공부하겠습니다."였다. 게다가 A환자에 대한 인계가 무슨 말인지 모르겠다며 "이 환자 인계 안 받을 거야. 다시 정리해서 가져와."라고 말씀하시는 선배의 말에 또 한 번 죄송하다고 이야기를 하며 공포의 인계시간을 마쳤다.

인계는 끝났지만 필자는 다시 출근한 것 같은 기분이었다. 못했던 일을 처음부터 끝마치고 진행했던 부분까지 이브닝 간호사 선생님에게 추가 인계를 줘야 했기 때문이다. 잔뜩 남아 있는 Acting 일을 먼저 끝내고 탈의실에 들어가서 전산 작업을 시작했다. 선배에게 미처 인계를 주지 못했던 '3개월 동안 재원 중인 환자'에 대해서도 그동안 있었던 Event를 모두 다 정리했다. 그러다보니 벌써 저녁시간이 훌쩍 넘어버렸다. 추가 인계를 주기 위해 다시 선배 간호사에게 다가갔다. 선배는 매우 화가 난 상태였다. 본인도 입원 환자를 받아야 하고 정규일도 해야 할 텐데 일명 '똥 받은 셈(앞 듀티의 간호사가 제대로 일을 하지 못하여 많은 업무를 대신 떠안고 처리해야 할 때)'이 된 것이니까.

꾸중을 많이 들으면서 '넌 이 길이 아닌 것 같다.'라는 말을 들으니 마음이 아팠다. 상처도 많이 받았다. 새벽부터 출근해서 밤에 퇴근하니 몸과 마음이 너무 지쳐 집에 가는 내내 많이 울었다. 돌이켜보면 그동안 살면서 이토록 심하게 혼나본 적이 없었다. 부모님께서 하지 말라는 일은 하지 않았고, 남을 배려하며 항상 '착하다.'는 말을 들어오며 살아왔다. 그래서 필자에게는 혼나는 일이 일상인 신규 간호사 시절이 마음고생을 가장 심하게 한, 자존감이 바닥을 쳤던 시기로 기억된다.

다음 날 출근을 해야 한다는 생각을 하면 Palpitation이 밤부터 심하게 왔고 새벽 일찍 출근하는 날 첫 버스를 타며 아무 생각 없이 눈물을 또르르 흘렸던 적도 참 많았다. 인생에서 가장 힘들었던 날을 꼽으라면 '신규 간호사 시절'을 망설임 없이 말할 수 있을 정도이다. 하지만 스스로 잘 견디고 참았다. 오히려 더 잘해야겠다고 마음먹었다. 여기서 그만두면 다른 일도 하지 못할 것이라고 생각했기 때문이다.

출퇴근 시간이 항상 남들보다 2~3시간씩 빨랐다. 집과 병원의 거리가 가까웠던 부분도 한몫했다. 보통 출근시간 30분~1시간 전에는 전산실에 신규 간호사들로 꽉 차 있지만 필자는 이들보다 더 빨리 출근해 어중간한 시간대에 혼자 전산실에서 보내는 시간이 많았다.

몇 개월 동안 많이 혼나고 배우면서 스스로 노력하니 선배들과의 관계가 어느 정도 회복이 되었다. 시간이 지나고 나중에 회식을 할 때 선배가 '그렇게 말해서 미안했다.'라고 말했다. 아무리 혼나도 다음 날 애써 웃으며 출근하는 모습이, 끝까지 노력하는 모습이 좋아보였다고 이야기했다.

사실 어느 누가 지적을 받고 기가 죽은 상태에서 아무일도 없었던 것처럼 다시 일을 잘 해낼 수 있을까. 필자 또한 상처를 많이 받았지만 정신을 똑바로 차리고 스스로 마인드 컨트롤을 하며 애써 괜찮은 척 버텨내왔다. 또한 그 당시에 곁을 든든하게 지켜주던 부모님과 입사 동기들 그리고 지금의 남편(당시에는 남자친구)이 있었기 때문에 끝까지 견딜 수 있었다고 생각한다. 다만 이렇게 많이 혼나면서 배우고 힘들었던 시절이 필자가 간호사로서 더 큰 성장을 하는 발판이 되었다는 점은 부정할 수 없는 사실이라고 생각한다.

간호사 커뮤니티를 둘러보면 많은 '태움 썰'들이 심심찮게 올라온다. 필자 또한 글을 읽으며 '같은 간호사들끼리 왜 이렇게 못 잡아먹어서 안달이지?' 하는 생각을 하곤 한다. 분명히 본인들도 신규 간호사 시절이 있었을 텐데 올챙잇적 생각을 못 하고 괴롭혀대는 간호사들이 참 많은 듯싶다. 물론 올라온 게시글은 철저히 본인 입장에서 주관적으로 작성된 것이기 때문에 100% 신뢰할 수는 없을 것이다. 하지만 현역 간호사인 필자가 보기에도 모든 글이 마냥 과장된 이야기만은 아닐 거라는 느낌은 있다. 그만큼 태움은 병원에서 자주 일어나는 일이기 때문이다. 가끔 본인이 예의 없이 행동해놓고 본인을 혼내는 선배 간호사를 '태운다.', '꼰대 간호사다.'라는 말로 본인의 잘못을 덮어버리며 사람들이 자신을 옹호해주길 바라는 글도 올라온다. 따라서 언제나 양쪽 입장을 다 들어봐야 할 것이다.

혹시 '동기 태움'이라는 말을 들어보았는가? 말 그대로 후배 간호사에게만 폭언 등의 괴롭힘을 하는 것이 아닌, 같은 동기 사이에서 일어나는 태움을 의미한다. 다음은 필자이 지인이 겪은 이야기이다. 당시 필사의 지인은 4년 차 간호사로서 타 병원으로 이직한 직후였다. 새로 들어간 병원에는 기존에 있던 같은 연차의 간호사들이 4명 있었고, 입사하자마자 그들이 똘똘 뭉쳐 본인을 못마땅해 하는 느낌을 받았다고 한다. 그러던 어느 날, 인계를 주고받는 과정에서 필자의 지인이 턱이 간지러워 턱을 계속 긁고 있었는데 옆에 있던 간호사가 인계 중에 턱을 괴지 말라며 핀잔을 줬다고 한다. 순간 잘못 들은 건가 싶어 재차 물었으나 같은 말만 반복됐다. 턱을 괸 것이 아니라 간지러워서 긁은 것이라고 하니 '그럼 긁지 말라.'는 어이없는 답변만 돌아왔다고 한다. 지인 또한 불의의 상황에서 가만히 있는 성격은 아닌지라 서로 약간의 언쟁을 하였고 그 일로 인해 사이가 더 안 좋아졌다고 한다. 이후에도 필자의 지인은 퇴근 후에 사소한 일로 전화를 받거나(환자 약이 사라졌다며 전화를 걸었으나 알고 보니 본인이 못 찾았던 것), 업무 중 울리는 전화를 다 떠넘기는 등 크고 작은 괴롭힘으로 스트레스를 받았고 결국 몇 달 뒤 퇴사를 하게 되었다.

앞서 설문조사에서 이야기했듯이 병원 내 태움에는 간호사 본인의 성격 문제도 분명 있을 것이다. 하지만 이 밖에도 이런 조직적인 분위기가 바뀌지 않을 것 같아 퇴사하였다는 지인의 이야기를 들으니 이 같은 현실이 안타까울 뿐이었다.

'태움'과 관련된 글을 쓰면서 필자는 내내 답답하고 걱정스러운 마음이었다. 현직 간호사로서 좋은 부분을 보여주고 싶었으나 태움을 통해 간호사 조직의 민낯을 보여주는 것 같아 부끄러웠기 때문이다. 하지만 이는 마냥 숨길 것이 아니라 반드시 바로잡아야 할 부분이다.

2019년 7월 16일부터 '직장 내 괴롭힘 금지법'이 시행되었다. '직장 내 괴롭힘'이란 '근로자가 직장에서의 지위 또는 관계 등의 우위를 이용하여 업무상 적정범위를 넘어 다른 근로자에게 신체적, 정신적 고통을 주거나 근무환경을 악화시키는 행위'이다. 이에 충족된다면 법이 인정되어 벌금 또는 징역까지 이어질 수 있다. 간호사의 실수는 의료사고로 이어질 수 있어 어느 정도의 긴장감이 필요한 것은 맞다. 하지만 가르침과 태움은 반드시 구분할 수 있어야 한다. 모두 다 함께 같은 공간에서 근무하는 동료인 이상 서로 이해하고 도와주는 분위기를 만들어 간다면 병원이라는 극한 환경에서도 분명히 좋은 선후배의 관계가 유지될 수 있을 것이라 생각한다.

06

한 번에 성공하는 IV Skill

간호학생 때 선생님들을 Observation하면서 가장 흥미 있게 관찰했던 부분이 바로 IV(정맥주사)하는 모습이다. 간호사 하면 주사기가 떠오를 정도로 IV는 간호사에게 가장 기본적이면서 중요한 부분이기 때문이다. 하지만 많은 신규 간호사들이 IV에 대해 두려움을 갖는다. 학생 때 배우긴 하지만 이론으로만 하는 것이 전부고 실습도 파트너와 한두 번 정도만 해 볼 뿐, 숙달할 기회가 없기 때문이다. 그래서 대부분의 예비 간호사들이 입사를 한 뒤에야 처음 IV를 접하게 된다. 하지만 선배 간호사들은 당연히 IV가 필수 Skill인데다 가장 기본적인 영역이기 때문에 잘 배우고 왔으리라 생각하여 생각만큼 자세히 알려주지 않는다. IV가 두려운 분들이라면 앞뒤로 참 난감한 상황이 되겠다.

필자의 경우 신규 간호사 때부터 IV만큼은 두려워하지 않았다. 이론을 빠삭하게 공부한 다음 유튜브 영상을 통해 눈으로 많이 익혀 두었기 때문이다. 게다가 학교에서 나누어주는 몇 개 되지 않는 주사기 바늘을 받아와 부모님에게 시뮬레이션을 자주 해 보았다. 부모님 팔에 계속 Try하기 미안해서 스스로 필자의 발등에 찔러 보려 하였으나 이 모습을 본 부모님이 부담 말고 마음껏 연습하라며 기꺼이 팔을 내주셨던 기억이 있다.

사실 영상을 많이 보든, 책을 많이 보든 실제로 경험해 보는 것이 제일 좋다. 많이 찔러봐야 실력이 늘게 된다. 혈관이 뚫리는 느낌을 알고 어느 정도의 감을 익혀둬야 쉽게 IV를 성공할 수 있다.

물론, 아무리 경험이 최선이라지만 IV를 한 번에 성공하기 위한 몇 가지 노하우는 있다. 이제 필자의 IV Skill 노하우를 공유하겠다. 유튜브 채널 '널스홀릭'에 업로드된 영상과 함께 보면 아래 내용을 이해하는 데 더욱 도움이 될 것이다.

정맥주사(IV) 한 번에
성공하는 법

♡ 한 번에 성공하는 IV Skill TIP

❶ 토니켓 위에 얇은 천을 깔고 연습하기

토니켓(고무줄)을 통통한 혈관, 그리고 그 위에 살포시 천을 그 혈관을 덮고 있는 피부라고 생각해라. 천을 덮은 토니켓은 피부 밑 혈관과 만지는 느낌이 비슷하다. 그리고서는 검지로 천천히 천을 더듬어가며 토니켓을 찾는 연습을 해라. 처음부터 바로 사람의 혈관을 만지려고 하면 통통한 이 느낌이 혈관인지, 다른 살인지 쉽게 구분이 되지 않을 것이다.

❷ 팔이나 발에 큰 혈관이 어디에 있는지 해부학적으로 공부하기

혈관이 어디에 있는지 모르는 간호사들이 생각보다 꽤 많다. 무턱대고 혈관을 찌르려고 하기 전에 적어도 어떤 혈관이 어디에 위치해있는지, 또 어떠한 갈래로 나뉘는지 만큼은 미리 파악을 해두었으면 한다. 혈관들이 복잡하고 많은 것은 사실이지만, 전부는 아니더라도 최소한 대표적인 큰 혈관들의 이름과 위치 정도는 알아놔야 IV를 무리 없이 진행할 수 있다.

❸ 혈관이 잘 나오지 않는다면 토니켓 두 개를 사용하고 환자를 앉히기

사실 신규 간호사에게 Line이 없는 환자들의 IV를 잡아오라고 시키는 경우는 드물고, 보통은 토니켓을 묶지 않아도 혈관이 울퉁불퉁 튀어나온 사람들에게 IV의 기회를 주는 편이다. 하지만 그래도 혈관이 보이지 않는 환자들에게 IV를 시도하게 될 경우, 너무 아파지 않을 정도의 세기로 토니켓 두 개를 사용하여 팔을 묶어주자.

한편, 신규 간호사들을 가만히 지켜보면 IV를 할 때 일단 팔꿈치보다 훨씬 위에 토니켓을 묶고 시작하는 경우가 많다. 하지만 만약 손등에 주사를 잡으려고 하는데 토니켓이 너무 위에 묶여 있으면 당연히 잘 나올 리가 없다. 본인이 주사를 잡으려고 하는 위치에서 20cm만 떨어뜨려 묶는다면 큰 문제는 발생하지 않는다. 오히려 그렇게 묶여야 혈관이 더 잘 나온다.

추가로, 환자가 누워있는 경우라면 잠시 앉을 수 있는지 물어보고 가능하면 앉은 상태로 주사를 잡도록 하자. 환자가 앉아있게 되면 중력의 영향으로 피가 말초에 쏠리기 때문에 손에 혈관이 금방 나타나는 것을 확인할 수 있다.

❹ IV를 놓기 전에 어디를 필러야 할지 우선 확인하기

토니켓을 제대로 묶었다면 혈관이 서서히 튀어나올 것이다. 그렇다면 본인이 혈관 어느 부위에 IV를 놓을지 눈으로 먼저 확인 후 주사기를 들어야 한다. 한번은 신규 간호사가 IV를 놓는 과정을 보게 되었는데 토니켓을 묶은 뒤 부위 선정도 하지 않은 채 주사기를 빼고 있었다. 그렇게 되면 주사기를 잡은 채로 혈관을 만지게 될 것이고 자칫 주사기가 다른 곳에 닿게 되어 Aseptic하지 않게 되는 경우가 발생할 수 있다. 그러니 IV를 놓기 전에 반드시 주사 부위를 정한 다음 Angio 카테터 뚜껑을 빼도록 하자.

❺ 본인이 주사를 놓기 가장 편한 자세를 취하기

토니켓을 묶고 주사 부위를 선정하였으면 본인이 한 번에 놓을 수 있도록 가장 편한 자세를 취해야 한다. 당연한 이야기로 들리겠지만 의외로 많은 이들이 놓치는 부분이기도 하다. 환자들에게 "팔을 좀 더 펴주세요.", "팔 조금만 돌릴게요."와 같은 말을 꺼내기 어려워서 그런지 많은 신규 간호사들이 환자가 내준 팔을 그대로 두고 찌르려 한다. 하지만 내가 주사를 놓을 팔의 방향과 혈관의 방향은 일치해야 한다. 혹여 환자가 이동을 할 수 없는 상태라면 침대를 밀어서라도 자세를 제대로 잡도록 하자.

❻ 주사를 놓기 전 움직이는 혈관을 잘 잡아 고정해주기

토니켓을 묶지 않아도 혈관이 튀어나오는 젊은 남성들의 경우, 주사를 놓을 때 바늘이 빗나갈 확률이 생각보다 높다. 혈관이 잘 움직이기 때문에 바늘이 들어가자마자 옆으로 빗겨나가는 것이다. 따라서 오른손잡이 간호사인 경우에는 왼손으로 혈관이 움직이지 않게 잘 고정을 해 주는 것이 좋다. 교과서에서는 찌르려고 하는 부위보다 3~4cm 위의 피부를 잘 잡아주라고 하지만 위를 잡든 아래를 잡든 자신에게 편한 방법으로 고정을 잘 해주면 충분할 것이다.

이 외에도 신규 간호사들이 많이 실수하는 부분 중 하나로, IV를 성공한 후 수액을 연결하기 전에 토니켓을 바로 풀어주어야 한다는 점이 있다. 자칫 토니켓이 묶여 있는 것을 깜빡한 채 그대로 Stylet을 빼버리면 센 압력으로 인해 피가 역류해버리기도 한다.

사실 이 모든 노하우들을 잘 알아듣고 이해했다고 해도 실제로 환자 앞에 가서 IV를 시도하게 되면 망설이고 버벅거리기 십상이다. 앞서 말했듯이 IV는 결국 연습만이 살길이다.

필자가 큰 거부감 없이 IV를 할 수 있었던 이유는 신규 간호사로 입사하기 전에 부지런히 연습하고 관련 영상도 많이 보았기 때문이다. 특히 '간호사라면 주사를 한 번에 잘 놔야한다.'는 생각을 해왔기 때문에 Skill적인 부분을 특히 더 신경 써서 배웠던 것 같다. 따라서 이 글을 읽는 예비 간호사 분들도 부단한 연습과 함께 위의 TIP들을 잘 기억해두어 IV를 하는 데 스트레스가 없기를 바란다.

07

각종 검사 및 Lab Result 해석

환자들은 병원에 입원하여 많은 검사들을 한다. 각 과마다 특히 자주하는 검사들이 있겠지만 여기서는 공통적으로 많이 시행하고 중요한 검사들 몇 가지에 대해서 이야기를 해보겠다. 지금부터 이야기하는 검사들에 대해 잘 기억을 해둔다면 임상 근무 시 큰 도움이 될 것이다.

♡ CT(Computerizing Tomography : 전산화 단층 촬영)

CT 촬영을 위해서는 '조영제'라는 약물을 사용하게 된다. 정상적인 사람들의 경우 이 조영제를 신장으로 배설시킨다. 환자들에게 물을 많이 마시라는 이유도 바로 이 조영제를 몸 밖으로 빼내기 위함이다. 하지만 Kidney Disease가 있는 환자의 경우에는 신장 자체에 문제가 있기 때문에 배설이 잘 되지 않는다. 오히려 이런 조영제 사용이 더 큰 무리를 일으킬 수 있다. 따라서 CT 전후로 '뮤테란'이라는 약물을 투여하기도 한다. 뮤테란은 진해 거담제로 잘 알려져 있지만 신장기능 악화를 예방하기도 한다.

　당뇨약 중 메트포민 제제의 약물은 유산증(Lactic Acidosis)의 위험을 높일 수 있기 때문에 검사 전후로 48시간은 Skip해야 한다. 간혹 조영제에 과민반응이 나타나는 환자들도 있다. 두드러기, 가려움증 같은 부작용이 나타나면 주치의에게 즉시 Notify하고 처방에 따라 페니라민과 같은 항히스타민 제제 약물을 투여한다.
　* Non Enhance CT의 경우에는 Line, NPO, Permission 모두 필요하지 않다.

목적
❶ 일반 X-Ray에서 볼 수 없는 조직들의 병변과 인체의 비정상적인 병리학적 정보를 영상으로 확인하기 위함
❷ 골절, 출혈 등을 빠르게 찾아내기 위함(뼈는 흰색으로, 근육이나 조직은 검은색으로 나타남)

Pre
❶ 18G Line
❷ 최소 6시간 NPO
❸ Permission
❹ 당뇨약 중 메트포민 제제(글루파, 다이아벡스)를 복용 중이라면 검사 전후로 48시간 동안 Skip하기

Post
❶ 특별한 주의사항은 없음
❷ Line 제거 및 NPO 해제
❸ Oral Hydration 격려 or Fluid NS 1L(Normal Saline 1L) 주입

💟 MRI(Magnetic Resonance Imaging : 자기 공명영상)

MRI는 CT와 달리 방사선에 노출되지 않고 자기장을 이용하여 신체의 단층을 얻는 검사법이다. 따라서 Pacemaker(심장박동기)를 삽입한 환자들은 자기장의 영향으로 인해 정확한 결과를 알 수 없으므로 검사 여부 및 대체 방법을 주치의와 상의하여야 한다.

위와 같은 경우를 제외하면 MRI는 인체에 무해하고 CT에 비해 해상도가 뛰어나며 필요한 각도를 선택하여 촬영할 수 있다는 장점을 지니고 있다.

목적
① 내부 혈관, 장기 등 병변을 확인하고 진단하기 위함
② 근육이나 신경의 이상 유무, 힘줄을 파악하는 데 유리

Pre
① 부위에 따라 22G Line 필요(Line이 필요 없는 경우도 많다)
② NPO는 필요하지 않음(조영제를 사용하는 MRI의 경우 필요하긴 하나 대부분은 필요 없음)
③ Permission
④ CT보다 검사시간이 길어 검사 전 화장실에 가도록 함
⑤ 귀금속 제거
⑥ 폐소공포증, 협소공포증이 있는 환자의 경우에는 약물을 사용하여 Sedation 후 검사 진행

💟 EGD(Esophagus Gastro Duodenoscopy : 식도 위 십이지장 내시경)

목적 상부 위장관 질환을 가장 쉽고 정확하게 관찰하기 위함(구강, 식도, 위, 십이지장을 관찰할 수 있음)

Pre
① MN NPO
② 22G 이상 Line

❸ Permission
❹ 연하곤란 및 의치 유무 확인
❺ 탈수 예방 위해 Fluid 주입

Post

❶ V/S 측정
❷ Diet 여부 주치의에게 확인(BX를 하거나 지혈술 등을 했을 경우 주치의 처방에 따라 NPO를 유지하기도 함)
❸ 복통이 심하거나 출혈증상이 있으면 즉시 주치의에게 Notify
❹ 인후통은 며칠간 지속될 수 있음을 설명

⚕ Colonoscopy(대장 내시경)

목적 결장, 회장 등 대장질환을 정확하게 관찰하기 위함

Pre

❶ MN NPO 유지, 검사 3~4일 전부터 씨 있는 과일, 찌꺼기가 남을 수 있는 음식 등 소화가 잘 되지 않는 음식은 자제
❷ 전날 밤이나 이른 새벽부터 장 비우는 약물 복용(병원마다 장 청결제 약물이 다르므로 약명과 정확한 복용법 확인 필요, 보통 쿨프렙산, 코리트산을 많이 사용함)
❸ 22G 이상 Line
❹ 탈수 예방 위해 Fluid 주입

Post

❶ V/S 측정
❷ Diet 여부 주치의에게 확인
❸ 약간의 복부 불편감이 있을 수 있음을 설명, 검사 후 가스 배출 격려(검사 중 공기와 Irrigation 용액을 주입하게 되기 때문)
❹ 출혈 등 합병증이 있는지 관찰

⚕ ERCP(Endoscopic Retrograde Cholangio Pancreatography : 내시경적 역행성 담췌관조영술)

목적 담관, 췌장질환의 진단 및 치료를 위함. 내시경적으로 십이지장 쪽에 조영제를 주입 후 기관을 보는 것

Pre

❶ MN NPO

❷ 22G 이상의 Line

❸ Permission

❹ 아스피린 같은 항혈전제 복용 여부 확인(출혈 위험이 있으므로)

❺ 의사 처방에 따라 항생제 투여

❻ 탈수 예방 위해 Fluid 주입

Post

❶ V/S 주기적으로 측정

❷ Chest PA, Abdomen Erect/Supine 촬영

❸ Lab F/U(아밀라아제, 간수치, 빌리루빈 수치 등 확인)

❹ Diet 여부 주치의에게 확인(보통 당일에는 NPO를 유지하기도 함)

❺ 탈수 예방 위해 Fluid 주입

⟨⟩ Bronchoscophy(기관지 내시경)

목적

❶ 기도 내에 생긴 종양이나 기타 질환을 확인하기 위함

❷ 조직검사를 시행하기도 하며 기관지에 있는 세균을 배양하거나 검체를 채취하기 위함

❸ 기관지를 세척하기 위함

Pre

❶ MN NPO

❷ 22G 이상의 Line

❸ Permission

❹ 아스피린 같은 항혈전제 복용 여부 확인(출혈 위험이 있으므로)

❺ EKG Check

❻ 상황에 따라 기관지 흡입제 투여(기관지 확장 위해)

❼ 탈수 예방 위해 Fluid 주입

Post

❶ V/S 측정

❷ 2~4시간 NPO 유지

❸ Dyspnea 있을 시 즉시 주치의에게 Notify
❹ Chest PA F/U하여 천공 및 이상 증상의 유무 확인

PET-CT(Positron Emission Tomography-Computer-ized Tomography : 양전자 방출 단층 촬영)

PET-CT는 방사선 약품을 체내에 주입하여 몸속의 '포도당'이 어떻게 분포되고 대사하는지 알아보기 위한 검사이다.

포도당은 우리 몸의 신진대사에 이용되는데, 이 포도당과 비슷한 방사선 약품을 체내에 주입하게 되면 암 같은 것들이 포도당 대사가 항진된 부위에 모이게 된다. 이 분포를 통해 암을 감별하고 진단하는 것이다.

목적
❶ 악성/양성 종양의 감별
❷ 암의 조기 진단
❸ 암의 병기(Stage) 결정
❹ 치매의 진단

Pre
❶ MN NPO(생수는 가능하나, 보리차나 커피, 음료수에는 소량의 당이 섞여 있으므로 금지)
❷ MN부터 수액을 맞고 있다면 Cut 하기(당이 섞인 수액은 검사에 영향을 줄 수 있음)
❸ 손등에 22G Line 확보
❹ 검사 가기 전 BST 체크(혈당이 높으면 주치의에게 Notify 후 검사 시간 조율 필요)
❺ 평소와 다르게 심한 운동을 하지 않음(혈당이 떨어져 부정확한 검사결과가 나올 수 있음)
❻ 검사 전 스테로이드 약물(소론도, 덱사메타손 등), 인슐린, 에포카인 같은 조혈제 등의 약물은 혈당에 영향을 주는 약물들이기 때문에 주치의와 상의 후 제한함
❼ 일반 CT 검사와 중복이라면 보통 PET-CT 먼저 검사 시행

⚛ CAG(Coronary Angiography : 관상동맥 조영술) · PCI(Percutaneous Coronary Intervention : 관상동맥 중재술)

목적

❶ 심장동맥에 조영제를 주입하여 혈관의 상태를 보기 위함

❷ 협심증, 심근경색, 관상동맥기형 등을 확인하기 위함

❸ 관상동맥의 협착이 있을 경우 정확한 위치와 협착 정도, 모양을 파악해 치료하기 위함

Pre

❶ Lt Arm에 18G Line 확보

❷ MN NPO

❸ Permission

❹ EKG, Echo 결과 확인

❺ 시술 전 와파린 복용 중이라면 Stop

❻ Dorsal Pulse 확인

❼ NS 1L(Normal Saline) Hydration

❽ Both Inguinal Site Skin Preparation(대퇴부분으로 카테터를 진입할 수 있으니 미리 피부정리)

❾ 조영제 부작용 여부 확인

❿ Pre Medication Loading 여부 확인

→ 아스피린 2T 또는 3T(대체로 200~300mg) 복용, 플라빅스(=Clopidogrel) 8T(600mg) 복용. 원래 항혈전제를 복용 중인 환자라면 주치의와 상의 후 Skip 하거나 1T씩 복용하기도 함

⓫ 모래주머니(Sand Bag) 챙겨서 Long Car로 환자 검사실로 보냄

Post

❶ V/S Check, NPO 해제, Oral Hydration 격려

❷ Approach Site 확인(요골동맥인지 대퇴동맥인지)

❸ Chest Pain, Dyspnea 증상 확인

❹ Radial 쪽으로 Puncture(천자)를 했다면 지혈밴드나 공기밴드 통해 압박

❺ Femoral 쪽으로 Puncture를 했다면 ABR 6시간 유지, 전용 공병으로 압박, Dorsal Pulse 확인

❻ Hematoma, Bleeding 있을 시 즉시 주치의에게 Notify

❼ PCI 시행한 경우 추가로 Cardiac Maker F/U (CK-MB, Troponin 등), EKG F/U.

Close Observation 위해 ICU로 입실하는 경우도 있음

❽ 하루 이틀은 무거운 물건 들지 않고, 힘주지 않도록 교육

❾ 다음 날 Puncture Site Dressing 1회

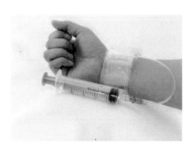

공기 주입을 통해 압박하는 지혈밴드로 TR밴드라고도 부른다.
2~3시간마다 주사기로 Air를 빼주어야 한다.

검사실에서는 CAG만 하는 경우가 있고 CAG와 PCI를 함께 하는 경우가 있다. 쉽게 말하자면, CAG는 좁아진 혈관을 찾는 과정이고, 그 혈관을 넓혀주는 시술이 PCI라고 할 수 있겠다. 항혈전제는 출혈 위험성이 있어 검사를 할 때 주의를 요하지만 혈전을 방지할 필요성이 있으므로 검사 전에 꼭 Loading해야 한다.

지금까지 병동에서 자주 하거나 중요한 검사들을 모아 알아보았다. 눈치 챘을지 모르겠지만 대부분 검사의 기본은 NPO, Line, Permission이다. 신규 간호사로 입사했을 때 잘 모르는 검사가 처방이 났다면 일단 이 세 가지를 떠올려 보도록 하자.

⟨♡⟩ 피검사

다음은 신규 간호사들이 마찬가지로 어려워하는 부분 중 하나인 '피검사 결과 해석'이다. 당장 피검사 항목을 하나도 빠짐없이 다 외울 필요는 없다.

가장 중요하고 기본적인 것만이라도 알아두는 것이 중요하니 지금부터 아래에 제시된 항목들을 잘 기억해두자.

검사	항목	정상 수치	임상적 의미
CBC(Complet Blood Cell : 일반 혈액검사) EDTA Bottle(보라색 검체통)에 2~3cc 담아 임상병리팀으로 검체 전달	Hb	12~16g/dl	▼ 빈혈, 출혈
	Hct	36~52%	▼ 빈혈, 출혈
	WBC	5천~1만 1천	▲ 염증, 백혈병 ▼ 백혈구 감소증
	ESR	0~27mm/hr	▲ 염증, 감염, 외상질환
	ANC	2000 이상	▼ 면역 저하(500 이하로 떨어지면 격리 필요)
	Platelet	15만~45만	▼ 출혈, 빈혈, 응고장애
BC(Blood Chemistry : 일반 화학검사) Serum Bottle(=SST Bottle, LFT Bottle, 노란색 검체통)에 4~5cc 정도 담아 임상병리팀으로 검체 전달	Na	135~145mEq/L	▲ 수분결핍, 쿠싱증후군 ▼ 신증후군, 구토, 설사
	K	3.5~5.5mEq/L	▲ 인슐린결핍, 신부전증 ▼ 구토, 설사
	Calcium	8.2~10.2mg/dl	▲ 부갑상선 기능 항진증 ▼ 비타민 D 결핍증, 설사
	Albumin	3.8~5.1g/dl	▼ 영양불량, 간질환
	Total Bilirubin Direct Bilirubin	0.2~1.4mg/dl	▲ 간염
	AST(S-GOT)	9~40IU/L	▲ 간염
	ALT(S-GPT)	0~40IU/L	▲ 간염
	r-GPT	0~38IU/L	▲ 간염, 지방간
	CPK	0~250IU/L	▲ 근육 손상, 골격 손상
	BUN	8~24mg/dl	▲ 신장질환
	Cr (Creatine)	0.5~1.2mg/dl	▲ 신장질환, 사구체신염

	e—GRF	90~150ml/min	▼ 신장질환
	Uric Acid	2.5~8.0mg/dl	▲ 신부전, 통풍
	Ammonia	0~75ug/dl	▲ 간성혼수
	Amylase	20~100IU/L	▲ 급성췌장염
	Total Cholesterol	120~245mg/dl	▲ 고지혈증
	RA	0~15IU/ml	▲ 류마티스 관절염
	CRP	0—5mg/l	▲ 염증
	TSH	0.34~5.6MIU/ml	▲ 갑상선 기능 저하증
	CEA	3.0ng/ml	▲ 대장암
	PSA	4.0ng/ml	▲ 전립선암
	CA125	35u/ml	▲ 난소암
	CA 19—9	37u/ml	▲ 췌장암
Coagulation(Protrombin Time : 혈액응고검사) PT Bottle(Sodium Bottle, 하늘색 검체통)에 2~3cc를 담아 임상병리팀으로 검체 전달	INR	0.9~1.1	▲ 비타민 K 결핍, 와파린 투여
	aPTT	26~35	▲ 헤파린, 와파린 투여, DIC
	d—dimer	0~0.5	▲ 혈전

피검사 항목은 매우 다양하기 때문에 한 번 피를 뽑았다고 해서 모든 검사 결과가 나오지 않는다. 간혹 환자분들의 "피검사 아까 했는데 또 뽑아요?"라는 불만을 감수하더라도 추가로 채혈해야 하는 이유는 바로 이 때문이다. 따라서 이 환자에게 왜 CBC만 F/U을 했는지, 반면 저 환자에게는 왜 PT만 F/U을 했는지 이유를 파악하고 결과를 정확히 아는 것이 중요하다. 환자가 출혈이 심해 의사가 CBC만 F/U하자고 처방을 낸 것일 수도 있고, 간수치를 평가하기 위해 BC만 처방을 낼 수 있으니 말이다.

'그럼 한 번에 뽑아서 검체에 다 담으면 되지 않느냐?'고 생각할 수도 있겠다. 이런 경우 채혈 양도 많아질 뿐 아니라 환자에게 부담되는 Cost(비용)가 어마어마하게 늘어날 것이다. 각 피검사 항목이 추가될 때마다 비용이 다르기 때문에, 얻고자 하는 값만 처방을 받아 진행하게 되는 것이다. 게다가 한 번 피를 뽑아 두었다고 해서 그 피만을 며칠 동안 지켜보는 것이 아니다. 하루에도 피검사 수치가 조금씩 달라지기 때문에 소량씩 자주 뽑아 변화 수치를 관찰할 필요가 있는 것이다.

지금까지 가장 중요하고 또 기본적인 피검사 결과에 대해서 표로 간단히 설명해 보았다. 간호사 업무를 하다 보면 환자분들이 "저 빈혈수치 어때요?", "저 염증수치 많이 떨어졌나요?", "저 오늘 피검사 결과 어떻게 나왔어요?"라고 묻는 경우가 숱하게 있다. 이런 경우 우물쭈물하는 대신 자신 있게 환자에게 설명을 해줄 수 있도록 하자.

08

의사에게 노티하기

　신규 간호사가 인수인계 다음으로 어려워하는 업무 중 하나가 바로 '의사에게 Notify하기'가 아닐까 싶다. Notify란 영어 단어 그대로 '알리는 것'을 의미하는데, 환자 상태에 특별한 변화가 있을 때 간호사가 의사에게 상황을 전달하는 것을 지칭한다.

　간호사가 '노티'를 해야 하는 경우는 참으로 다양하고 많다. 예를 들어 환자에게 피검사를 실시했는데 수치가 이전 결과와 많이 차이 나는 경우, V/S가 Abnormal한 경우, Mental이 흔들리는 경우, OP Site에서 Bleeding이 심하게 나는 경우 등이다. 그 외에도 Self Medi Keep여부, 처방난 약의 용량이 평소와 다를 경우 확인차 노티를 하기도 하며 일을 하는 중간에도 많은 노티가 발생한다.

　사실 필자는 신규 간호사 때 노티하는 것을 매우 두려워했었다. 이 부분에 대해서는 아마 많은 신규 간호사들이 공감할 것이다.

선배 간호사들은 내가 신규 간호사라는 점과 일을 제대로 숙지하지 못했다는 상황을 잘 알고 있지만 전화를 받는 의사는 내가 몇 년차인지 신규인지 올드인지 모른다. 따라서 '빨리 빨리 말해라.', '선생님이 무슨 말을 하는지 제대로 모르겠다.' 등의 욕을 먹지 않으려면 말을 막힘없이 술술 이어나가야 한다고 생각했다.

당시에는 내가 노티를 제대로 하고 있는 건지도 잘 몰랐고, 통화하는 것을 남들에게 들려주고 싶지 않은 마음에 몰래 조용한 목소리로 노티를 하기도 했었다. 그러다 '왜 그런 쓸데없는 내용을 노티해?'라며 꾸중을 듣는 일도 있었다.

노티를 할 때는 두 가지의 경우가 있다. 첫 번째는 주치의에게 노티하는 경우, 두 번째는 당직의에게 노티하는 경우이다. 간호사는 일반적으로 3교대를 하지만 의사들은 그렇지 않다. 보통 주치의(레지던트)들은 오전 7시부터 오후 6시까지 근무를 하기 때문에 출근해 있는 시간에 전해야 할 말이 있으면 바로 그들에게 Notify를 하면 된다. 하지만 주치의들이 퇴근을 했을 때 환자에게 문제가 생기면 간호사들은 별도로 Confirm해 줄 사람을 필요로 하게 되는데, 이들이 바로 당직의다.

따라서 주치의, 당직의에게 노티하는 법은 당연히 다를 수밖에 없다. 예를 들어 주치의에게는 환자의 현재 주요 포커스에 대해서만 이야기하면 된다. 본인이 담당하고 있는 환자이기 때문에 어떤 상태인지 이미 다 파악하고 있을 테니 말이다. 반면 당직의는 그 환자의 담당의사가 아니기 때문에 환자 상태가 어떤지 아무것도 모른다. 따라서 간호사들은 당직의에게 노티를 할 때 그 환자가 어느 파트인지, 어느 교수님의 환자인지 등 히스토리부터 현재의 문제까지 오목조목 정리해서 이야기를 해야 한다.

필자는 처음 이러한 차이에 대한 개념이 제대로 서지 않아 혼란스러웠다. 당직표 보는 방법을 숙지하기보다는 '오늘은 이 선생님한테 노티해야 해.'라고 일차적으로 생각했는데, 당직이 매번 바뀌는 데다 과마다 노티해야 할 선생님도, 당직 시간도 서로 달라 헷갈리기 일쑤였다. 잘못 노티를 하는 경우도 잦았다. 이 고충을 스스로 체득했기 때문에 새로 입사하는 신규 간호사들에게 이 부분만큼은 확실히 알려줘야겠다고 다짐하기도 했다.

필자는 신규 간호사 때 당직의에게 노티하는 것이 너무 어려웠고 또 무서웠다. 스스로 환자 파악이 되지 않은 상태에서 이야기를 하려니 멘붕 그 자체였다. 그래서 메모장에 대본을 만들어 놓고 전화하기 전에 미리 연습을 한 뒤 통화를 걸기도 했었다. 그러다가 갑자기 예상치 못한 부분을 물어보면 당황하여 "아 잠시만요….'하며 우물쭈물했던 적도 많았다. 지금 생각해 보면 듣는 입장에서는 많이 답답했을 것 같다.

전화를 걸 때마다 '여보세요.'라는 멘트 대신에 '급한 거 아니면 문자로 해요.'라고 본인 할 말만 한 뒤 딱 끊어버리는 의사가 있었다. 한번은 환자의 상태가 급격히 안 좋아져 꼭 전화를 해야 할 상황이 왔었다. 어김없이 그 의사는 '급한 거 아니면 문…'이라고 말하려 했고, 필자는 'Saturation(산소포화도) 떨어졌어요!'라고 다급하게 외쳐 그 의사가 곧바로 병동으로 달려왔던 일도 있었다.

주치의나 당직의 입장에서는 Call이 정말 시도 때도 없이 들어오기 때문에 어쩔 수 없이 걸러서 듣는 경우가 많을 것이다. 간호사들 입장에서는 한

번만 전화를 걸었다고 생각하겠지만 전화를 받는 의사의 입장에서는 이 병동, 저 병동, 이 사람, 저 사람 온갖 연락을 받게 되기 때문에 본인의 업무에 집중할 수 없을 뿐 아니라 일의 중요도를 판단할 수 없는 것이다. 다행히 요즘은 사내 메신저 시스템이 잘 구축되어 있어 간호사들도 무조건 전화 노티를 하지는 않으며, 급하지 않은 이야기는 문자나 메신저로 주고받고 있다.

따라서 간호사가 주치의나 당직의에게 환자 상태에 대한 중요한 부분을 노티하지 않으면 의사들은 그 상황에 대해서 파악하기 어려워진다. 환자를 가장 가까이에서 지켜보는 사람은 간호사들이기 때문이다. 간혹 '이 부분을 왜 노티 안 했느냐.'며 반대로 물어보는 불상사가 발생하기도 한다. 따라서 간호사들은 환자 상태를 면밀히 관찰해 중요한 부분을 꼭 노티해야 할 것이다.

사실 노티를 하는 것이 크게 어려운 일은 아니다. 환자의 객관적인 상태를 알려주는 것이기 때문에 정확한 사실을 잘 정리해서 전달하면 충분하다. 서로 업무가 많아 바쁘지만 의사와 간호사는 의사소통이 중요한 관계이다. 따라서 간호사는 상황이 발생했을 시 즉시 노티하고, 의사는 노티에 따라 즉시 Decision을 내려 환자 상태에 대한 중재를 빠르게 해결하여야 할 것이다.

09

컴플레인 환자 응대법

💓 컴플레인 발생 시 간호사가 해야 할 일

백화점에서 직원을 무릎 꿇게 하는 영상, 기내에서 승무원의 태도가 마음에 들지 않다며 폭행을 하고 사과를 요구하는 영상 등 언론에서 고객에 대한 갑질 영상을 쉽게 찾아 볼 수 있는 요즘이다.

그렇다면 과연 병원은 어떨까? 물론 의료진들에게 경의를 표하는 환자나 보호자분들이 많지만, 병원에서 일을 하다 보면 욕을 하는 환자, 반말하는 환자, 소리 지르는 환자, 때리려는 환자, 물건 던지는 환자 등 다양한 부류의 환자들을 만나게 된다.

병원에서 간호사로서 일을 하게 되면 수없이 많은 갈등 상황을 겪는다. 환자들 또한 많이 예민해져 있는 상태이기 때문에 간호사는 항상 그들의 상황에 맞게 이해를 해주고 요구를 들어주려고 노력해야 하는 것이 사실이다. 하지만 아무래도 가끔씩은 도가 지나치는 경우가 생긴다.

따라서 지금부터 필자가 어떤 상황에서 어떻게 대응을 했는지 여러 사례를 가지고 이야기해보려 한다. 다만 그 전에 먼저 컴플레인이 발생했을 때 간호사가 해야 할 일을 알아보자.

컴플레인 발생 시 해야 할 다섯 가지
- ☑ 경청하고 공감해주기
- ☑ 감정적으로 나서지 않기
- ☑ 본인의 선에서 끝나지 않을 것 같다고 생각하면 선임 간호사나 수간호사 선생님에게 도움 요청하기
- ☑ 환자나 보호자가 폭력적으로 변하거나 물리적인 힘을 가할 경우, 보안팀을 부르고 보호자와 주치의에게 연락하기
- ☑ 환자가 폭행을 하려고 할 경우 서로의 안전을 위해서 신체보호대(억제대) 적용하기, 추가 약물 투여하기

1번부터 5번까지 모두 당연한 말로 들릴 것이다. 환자가 화가 잔뜩 나 있는 상태라면 "많이 아프셨죠.", "너무 오래 기다리셨죠." 하며 경청하고 공감을 해주어야 한다. 이런 대화법을 계속 시도함으로써 환자가 말하는 도중에 격양된 어투가 조금은 수그러드는 모습을 볼 수 있을 것이다. 오히려 나중에는 투정 부리듯 불편한 점을 토로할 수도 있다. 환자의 컴플레인에 감정적으로 맞받아친다면 더 큰 화를 불러올 수 있으니 주의하도록 하자.

가끔 "여기 수간호사 나오라고 해!", "여기 관리자 없어?!"라고 하며 윗사람을 찾는 환자가 있다. 환자가 본인과 더 이상의 대화를 거부한다면 차라리 상황을 간단하게 설명하고 선임이나 책임 간호사에게 도움을 요청하는

것이 맞다. 또 환자가 욕을 하거나 잡히는 물건을 집어던지고, 심지어 폭력을 행사하려고 하는 경우에는 즉시 보안팀을 호출해야 한다. 보호자에게도 전화해서 환자가 제어되지 않으니 내원하셔서 옆에서 돌보도록 이야기를 해야 한다. 그리고 이 상황에 대해 주치의에게 바로 Notify를 하도록 한다. 필요에 따라 진정 약물을 줄 수 있고 보호자와 의료인 2인 이상 동의가 될 경우 신체보호대(억제대)를 유지할 수도 있다.

환자가 폭력적일 경우에는 안전을 위해서 적당한 거리를 두도록 하고 이 상황에 대한 객관적인 사실을 모두 기록에 남긴다. 큰 따옴표(" ")를 사용하여 있는 그대로를 기록하되 주관적인 생각이나 추측성 글은 쓰지 않도록 하자.

한번은 어떤 환자가 화가 나서 앞에 보이는 간호사 차트판(클립보드)을 부메랑 던지듯 던지려고 했던 적이 있다. 옆에 있던 다른 간호사가 즉시 그 팔을 잡아서 다행이지 하마터면 그 모서리에 얼굴을 맞을 뻔했다. 이렇듯 환자가 치료에 지나치게 비협조적이고 폭력적이어서 의료인들을 위협할 경우에는 해당과 교수님이 환자의 상태를 판단한 후 최후의 수단으로 퇴원을 선택하기도 한다.

ⓦ 컴플레인 관련 에피소드

다음은 필자가 임상에서 겪은 몇 가지 에피소드들이다. 이런 난감한 상황에 본인이라면 어떻게 대응했을지 생각해보며 읽어주길 바란다.

Episode 1

항암치료를 받고 있는 60대 남자 환자가 있었다. 병실에서 Infusion Pump를 통하여 Chemo(Chemotheraphy, 항암화학요법)가 한창 진행 중이었다. 항암제는 용량에 맞게 정확한 속도로 주입되기 때문에 간호사들은 대략 몇 시쯤에 약이 다 들어가는지 가늠할 수 있다.

몇 시간 후 항암제가 거의 다 들어갔을 때쯤 콜벨이 울렸다. "네, 간호사실입니다."라고 응대를 하니 환자는 "항암제 다 들어갔어요."라고 답했다.

콜벨 전화기를 내려두고 병실로 가 '삐리릭' 울리는 Infusion Pump를 꺼둔 뒤 약을 가져올 테니 잠시 기다려 달라고 이야기를 했다. 그런 다음 다시 간호사실로 돌아와 이어서 연결할 약이 어떤 것인지 간호사 둘이서 확인을 하고 있었다.

확인을 하고 있는 그 잠깐 사이에도 병원은 간호사들을 가만히 놔두지 않는다. 끊임없이 울려대는 전화, 간호사실에 찾아와 질문하는 환자 등으로 인해 고작 간호사 둘로는 Chemo 약을 바로 끝까지 확인하기는 어려운 상황이었다.

이때 다시 한번 콜벨이 울렸다. 수화기 너머로 환자의 "빨리 좀 와요!"라는 짜증 섞인 목소리가 들려왔다. 금방 가겠다며 콜벨 전화기를 끊고 항암제 확인에 집중을 했다. 동료 간호사와 함께 항암제 이름, 용량, 수액속도, 서명까지 하나씩 다 확인한 뒤 보호 장구를 챙겨 카트에 약을 싣고 환자의 병실로 발걸음을 옮기려는 순간, '팍!' 하는 소리가 간호사실 앞에서 들렸다.

놀라서 쳐다보니 남자 환자가 "아니 내가 콜벨을 두 번이나 눌렀는데 당장 안 오는 게 말이 돼?!"하며 고래고래 소리를 지르고는 다 맞고 난 항암제 빈병을 땅에 던지고 있는 게 아닌가. 게다가 본인의 Chemoport도 잡아당기려는 시늉을 하는 것이었다.

"환자분 죄송합니다. 항암제는 일반 다른 약들과 다르다 보니 확인하는 절차 때문에 좀 늦어졌습니다. 진정하시고 병실로 같이 들어가요. 준비 다 됐습니다. 이 Chemoport를 잡아당기면 안 되는 거 누구보다 잘 알고 계시잖아요. 죄송합니다, 환자분."

그 모습에 주변에 있던 간호사들도 동참해 Chemoport를 당기려는 팔을 붙잡았고, 한참을 어르고 달래서야 가까스로 환자를 말릴 수 있었다. 이후 선임 간호사가 나서서 환자를 달랜 후 직접 Chemo를 걸어주었고, 환자는 약이 연결되자 바로 화를 가라앉혔다. 정해진 시간에 Chemo 약을 맞지 않아 많이 불안한 상태였던 것으로 보였다.

일반적으로 대학병원에서는 같은 과 환자들을 같은 층에 입원시킨다. 물론 항암치료가 필요한 환자들 역시 암 전문 병동에 모여 치료를 받는다. 다만 남자 환자는 그날따라 항암 병동에 환자들이 꽉 차있었기 때문에 급한 대로 일반 병동에 입원한 상황이었다. Chemo 치료를 오랫동안 받아온 환자였기 때문에 본인의 상황을 더 잘 알고 있었고, 약을 곧바로 가져오지 못하는 간호사들이 못마땅해 보였을 수도 있겠다.

하지만 항암제는 매우 위험한 약이다. 따라서 항암제를 환자에게 투여할 때는 반드시 개인 보호장비가 필요하며 항암제를 환자에게 직접 투여하기 직전까지 항암제 전용 용기에 보관해야 한다. 항암제를 장갑 없이 맨손으로 만졌다가 혹시라도 새어나온 약물에 피부가 닿는다면 통증은 물론 발진, 부종, 가려움, 심한 경우 조직 괴사까지 발생할 수 있기 때문이다. 따라서 이러한 상황에서는 일단 환자를 진정시키고 대화를 통해 풀어 나가야 한다. 위험한 항암제를 깨뜨렸다가는 자칫 환자 본인뿐 아니라 의료진까지 피해가 발생할 수 있기 때문이다.

사실 이 에피소드의 환자는 필자 본인이 담당한 환자가 아니었다. 정확히는 후배 간호사의 담당 환자로, 필자는 그 옆에서 항암제를 함께 확인해 주었던 간호사였다. 다만 모든 과정을 두 눈으로 직접 지켜보았기 때문에 지금까지도 생생하게 기억에 남아 있다.

Episode 2

"오늘 나 CT 검사 시간이 몇 시오?"

70대 할아버지가 필자에게 물으셨다. 필자의 담당 환자가 아니었기에 성함이 어떻게 되시는지를 묻고 CT가 몇 시로 Arrange 되어 있는지 전산으로 확인한 후, 오후 9시 20분으로 정해져 있음을 환자에게 전했다. 그랬더니 갑자기 "또 밤 아홉시 반이야? 또? 어제도 밤 아홉시에 찍더니 왜 오늘도 아홉시 반이야? 사람 차별하는 거야 뭐야?"라고 윽박을 지르기 시작했다.

너무 갑작스러운 상황이었지만, 옆에 있던 선임 간호사 선생님이 그 상황을 지켜보신 터라 본인이 나서겠으니 하던 일 다시 하고 있으라는 눈치를 주셨다. 환자가 매우 흥분한 상태였기 때문에 더 이상 원만한 대화가 이루어질 수 없다고 판단하여, 필자도 선임 선생님의 뜻에 따라 아무 말도 하지 않고 뒤에서 상황을 지켜보았다.

"내가 아침부터 계속 금식했는데 굶어 죽이려는 거야 뭐야? 내가 70이 넘었는데 나한테 이렇게 함부로 하면 안 돼!"

자세히 들어보니 금식시간이 길어지는 것 때문에 많이 힘드셨나보다. 그러자 선생님께서 "환자분 배 많이 고파서 힘드시죠. 그런데 어제 CT 찍으셨을 때 '조영제(영상진단 검사 또는 시술 시 특정 조직이나 혈관이 잘 보일 수 있도록 인체에 투여하는 약물)'라는 약을 사용했잖아요. 그 약을 쓰고 나면 검사를 바로 할 수 없어요. 24시간 뒤에 검사가 가능하기 때문에 밤에 하는 거예요. 저희가 빨리 해드리고 싶어도 시간을 꼭 지켜야 하는 것이기 때문에 어떻게 도와드릴 수 있는 게 없어요. 죄송해요."라고 설명했다.

하지만 선생님의 정확한 설명은 전혀 받아들여지지 않았고 '그런 거 상관

없고 그냥 빨리 찍게 해달라.'는 말과 항의만이 반복될 뿐이었다. 환자의 목소리가 병실 끝까지 울리자 병실 안에 있던 환자들도 한두 명씩 무슨 일이 있나 하며 문 밖에 고개만 내밀고 지켜보기 시작했다.

환자는 흥분한 상태로 남의 말도 들으려 하지 않는 막무가내인 상태였기에 선임 선생님도 도무지 진정시킬 방법이 없었다. 결국 필자는 보안팀을 부르겠다고 알린 뒤 원내 보안팀에게 연락을 취했다.

5분 뒤 보안팀 두 분이 올라와 상황을 대략 파악한 뒤 환자를 조용한 곳으로 모셔갔다. 처음에는 검사실로 내려갈 때까지 아무 데도 가지 않겠다고 하시더니, 사람들이 본인을 다 쳐다보면서 구경거리가 된 이 상황을 깨달았는지 보안팀 안내에 따라 자리를 옮겼다. 그 이후의 상황이 어떻게 흘러갔는지는 필자도 다른 일을 하느라 신경 쓸 새가 없었기 때문에 자세하게는 알 수 없었지만, 환자가 상황을 이해하고 정해진 CT 촬영시간에 내려가신 것 같았다.

환자들이 많은 병원에서는 CT나 MRI 같은 검사는 미리 시간별로 환자들을 배정해두기 때문에 정말 응급상황이 아닌 이상 시간 조정은 불가능에 가깝다. 더군다나 해당 환자는 전날에도 검사에 조영제를 사용했기 때문에 시간 차를 두고 검사를 해야만 했다.

아마 모든 사람들이 다 그렇겠지만, 특히 환자들은 금식이 필요한 검사(CT 및 수술, 내시경 등)를 준비하는 과정에서 많이 예민해진다. 배는 고픈데 검사 시간은 멀었고, 검사 시간보다 5~10분이라도 늦어지면 바로 간호사실로 나와서 검사는 대체 언제 하는 거냐고 묻는다.

하지만 사실 간호사인 필자도 이 부분에 대해서는 예측이 어렵다. 수술 시간으로 예를 들 경우, 수술 시작이 오전 10시라고 안내를 해도 앞선 환자의 수술이 늦게 끝날 때가 있고, 중간에 응급환자가 발생하기도 하며, 수술이 제때 끝나더라도 다음 환자를 위해 수술 전후로 소독을 해야 한다. 변수가 무궁무진하기 때문에 '정확한' 시간을 말해줄 수 없는 것이다. 그래서 항상 이 부분을 환자들에게 이해시키려고 노력한다.

위와 같은 상황은 일을 하면서 꽤 자주 발생한다. 그럴 때는 선임 선생님이 했던 것처럼 환자를 일단 진정시키고 충분히 이해할 수 있도록 차분하게 설명을 해주자. 그래도 환자가 흥분을 가라앉히지 않고 오히려 더 큰소리를 치기 시작한다면 간호사들은 보안팀에 연락할 수밖에 없다. 흥분한 상태가 오래 지속될수록 폭력적인 행동을 보일 가능성 또한 높아지기 때문이다. 따라서 간호사들은 상황에 맞는 적절한 대처를 익혀야 한다.

Episode 3

수술 후 발에 JP❼를 가지고 나온 환자가 있었다. 80대 할아버지였는데 처음 입원했을 때에는 큰 문제가 없다가 재원기간이 길어지면서 점점 섬망 증상이 나타나기 시작했다. 사실 이 환자는 몇 개월 전에도 같은 증상으로 입원을 했으나 증상이 너무 심하고 전혀 Control이 안 되어 보호자가 퇴원을 시켰던 이력이 있었다. 그런데 이번에는 다시 입원하여 간병인을 고용해 케어하던 중이었다.

어느 날 콜벨이 울려 병실에 가보니 환자가 계속 밖에 나가겠다며 휠체어를 가져오라고 간병인에게 호통을 치고 있었다. 환자는 발에 가지고 있는 JP와 팔에 연결되어 있는 Line을 빼려고 하고 간병인은 그것을 간신히 막고 있는 상황이었다.

---

❼ 고여 있는 피나 염증 등을 음압을 걸어 빨아들이는 배액관

필자는 일단 환자가 라인을 빼려고 하는 손을 막으면서 간단하게 지남력(指南力)을 사정했다. 이름을 물으면 답변이 돌아오고, 배액관을 빼면 위험하다는 말에 알겠다고, 빼지 않겠다고 대답하는 등 아예 Irritable한 상황은 아니었다. 하지만 뒤를 돌아 병실 밖을 나가려고 하면 다시 손을 배액관으로 슬금슬금 가져다대시려 하는 모습을 볼 때, 이대로 두었다가는 JP를 Self Remove 할 것 같았다.

필자는 다른 간호사에게 잠깐 환자를 보고 있어달라고 도움을 요청하고 주치의와 보호자에게 전화를 걸었다. 먼저 주치의에게 전화를 걸어 이 상황에 대해 설명하고 추가로 투약할 약물이 있는지, 어떻게 해결할 것인지 물었다. 할돌® 0.5A(앰플)을 IM⑨하고 그래도 Subside이 되지 않으면 PR⑩을 적용하라는 것이다. PR을 적용하기 위해서는 보호자의 동의가 필요하다. 다시 보호자에게 전화를 걸어 이 상황에 대해서 설명을 하고, 직접 내원해야함을 이야기한 뒤 급한 대로 PR 적용에 대한 유선동의를 받고 기록에 남겼다.

다행히 환자는 약을 맞고 진정이 되어 PR까지는 적용하지 않았지만 필요한 경우 당황하지 말고 상황에 대처할 수 있어야 한다. 비록 위 사례는 환자분이 컴플레인을 걸었던 이야기는 아니지만, 꼭 컴플레인이 아니더라도 환자분이 의료진의 말을 전혀 듣지 않으려고 하거나 도저히 Control이 힘들 경우에는 약물이나 PR까지 고려할 수 있음을 알아두기 바란다.

---

⑧ 할로펠리돌(Haloperidol)의 줄임말, 진정제
⑨ Intramuscular Injection, 근육주사
⑩ Physical Restraints, 신체보호대, 억제대

Episode 4

'당뇨발⓫' 진단을 받은 30대 젊은 환자가 있었다. 당뇨를 앓고 있으나 평소에 스스로 Insight가 없고 당 조절을 하려는 의지조차 보이지 않는 환자였다. 매일 병원식 대신 사식을 먹고, 흡연구역에서 담배를 피우며, 의료진 몰래 병원 밖을 나가려하기 일쑤였다.

어느 날, 필자가 이브닝 근무를 하고 있던 때였다. 그 환자의 혈당을 재고, 인슐린을 주고, 항생제 처치도 하며 평소 하던 대로 업무를 수행 중이었다. 오후 6시쯤, 환자들이 저녁식사를 하고 있을 때에 필자는 스테이션에 돌아와 못했던 일을 하고 있었다. 그때 그 환자가 통화를 하면서 출구 쪽으로 나가는 모습을 보았다. 담배를 피우기 위해 하루에 두세 번씩도 1층에 내려갔다 올라오는 환자였던 터라 그날도 의심 없이 '아 또 담배 피우러 나가시는구나.' 하며 대수롭지 않게 생각했다.

약 30분 후, 환자들에게 저녁 약을 드리기 위해 그 병실에 들어갔다. 그런데 아까 그 환자가 여전히 부재중이었다. 먼저 다른 환자들에게 약을 다 드리고 난 뒤 전화를 걸었다.

"환자분, 저녁 약을 드셔야 하는데 혹시 어디 계세요?"

사실 저녁 약을 복용해야 한다는 것은 핑계 아닌 핑계로, 전화한 진짜 목적은 환자의 '위치 파악'이었다.

"지금 친구가 면회 와서 1층에서 애기 중이에요."

환자의 답변에 필자는 알겠다며 전화를 끊고 다시 일과에 몰두하려 했다. 대부분의 환자들은 "1층에 면회객이 왔는데 잠깐 내려갔다 와도 되죠?" 혹은 "저 지금 주사 놓을거나 뭐 다른 것 할 것 없죠?" 하며 먼저 물어

⓫ 혈액이 끈적끈적하여 말초혈관까지 피가 제대로 흐르지 않아 발에 괴사가 온 상태

보고 나서 볼일을 보는 경우가 대부분이다. 하지만 이 환자는 왠지 모르게 불안했다. 혹시라도 환자가 탈원을 하여 병원 밖에서 안전사고라도 난다면 병원은 물론 담당 간호사까지 책임을 지게 된다.

그 이후로 30분이 지났다. 필자는 다시 환자에게 전화를 걸었고, 환자의 "금방 갈 거예요."라는 짜증 섞인 이야기를 들은 뒤 수화기를 내렸다. 안내 데스크에 연락을 해 환자의 인상착의를 설명한 뒤 1층에 그 환자가 있냐고 물었다. 그런 환자는 없다는 답변이 들려왔다.

환자에게 다시 걸어보니 전화기가 꺼져 있었다. 탈원임을 예상하고 탈원 발생 시 원내 프로세스를 밟기 위해 퇴근하신 수간호사 선생님께 즉시 보고를 드렸다. 상황을 파악하신 수간호사 선생님 또한 프로세스대로 해야 할 것 같다며 중간중간 코칭을 해주셨다.

일단 몇 명의 간호사가 환자를 찾기 위해 병원 곳곳을 찾아다녔다. 병원 안에는 없는 것 같아 병원 밖 신호등까지 건너 주변을 샅샅이 찾았다. 당시에는 한겨울이었고 오후 7시가 훌쩍 넘었던 터라 깜깜한 밖을 반팔 유니폼만 입은 상태로 덜덜 떨며 찾아다녔다. 그 환자는 병원 주변에 없었으므로 CCTV를 돌려봐야 할 것 같아 신청서도 작성했다. '환자가 병원을 나간 게 맞는지 찾아보고 연락 줄 테니 병동에 올라가 있으라.'는 보안실의 말을 듣고 병동에 올라가서 다시 업무를 보았지만 사실 아무 일도 할 수가 없었다. 탈원을 했다면 큰일이기 때문에 고민과 걱정만 할 뿐이었다.

20분 뒤, 병실로 전화가 왔다. "선생님 이 환자 오후 6시 40분쯤에 후문에서 택시타고 나가는 모습이 찍혔습니다."라고 말했다. 탈원이 확실해져 수간호사 선생님에게 다시 보고를 드리고 해당과 당직 의사에게 노티를 했다. 그날따라 절차가 꽤 많아 일을 해결하는 데 많은 시간이 걸렸다. 보고서를 작성하고 못했던 일도 마무리하느라 밤 12시가 넘어서 퇴근했던 기억이 있다.

퇴근 후 그 환자는 어떻게 됐는지 선배에게 물어보니 새벽 2시 정도에 술에 취해 병실로 들어왔다고 한다. 당직 의사는 환자가 아침까지 돌아오지 않으면 교수님 Confirm 후 탈원 처리를 하겠다고 했었지만 다행인건지 새벽에 들어오는 바람에 탈원 처리까지는 하지 않았고, 그 환자는 머지않아 퇴원을 했다.

탈원과 같이 큰 일이 발생하면 주치의도 스스로 판단을 내릴 수 없을 때가 있다. 이럴 때는 교수님 컨펌까지 올라가게 된다. 담당 간호사, 수간호사, 주치의, 당직의, 교수님, 원무과까지 모든 사람들이 이러한 문제를 해결하기 위해 힘쓰게 된다.

Episode 5

간호사 업무 중 재원 기간이 긴 환자를 담당하게 되면 얼굴도 익숙하고 다른 환자들보다 이야기도 더 많이 해 왔기 때문에 서로를 잘 안다고 생각하게 된다. 그래서인지 가끔 환자, 간호사 할 것 없이 어느 정도 선을 넘는 행동을 하게 되는 경우가 발생한다.

예를 들어 (나름 친근함의 의미로 이야기했다 하겠지만) 간호사 중 몇몇이 환자에게 "식사하셨어요?"가 아닌 "식사하셨어?"라고 말을 건네거나, 환자들 중 몇몇이 간호사가 본인보다 훨씬 어려보이니 "~했어요." 대신 "~했어.", "~했지."라고 말을 놓는 경우이다.

필자의 경우 환자와 간호사 사이에는 예의가 필요하다는 생각에 최대한 존댓말을 쓰고 존중하려 노력하는 편이다. 어느 날은 재원 기간이 한 달이 넘는 환자의 처치를 돕고 있었다. 팔이 불편한 환자였기에 옷 갈아입는 것을 도와주고 있는데, "아니 거기는 단추 잠그지 마, 잠그지 마."라는 말과 함께 불만을 토로하기 시작했다.

그래서 "네. 어떻게 하면 될까요, 이렇게 해드리면 되나요?"라고 묻자 갑자기 "바보!"라는 대답이 돌아왔다. 순간 잘못 들은 건가 싶어 "네?"라고 되물으니 "바보! 바보 선생님이야!"라고 말을 하는 것이었다.

순간 기분이 상해서 "환자분 지금 뭐라고 하셨어요? 저한테 하신 말씀이세요?"라고 웃음기 사라진 얼굴과 표정으로 물으니 환자분도 살짝 당황한 듯 "아 장난이야 장난!"이라고 말하며 얼버무렸다. 아무리 그래도 이건 아니다 싶어 "아니, 환자분 장난이고 뭐고 그런 말씀하지 마세요. 저 기분 나빠요."라고 단호하게 말했다.

옷 갈아입는 것을 끝까지 도와주고 커튼을 치고 나오려는데 뒤에서 환자분이 "아이고 미안해~ 장난이었는데 왜 그래~."라는 말이 들려왔다. 더 이상 대화를 하고 싶지 않아 그대로 병실을 나와 버렸다. 기분이 상한 채로 근무를 하고 있다가 이 부분을 수간호사 선생님에게 말씀드렸다.

수간호사 선생님은 어린 간호사들이 그냥 참고 지나가면 앞으로 더 심한 말을 할 수도 있으니 환자에게 '기분이 나쁘다.'는 감정을 잘 전달한 것은 다행이라며, 나중에 본인이 따로 이야기를 해보겠다고 하셨다.

몇 시간 뒤 그 환자는 간호사실로 다가와 작은 쪽지를 하나 건네고는 자리를 피했다. 쪽지에는 '미안합니다.'라는 한마디가 쓰여 있었다. 라운딩을 돌면서 환자에게 괜찮다고 이야기를 하긴 했지만 일하면서 환자에게 '바보' 소리는 처음 들어서인지 많이 당황스러웠다.

환자 본인의 입장에서는 친근감의 표시로 반말이나 장난을 칠 수도 있을 것이다. 하지만 필자와 같이 그래도 어느 정도의 선을 지켜야 한다고 생각하는 간호사라면 가슴앓이를 하기보다는 확실하게 의사를 표현할 필요가 있다. 간호사들이 아무리 친절하게 요구를 들어주어도 환자나 보호자분들이 무례한 언행을 계속한다면 확실한 거부의 표현과 함께 선임 간호사에게 전달을 해서 이런 일이 재차 발생하지 않게 해야 할 것이다.

위에 언급한 사례들 모두가 컴플레인 문제들은 아니었지만, 다양한 상황 속에서 어떻게 행동하는 것이 좋을지 조금이라도 알려 주고자 여러 경험들을 이야기해보았다.

물론, 이밖에도 병원에서 발생하는 다양한 상황들이 얼마든지 존재한다. 예를 들어 성희롱 발언의 경우, 필자는 들어본 적이 없지만 후배 간호사들은 한두 번쯤 들어본 경험이 있었다. 한 후배 간호사는 수많은 액팅 일을 끝마치고 땀을 흘리고 있는데 지나가던 환자가 "더우면 벗어."라고 말을 했다거나, IV를 한 번 실패하니까, "한 번 더 실패하면 여기서(보호자 간이침대) 자고 가요."라는 말을 들었다고 한다.

환자들이 하는 말과 행동에 상처를 받아 우는 후배 간호사들도 많이 봤다. 간호사가 어려보이니까 일단은 말부터 놓고 이래라저래라 시키지만, 다른 선배 간호사나 주치의가 보이면 그런 행동을 하지 않으니 후배 간호사 입장에서는 자존심도 상하고 회의감도 드는 것이다.

제3자가 판단하기에는 별 일이 아닐 수도 있겠지만, 막상 본인이 듣게 되면 굉장히 당혹스러운 일들이나, 산호사 입장에서는 이 같은 상황에 싫다는 표현도 제대로 하지 못하고 그대로 병실을 나오는 경우가 많을 것이다. 하지만 이런 부당한 언사에는 꼭 환자분들에게 이야기를 해서 다시는 이런 일이 발생하지 않도록 행동할 필요가 있다.

'사람 대하는 일이 가장 힘들다.'라는 말을 공감하고 있다. 일 자체도 힘들지만 몸이 더 아픈 환자분들을 돌보고 감정을 받아주는 일이 반복되다 보면 몸도 마음도 금세 지치게 된다. 물론 이러한 고충을 핑계로 잘못된 행동을 저지르는 간호사 역시 문제지만, 환자와 간호사가 서로 존중하는 행동을 보인다면 더 수준 높은 간호가 가능할 것이라고 생각해본다.

01

임상 외 간호사
: 간호사의 다양한 길

'간호사' 하면 사람들이 가장 먼저 떠올리는 장소는 병원일 것이다. 당연히 병원에는 간호사가 있고, 간호사는 병원에서만 일할 수 있는 줄 아는 사람들이 많다.

간호학과 학생 때 필자 포함 대부분 학생들의 목표는 '대학병원 입사하기'였다. 공무원 시험 합격, 사기업 입사하기 등의 목표를 가진 학생들도 있었지만, 대체로 소위 말하는 'Big 5' 병원에 입사를 해야 간호사로서 성공한 삶인 줄 알았다. 다른 사람들이 대기업에 입사하고 싶은 것처럼 말이다.

하지만 간호사의 길은 정말 많다. 보통 대학병원에 입사를 하게 되면 3교대를 하지만, 건강 악화나 높은 업무강도, 오버타임 등 많은 이유로 사직을 한다. 얼마나 사직률이 높냐면, 신규 간호사가 입사 후 1년이 지나면 돌잔치를 해줄 정도로 말이다. 물론 안 하는 병원도 있다. 퇴직 후 간호사들은 다른 곳으로 눈을 돌리게 되는데, 대학병원이 아닌 로컬병원이나 요양병원으로 이직하는 경우, 3교대가 아닌 타 부서(건강검진센터, 외래 등)로 로테이션하는 경우 등 여러 가지다. 특히 코로나 바이러스가 심해지던 2020년 초부터는 보건소의 인력 부족으로 간호직 공무원을 대거 채용하고 있기도 하다.

지금부터 간호사가 일할 수 있는 여러 가지 길에 대해서 이야기를 해 보겠다.

♨ 보험심사 간호사

간호사들이 대학병원 3교대를 그만두고 (일명 '탈임상'이라고 한다) 많이 가는 길이다. 보험심사 간호사란 '진료내역의 적정성 여부를 심사·평가하고 의료의 질 향상을 위해 의료인과 의료소비자를 대상으로 보험기준과 의료의 적정성 기준에 대해 교육하거나 연구하는 간호사'로 요약할 수 있다. 쉽게 말해 병원비가 제대로 청구되는지 검토하고 확인하는 간호사들을 일컫는다. 이미 시행한 검사가 보험처리 되는지, 비급여 항목인지, 검사를 중복으로 하지 않았는지, 진료 비용이 적절한지 등을 파악하는 일이다. 병원 내에 총무팀, 인사팀, PI팀, 원무팀 등 여러 부서가 있는데 그 중에 적정진료팀(보험심사팀)이 이러한 일을 담당하고 있다. 병원 적정진료팀 외에 일반 보험 회사로의 취업도 가능하다.

보험심사 간호사가 되기 위해서는 한국간호평가원에서 주관하는 '보험심사관리사'라는 시험에 합격하여 자격증을 취득해야 한다.

보험심사관리사 시험 응시 자격
- ☑ 간호학과 전문학사 이상의 학력
- ☑ 전문학사 이상의 학력이며 보험심사 관련 경력이 5년 이상
- ☑ 보험심사 관련 2급 자격증 취득을 한 다음 3년 이상 보험심사 관련 경력을 갖춘 자

3개의 응시 자격 중 한 가지만 충족되면 된다. 따라서 임상에서 일을 하고 있는 간호사들도 1번 조건을 충족하니 일을 하면서도 짬짬이 공부해 자격증을 취득할 수 있는 것이다. 특히 간호사 면허를 가진 사람이라면 경력과 상관없이 응시가 가능하다.

보험심사관리사 시험은 1년에 한두 번 시행되므로 상반기나 하반기에 타이밍을 잘 맞추어 공부한 뒤에 시험을 접수해야 한다. 합격 커트라인은 객관식과 주관식 합쳐 60점 이상이다. 교육 과정은 오프라인과 온라인이 있는데 일과 병행해서 공부를 하는 간호사들이 많기 때문에 대부분 온라인 강의를 들으며 공부한다. 대표적인 사이트는 보험심사간호사회, 너스케입(간호사 대형 커뮤니티)이 있다.

수강료와 시험 응시료 또한 비싼 편이다. 수강료는 100만 원 이상이며 교재비만 해도 20만 원이 훌쩍 넘는다. 응시료도 15~20만 원이기 때문에 제대로 준비해서 한 번에 합격하는 것이 좋겠다.

가격이 가격이니만큼 부담되어 독학을 마음먹은 사람들도 있을 것이다. 하지만 임상에서 근무했던 간호사들은 보험과 관련된 단어 하나하나가 생소하기 때문에 독학을 하더라도 어려움이 있을 것이다. 하지만 요즘에는 유튜브 등 자료들이 많이 있으니 잘 활용하여 공부해도 좋을 듯하다.

'병원을 퇴사하고 싶어서 보험심사관리사 자격증을 취득했는데 또 병원에서 일하라고?'라고 생각하는 사람들을 위해 한마디 하자면, 병원 내 적정팀 이외에도 공단이나 심평원, 보험회사, 제약회사 등으로도 취업 가능하다. 또 같은 병원이더라도 환자를 직접 보는 일이 아니기 때문에 임상과는 매우 다른 근무환경일 것이다.

4년간 병동에서 함께 근무했던 필자의 동기가 보험심사자격증을 취득한 후 현재는 병원 적정팀에서 근무를 하고 있다. 근무를 하며 느꼈던 장점을 꼽으라 했더니 첫 번째는 '상근직'이라는 점이다. 다른 직장인들에게 상근직은 당연한 이야기로 들리겠지만, 항상 교대근무에 치여 사는 간호사들에게 이 직무는 가히 매력적이지 않을 수 없다.

또 환자를 직접 마주하며 일을 하는 게 아니기 때문에, 환자와의 관계가 힘들었거나 Acting 업무를 하는 데 지친 간호사들이라면 이 일이 더 잘 맞을 수 있다.

3교대의 경우, 내가 근무 중 하지 못했던 일, 당장 확인을 할 수 없는 일들을 다음 근무자에게 넘겨야 하기 때문에 부담감이 있지만, 이 일은 그런 부담은 덜하다. 본인이 오늘 하지 못한 일은 내일 본인이 마무리하면 되는 일이기 때문이다.

이 외에도 느꼈던 부분을 들어보니, 삶의 만족도가 올라간다는 점을 꼽았다. 급여는 교대근무만큼 받지는 못하지만, 생활이 여유로워졌고 퇴근 후에도 취미생활을 할 수 있게 되었다 한다. 3교대를 했을 때에는 퇴근 후에 에너지가 바닥나 집에서 쉬는 것 이외에 활동을 할 수가 없었는데, 보험심사 간호사로서 근무를 해 보니 퇴근 후에도 에너지가 남아 있어 어떤 일을 할 힘이 있다는 것이다.

이러한 여러 이유들로 인해 현재 직무에 대해 만족하며 직장생활을 하고 있다고 한다. 결혼을 하고 출산을 한 뒤 '남들 일할 때 일하고, 쉴 때 쉬는 일'을 하기 위해 낳은 간호사들이 보험심사 간호사에 도전하고 있다.

ⓦ 미국 간호사

많은 분들이 한국 간호사도 미국에서 간호사로 근무할 수 있는 사실에 대해 놀라워한다. 필자 역시 간호학과에 입학 후 이 사실을 알게 되었고 그 이후로 관심을 가지게 되었다.

사실 한국에서 간호사로 근무한다고 하면 대부분의 사람들은 '고생한다', '힘들겠다' 이런 반응을 먼저 보이지만, 미국에서의 간호사는 한국과 인식이 달라 높은 대우를 해주고 사람들이 매우 존경하는 직업이라고 한다. 게다가 간호사 대 환자의 비율이 한국은 병동기준 1:14 혹은 그 이상이라면, 미국은 간호사 한 명당 최대 6명을 돌본다고 하니 질 높은 간호를 제공할 수 있을 것이다.

연봉 또한 높다. 미국에서 간호사로 취직할 경우 평균 연봉은 86,600불(한화로 약 1억 1천만 원)이며 미국에서 코로나 델타 변이가 시작하던 2021년 6월 당시 평균 연봉이었던 7만 8천불보다 약 9~10% 상승한 것이다. 국내 병원에서 일을 하는 것보다 훨씬 높은 연봉을 받으면서 커리어를 쌓을 수 있다. 물론 에이전시 소속 간호사인지, 병원 소속 간호사인지에 따라 큰 차이가 있으니 참고만 하는 것이 좋겠다.

미국 간호사가 되기 위한 3단계

- ☑ NCLEX-RN(엔클렉스)
- ☑ 영어점수
- ☑ 에이전시(고용주)

미국 간호사가 되기 위해서는 크게 세 가지 단계를 거쳐야 한다. 첫 번째로 필수인 부분은 NCLEX-RN 면허를 취득하는 것이다. NCLEX-RN이란 미국 간호사 협회에서 주관하는 미국 간호사 시험으로, 우리나라 간호사 면허증을 가진 자만이 이 NCELX-RN 시험에 응시할 수 있고 이 시험을 패스해야만 미국 간호사로 근무할 수 있다. 이 면허는 '뉴욕주 면허'이기 때문에 이 면허를 취득하게 되면 뉴욕에서 근무를 할 수 있다. 하지만 타 주에서 일을 하고 싶다면 그 지역에 맞는 면허로 추가 서류를 제출하여 '변경'

을 해야 한다. 과거에는 NCLEX-RN 시험에 응시하기 위해서는 해외로 나가야만 했다. 국내에는 시험장소가 없었기 때문이다.

하지만 코로나 이후 미국 내에서 의료인력이 매우 부족해졌기 때문에 한국 간호사들의 응시율을 높이기 위해 국내에도 시험장소가 생겼다고 한다.

NCLEX-RN은 본인이 원한다고 바로 응시할 수 있는 시험이 아니다. 미국으로 서류를 보내 접수하고 제출한 서류들의 승인 절차를 밟아야 하기 때문이다. 이 과정이 대략 6개월 정도 소요된다. 코로나 이전에는 서류 접수부터 시험 응시하는 데까지 기본 1년이 걸렸으나 코로나 이후부터는 서류가 간소화되어 6개월 정도로 줄었다고 한다. 따라서 대부분의 응시자들은 일단 서류 접수를 먼저 해 두고 접수가 진행되는 동안 공부하는 경우가 많다.

NCLEX-RN 시험 방식에 대해 간단히 이야기하겠다. 이 시험은 일반적인 시험과 방식이 다소 다르다. NCLEX-RN 시험은 기본적으로 컴퓨터를 통한 반응 시험(CAT)으로 치르게 된다. 시간은 최대 6시간 동안 볼 수 있다. 문제가 1번부터 나오게 되는데 모르는 문제가 나오더라도 다음 문제로 넘어갈 수 없게끔 한 문제씩 화면에 나온다.

응시자들은 1번부터 문제를 풀기 시작하여 최소 75문제, 최대 265문제를 풀게 된다. 사람마다 풀어야 하는 문제 수가 다른데 이에 대해 간략히 설명하자면, 응시자가 1번부터 순서대로 문제를 풀다가 75번까지 풀게 되었는데, 그 동안의 정답률이 높으면 76번은 더 이상 풀지 않아도 된다. 76번보다 더 많은 문제를 풀어봤자 어차피 합격할 것임을 컴퓨터가 분석하고 예상하기 때문에 그 응시자는 합격시키고 컴퓨터 화면은 꺼진다.

하지만 1번부터 75번 문제까지 푼 문제가 정답률이 그리 높지 않다면, 즉 정답과 오답을 왔다갔다 한다면, 77번 문제, 78번 문제, 그리고 그 이상까지 가게 된다. 80번 문제에서 화면이 꺼질 수도 있고, 100번 문제에서 꺼질 수도 있다. 즉 이 부분은 응시자의 실력에 따라 다른 것이다. 문제를 풀다가 정답을 많이 맞히지 못하면 역시 같은 방법으로 컴퓨터 화면이 꺼진다. 오답률이 높기 때문에 더 많은 문제를 풀어도 떨어질 것을 컴퓨터가 예상하기 때문이다.

즉, 문제를 풀다가 중간에 꺼지는 경우는 '내가 잘 맞춰서' 또는 '내가 못 맞춰서' 반반인 것이다. 이런 식으로 응시자는 최대 265개 문제까지 풀 수 있고 이 안에서 합격과 불합격이 결정된다. 시간도 최대 6시간이기 때문에 2시간 만에 끝날 수도, 6시간 꽉 채워서 끝날 수도 있는 것이다.

게다가 출제되는 문제의 난이도가 바로 전 문제의 정답률에 따라 달라진다. 예를 들어 본인이 1번 문제를 풀었는데 정답을 맞혔다면 2번 문제는 더 어려워진다. 더 어려운 2번을 풀어서 맞추었다면 3번 문제는 더더욱 어려워진다. 이렇게 점점 어려워지는 문제를 잘 맞히게 되면 앞서 말했듯, 컴퓨터가 '합격'을 예상하고 컴퓨터 화면을 꺼 시험을 종료시킨다. 마찬가지로 1번 문제를 풀었는데 틀리게 되면 2번은 문제가 더 쉬워지고 쉬운 2번조차 틀리면 3번은 난이도가 더 떨어진다.

따라서 본인이 문제를 푸는데 다음으로 넘어갈수록 문제가 쉬워진다면 불합격의 길을 걷고 있는 것이니 정신을 더욱 바짝 차려야 할 것이다. 75문제를 1시간 안에 풀고 합격하는 사람, 76번 문제까지 30분 만에 풀었지만 불합격하는 사람, 265문제를 6시간 꽉 채워서 합격하는 사람 등 아주 다양하다. 최소 문제 수는 75개, 최대는 265개, 시간은 최대 6시간임을 명심해 두자. 추가적으로 알아야 할 사항이 있다. 2023년 4월부터는 최소/최대 시험 문제의 개수가 85문제/160문제로 변경될 예정이라고 하니 참고하기 바란다.

이렇게 긴 시간을 들여 NCLEX 면허를 취득했다면 이제 공인 영어시험

성적이 필요하다. 영주권을 받기 위한 절차 중 일부인 것이다. 미국 간호사로 이민을 가기 위해서 충족해야 하는 영어시험이 있다. 과거에는 평가 서류를 발급하기 위해 토플과 아이엘츠만 가능했지만 코로나 이후 토익 점수도 가능해졌다. 정확히 말하면 토익, 토익 스피킹&토익 라이팅이다.

토플은 총점 81점을 넘기면서 스피킹 점수는 26점을 받아야 한다. 반면 아이엘츠는 평균 6.5점을 받고 스피킹은 7.0을 받아야 한다. 토익은 (Listening+Reading) 725점 이상, 토익 스피킹은 160점 이상, 토익 라이팅은 150점 이상이다. 토플은 평균과 스피킹 점수를 한 번에 받아야 하지만, 아이엘츠는 두 시험을 합산해서 제출해도 된다. 예를 들어 아이엘츠 시험에서 평균을 6.5점, 스피킹에서 6점을 받았더라도 일단 평균 점수는 획득했기 때문에 다음 시험에서는 스피킹에만 매진을 해도 되는 것이다. 이 시험이 결코 쉽지 않기 때문에 많은 사람들이 NCLEX-RN 시험보다는 영어시험에서 발이 묶인다.

마지막으로, 본인을 미국에 있는 병원에서 일을 할 수 있도록 연계해 주는 에이전시나 고용주 회사를 찾아야 한다. 사실 미국 시민권자를 만나 결혼하게 되어 본인이 미국 시민권자가 된다거나, 처음부터 미국에 있는 대학교(간호학과)를 졸업하게 되어 간호사로서 신분이 확실히 보장된다면 에이전시나 고용주의 도움이 필요 없다. 하지만 보통 미국 간호사로 도전하는 사람들은 상황이 그렇지 않기 때문에 '영주권'을 받을 수 있도록 도움을 주는 '에이전시'와 계약을 하게 된다. 미국인들의 입장에서 보면 우리들은 '외국인 노동자'에 불과하고 신분이 불확실하기 때문에 경력이 없는 상태에서 본인이 직접 미국에 있는 병원에 지원을 하는 경우는 굉장히 드물고 어렵다. 따라서 중간 브로커 역할을 하는 에이전시를 끼고 취업을 하게 되는 것이다.

본인을 위해 에이전시가 어디까지, 어떤 식으로 도움을 줄 수 있는지 충분히 고민한 뒤에 계약을 해야 한다. 보통 근무 계약 조건이 2~3년이고, 근무 중간에 계약을 해지하게 되면 어마어마한 수수료가 기다리고 있기 때문이다. 또한 본인이 가고자 하는 지역, 병원으로 Arrange를 하는지 널싱홈⑫으로 취업을 시켜주는지, 계약 기간, 시급 등 따져야 할 것들이 많다.

사실 과거에는 이러한 모든 과정을 국내 에이전시의 도움을 받아 미국 병원에 취업을 했지만, 2~3천만 원의 수수료를 내야한다는 부담과 요즘에는 직접 미국의 고용주 회사와 컨택할 수 있는 길이 많아졌기 때문에 스스로 해결하는 경우가 많다고 한다.

즉, 미국 간호사가 되기 위해 다시 한번 간단하게 정리하자면, NCLEX-RN 면허를 취득 후 공인영어성적을 충족하고, 고용주(에이전시)를 통해 미국 병원에 취직하는 것이다. NCLEX-RN을 먼저 취득하든, 영어성적을 먼저 취득하든 순서는 크게 상관없다. 모든 준비과정이 끝나면 대사관 인터뷰를 진행하고 출국날짜를 잡아서 미국으로 떠날 수 있다.

필자도 사실 미국 간호사의 꿈을 가지고 있어 NCLEX-RN도 취득한 바 있다. 2017년 하반기에 시험접수를 시작해서 승인이 나기까지 꼬박 1년이 걸렸고 결국 2018년 11월에 취득할 수 있었다. 당시에는 국내에 시험장이 없었기 때문에 혼자 일본 오사카에 2박 3일 일정으로 가서 1일 차에 도착 후, 2일 차에 시험을 보고 3일 차에 다시 한국으로 돌아오는 일정이었다.

아직도 그 떨리고 긴장했던 순간을 잊지 못한다. 시험에 떨어지면 물론

⑫ 병원이 아닌 집으로 출장을 가서 환자들을 케어하는 것

스스로 실망하고 기운이 빠지기도 하겠지만, 무엇보다 다시 몇 달을 기다려야 한다는 점과 비행기 티켓 비용과 호텔비를 또 지불해야 하는 부담 때문에 무조건 한 번에 패스하자는 식으로 열심히 공부했던 것 같다. 특히 시험 날짜가 다가올수록 잠도 줄이며 병원 출근 전에 도서관에서 공부하고, 퇴근 후에도 집으로 바로 가지 않고 공부했다. 나이트 끝나고 아침에 꾸벅꾸벅 졸며 공부했던 기억이 아직도 생생하다.

처음 미국 간호사 면허를 따려고 마음 먹었을 때에는 정말 미국으로 나갈 작정으로 준비를 했었다. 하지만 시간이 점점 흐르면서 나의 생각과 가치관이 조금씩 바뀌었다.

내가 진정 원하는 것이 미국에서 간호사로서 일을 하는 것인가? 하며 매일 생각했다. 지금 생각해보면 당시 병원 생활이 너무 힘들어서 도피성으로, 미국에 가면 조금 나아질까 하는 생각으로 덜컥 시험 접수부터 한 것 같다.

부모님과 내 주변 사람들을 두고 미국으로 가서 혼자 산다는 것이 상상으로는 가능하겠지만 현실적으로는 많이 힘들고 외로울 것 같았다. 무엇보다도 내가 병원이 아닌 다른 곳에서 일을 하면 더 만족스러운 삶을 살지 않을까 하는 등 많은 생각을 했었다.

당장 해외 취업이 목표가 아니라도 간호사로서의 역량을 키우고 본인의 커리어를 위해 응시하는 간호사들이 많다. 외국계 병원이나 대형병원에도 외국인 환자가 많다. 미래를 위한 좋은 기회이기 때문에 NCLEX-RN 면허를 취득하고 있는 것 자체가 스스로 가치를 높이는 일이 아닐까 싶다.

♥ 공무원(간호직/보건직/소방)

간호사도 공무원이 될 수 있다. 공무원 시험에 합격을 하면 흔히 알고 있는 '보건소'에서 근무를 하게 된다. 공무원의 장점이라면 굳이 설명하지 않아도 될 듯하다. 먼저 직렬을 나누자면, 간호직 공무원과 보건직 공무원이 있다. 이 두 직렬은 꽤 차이가 있으므로 기본적인 정보를 잘 알아두고 본인의 상황에 맞게 선택해야 할 것이다.

먼저 간호직/보건직 공무원이 어떤 일을 하는지부터 알아보겠다. 간호직 공무원은 지역주민의 의료 간호사업에 관한 전반적인 업무를 담당한다. 진료를 보조하거나 보건사업을 실시하고 보조하는 업무 등이다. 반면 보건직 공무원은 환경위생, 국내외 검역업무, 산업보건, 식품위생 같은 국민 보건 의료 행정 계획 및 집행에 관한 업무를 한다.

두 차이에 대해 자세히 이야기하자면, 보건직 공무원은 학력이나 전공 및 자격에 대한 제한 없이 시험 응시가 가능하다. 즉 간호사가 아닌 사람들도 시험을 볼 수 있다. 반면 간호직 공무원은 이와 달리 간호사 면허를 소지한 자만이 응시할 수 있다. 따라서 간호사들끼리의 경쟁인 것이며 이로 인해 경쟁률이 보건직 공무원에 비해 그나마 덜하다고 할 수 있다.

시험과목도 또한 다르다. 간호직 공무원은 서울시/지방직에 따라 또 과목이 나뉜다. 서울시에 응시하는 사람의 경우 3과목만 시험을 보면 된다. 과목은 생물, 간호관리학, 지역사회간호학이며, 지방직에 응시하는 사람은 국어, 영어, 한국사, 간호관리학, 지역사회간호학으로 5과목이다.

서울시로 응시한 간호직 공무원의 경우 시험에 합격했다고 하더라도 서울시에 있는 시립병원에서 최소 3년간 임상간호 업무를 해야 한다. 그 뒤에야 순차적으로 서울시 보건소로 발령받게 되는 것이다. 간호직 공무원으로 일하게 되면 9급이 아닌 8급부터 시작하게 된다.

반면 보건직 공무원은 서울시, 지방직 상관없이 국어, 영어, 한국사, 보건행정, 공중보건 과목을 시험 보게 된다. 간호직이 아닌 보건직 공무원시험에 응시하는 경우 간호사 면허가 있기 때문에 가산점이 붙는다. 아래의 표는 두 시험의 차이점에 대해 정리한 것이다.

간호직 공무원과 보건직 공무원의 차이		
구분	간호직 공무원	보건직 공무원
업무	• 지역주민의 의료 간호사업에 관한 전반적인 업무 • 진료를 보조하거나 보건사업 실시	• 국민 보건 의료 행정 계획 및 집행에 관한 업무 • 환경위생, 국내외 검역업무, 산업보건, 식품위생 등
응시자격	간호사 혹은 조산사 면허증을 소지한 자	학력이나 전공 및 자격에 대한 제한 없음

시험과목	1) 서울시
	  생물, 간호관리학, 지역사회간호학
	2) 지방직
	  국어, 영어, 한국사, 간호관리학, 지역사회간호학
		국어, 영어, 한국사,
		보건행정, 공중보건

직급	8급부터 시작	9급부터 시작
시험날짜	매년 5월 또는 6월	매년 5월 또는 6월
기타	• 보건직 공무원에 비해 경쟁률 낮음 • 서울시에 합격한 경우 시립병원에서 3년 동안 3교대 필수	간호사 면허증 소지 시 가산점 부여

병원생활이 힘들어서 단순히 '한번 해볼까?'라는 생각으로 응시했다가는 오히려 더 절망할 수도 있다. 필자 주변에서도 일을 그만두고 1년 동안 공부에만 매진했지만 결과가 좋지 않은 경우를 많이 봤기 때문이다. 결국 다시 병원으로 돌아오게 되더라. 따라서 공무직에 도전하기로 결정했으면 마음을 단단히 먹고 누구보다 독하고 치열하게 공부해야 할 것이다.

간호직/보건직 공무원 외에 간호사는 소방공무원도 될 수 있다. 보통 소방공무원을 떠올리면 화재가 났을 때 불을 끄는 소방관을 생각하는데, 사실 이들은 화재진화 업무 외에 다양한 업무를 수행한다. 소방공무원 시험은 공채와 특채로 나뉘는데 간호사들은 특채에 지원하는 게 유리하다. 특채는 간호사나 응급구조사 같이 전문적인 지식과 기술을 갖춘 사람들끼리 경쟁하는 시험이기 때문에 누구나 응시가 가능한 공채보다는 경쟁률이 덜하기 때문이다. 하지만 그 분야를 잘 알고 있는 사람들끼리 경쟁하는 시험이기에 더욱 꼼꼼하게 준비할 필요가 있다. 대부분 간호사는 특채 중 '구급' 분야를 선택하여 준비한다. 앰뷸런스를 타고 다니며 환자들의 구급활동에 힘쓰는 사람들을 떠올리면 될 듯하다. 시험과목은 2023년부터 변경되었다. 공채 기준으로 기존 2022년까지는 영어, 한국사, 소방학개론, 소방관계법규, 행정법총론이었으나 2023년부터 영어와 한국사는 검정제로 대체된다.

소방공무원에 관심이 있다면 공채/경채에 따라 또 차이가 있으니 잘 알아보고 본인에게 맞는 것으로 선택하길 바란다.

♥ 산업 간호사(보건관리자)

간호사는 일반 기업에서도 근무를 할 수 있다. 산업 간호사란 말 그대로 산업체에서 근무하는 간호사를 의미하는데, 산업장에서 근로자를 대상으로 건강관리를 전담하거나 보건교육을 실시, 기본적인 검진과 응급 처치 등의 활동을 하는 간호사를 일컫는다.

학교에 보건교사가 있다면 기업에는 산업 간호사가 있는 셈이다. 필자는 2023년 1월 현재 대기업에서 보건관리자로 근무하고 있다. 따라서 산업 간호사 중 특히 보건관리자에 대해 심도있게 다뤄 보겠다.

2021년 1월 '중대재해처벌법'이 제정되면서 많은 기업들이 안전보건관리

체계를 구축하고 강화하고 있다. 중대재해처벌법이란 간략히 말해서, 사업장에서 근로자가 업무 도중 사망하거나 크게 다칠 경우 사업주를 처벌한다는 법이다. 그동안은 보통 사고가 났을 때 관련자들이 처벌을 받았지만, 이 법에서는 아예 사업주를 처벌한다는 큰 의미가 담겨있다. 때문에 각 기업에서는 안전보건 조직을 탄탄하게 하는 데 힘쓰고 있다. 기업에 지원하기 위해서 임상경력은 필수는 아니지만, 보건관리자로 지원하는 많은 간호사들이 임상경력이 충분하기 때문에 무경력으로는 경쟁력에서 뒤쳐질 수밖에 없다. 또한 일반 병원과 채용하는 방식과 요구조건이 다르기 때문에 가고자 하는 기업의 조건에 맞춰 어학성적과 컴퓨터 활용능력, 산업위생기사 자격증 등을 취득해 두면 훨씬 유리할 것이다. 보건관리자로서 선임되기 위해서는 몇 가지 기준이 있다.

1. 의사/간호사 면허 소지자
2. 산업위생관련학과 졸업자
3. 산업위생관리기사

위 세 가지 중 한 가지만 충족이 되면 기업 보건관리자로 선임될 수 있다. 간호사들이 임상을 떠나 일반 회사로 들어갈 수 있는 이유가 첫 번째 조건을 충족하고 있기 때문이다. 하지만 의사/간호사도 아니고 관련학과 졸업자도 아닌 사람이 보건관리자를 할 수 있는 방법은 없을까? 있다. 바로 마지막 세 번째 방법이다.

세 번째 기준 중 산업위생관리기사는 자격증을 취득한 자를 말하는데, 이 또한 아무나 취득할 수 있는 것이 아니다. 이 자격증을 취득하기 위한 조건도 있다.

1. 관련학과 4년제 졸업자

2. 동일 유사분야 기사 소지자

3. 해당직무 실무경력 4년 이상

4. 학점은행제(106학점)

위 네 가지 조건 중 하나라도 해당이 되어야 산업위생관리기사 자격증을 취득할 수 있는 자격요건이 갖춰지게 된다. 기사 자격증을 취득 후 기업 보건관리자 채용에 서류를 넣으면 된다.

필자가 3년 차일 때 한 검진 업체로부터 아르바이트 제의를 받은 적이 있다. LG전자에서 전 직원을 대상으로 건강검진을 해야 하는데 도움을 줄 수 있냐는 것이었다. 병원 밖의 생활이 궁금하기도 했고 좋은 경험이 될 것 같아 흔쾌히 수락했다.

기본적인 혈압 측정부터 EKG를 찍는 것까지 직원들의 검진을 도와주면서 느낀 점은 '예방이 정말 중요하구나.'였다. 병원에 오는 환자들은 일단 병이 진행되었기 때문에 치료를 목적으로 내원하지만, 산업 간호사는 그런 부분들보다는 근로자들의 건강 상태를 파악하고 교육과 예방을 목적으로 하는 것이 더 크기 때문에 그들이 정말 중요한 존재임을 깨달았다.

개인적으로, 95% 이상의 직원들이 모두 다 건강해서 놀라웠다. 남들이 생각할 땐 당연하고 우스운 소리로 들리겠지만 필자에게는 조금 다르게 느껴졌다. 항상 병원에서는 환자들의 혈압에 문제가 있거나 심전도 결과가 비정상적으로 나오는 등 크고 작은 문제가 있었는데, 그들은 그렇지 않았기 때문이다.

또한 병원에 입원해있는 환자들은 각자 어딘가가 아프기 때문에 예민하고 힘들어 하며, 간호사에게 가끔 짜증도 내서 기분이 좋지 않을 때도 있었는데, 기업 근로자들은 오히려 '감사합니다', '수고하셨습니다'라는 말을 한 사람 한 사람 끝날 때마다 들으니 굉장히 뿌듯하면서도 어색했다. 이 아르바이트를 하며 주변을 둘러보게 되었고 보건관리자에도 관심이 생겼던 것 같다.

보건관리자 업무에 대해 좀 더 자세히 설명하자면, 보건관리자는 아래와 같이 산업안전보건법에 따른 일을 한다.

〈산업안전보건법에 의한 보건관리자의 업무 내용〉
1. 안전보건에 관한 노사 협의체 심의, 의결한 업무
2. 사업장의 안전보건관리규정 및 취업 규칙에서 정한 업무
3. 보건과 관련된 보호구 구입 시 적격품 선정에 관한 지도, 조언
4. 보건교육계획 수립 및 실시에 관한 보좌 및 지도, 조언
5. 의사 또는 간호사의 경우에 한해 의료행위
6. 환기장치 및 국소배기장치 설비의 점검과 작업방법의 개선에 관한 지도, 조언
7. 사업장 순회점검 지도 및 조치의 건의
8. 산업재해 발생의 원인조사 분석 및 재발방지를 위한 보좌 및 지도, 조언
9. 업무수행 내용 기록 유지
10. 작업관리 및 작업환경 관리에 관한 사항

위 내용만 보았을 때 업무에 대한 감이 안 올 것이다. 간략하게 이해하기 쉽게 중요한 부분만 말하자면 건강검진, 검진에 따른 사후관리, 화학물질 관리, 근골격계 질환 유해요인 조사, 작업환경측정, 건강관리실(의무실) 운영 및 응급처치(의료인만 해당) 등이라고 말할 수 있다.

임상에 있을 때와 개념 자체가 다르다. 초반에 보건관리자로서 몇 달 동안 일을 하며 느낀 부분은, 병원에서는 하루하루 반복되는 일, 듀티마다 해야할 일, 루틴 업무들이 있었는데 보건관리자는 큰 숲을 보는 느낌이었다. 하루씩 꼭 해야 하는 일이라기보다 일 년 동안 일어날 사업계획을 세우고 반기별, 분기별로 세부 계획을 짜서 위에 나열한 큰 업무들을 서서히 진행해 나가는 식이다.

의사 오더를 받고 바로 수행해야 하는, 오늘 일어났던 일에 대해 당장 간호기록을 남겨야 하는, 매일 환자들의 섭취량/배설량을 확인해야 하는 그런 일들과는 달랐다. 또한 임상에서는 자리에 앉아있을 시간이라고는 차팅(간호기록)을 남겨야 할 때 뿐이었지만, 보건관리자로 근무를 하게 되었을 때 대부분 책상에 앉아 일을 했었다.

5년 동안 병원에서 이리저리 쏘다니며 일을 했던 내가 갑자기 책상에 앉아 지금 당장 뭘 해야할 지 몰라서 이리저리 주변만 쳐다보며 눈치보고 있었던 때가 있었다. 이도 적성에 맞지 않으면 고역일 것이다. 다행히 나는 보건관리자 업무가 맞았고, 점차 알아가며 배우는 과정도 재미있었다.

보건관리자는 사실 채용 형태가 계약직인 경우가 대부분이다. 법적으로 꼭 선임되어야 하는 직무임에도 불구하고 대부분 2년 계약직이다. 필자 역시 현재 재직 중인 회사에 입사했을 때 계약직으로 들어왔다. 하지만 앞서 말한 '중대재해처벌법' 덕분에 안전보건 분야가 중요해지면서 정말 운이 좋게 정규직으로 전환되었다. 2023년 1월이 계약 만료 시점이었는데, 정말 감사하게도 계약 기간을 다 채우고 전환이 이루어졌다.

'중대재해처벌법' 때문에 대부분의 많은 기업들도 점차 정규직 채용으로 변경되고 있으니 보건관리자에 관심이 있다면 도전하는 것도 좋은 방법인 것 같다. 다만, 법적으로 선임되어 있는 자리기 때문에 그만큼 이 분야에 전문지식과 책임감도 함께 지녀야 할 것이다.

하지만 산업 간호사도 다른 사람들은 알지 못하는 그들만의 다른 고충이 있을 것이다. 그들의 이야기를 들어보면, 임상보다는 근무 강도가 세지는 않으나 기업에서 간호사의 파워가 약하다고 한다. 사실 병원은 간호사들이 몇 백 명 이상으로 굉장히 많아서 메인 인력이기도 하여 요구하는 바를 잘 반영해 주는 편이지만, 산업체에서는 간호사가 소수이기 때문에 의견 반영이 어렵다고 한다. 어떤 길이나 각자의 고충은 있는 것 같다.

혈액원

헌혈을 하기 위해 헌혈의 집에 방문했을 때 문진을 해주고 피를 뽑는 사람들이 모두 혈액원 간호사다. 혈액원은 병원과 다르게 야간근무를 하지 않는다. 보통 운영시간이 오전 9시~오후 8시이기 때문에 각자 스케줄에 맞춰 오전 타임, 오후 타임으로 나눠서 근무를 하게 된다. 게다가 혈액원은 주말에도 운영되므로 혈액원 간호사는 주말 근무도 해야 한다.

혈액원 간호사의 주 업무는 예상한대로 채혈이다. 채혈도 전혈, 혈장, 혈소판으로 나누어져 있고 이는 수많은 업무 중 기본이다. 채혈뿐 아니라 각종 서류업무, 출장업무, 민원처리업무, 물품관리 등 다양하다. 헌혈자 관리, 혈액 재고량 관리 등 서류를 정리하는 일들과 헌혈버스를 타고 군부대나 학교 등으로 출장을 나가기도 한다.

대한적십자사 혈액관리본부에서 각 지역마다 채용공고를 발표하고 지원자는 각 지역에 맞게 서류 접수 후 합격이 되면 면접을 보게 된다. 봉사시간과 헌혈 횟수가 많을수록 유리하며 외국어 성적, 컴퓨터 관련 자격증이 있으면 서류 합격에 도움이 될 것이다.

지금까지 간호사의 다양한 진로에 대해 알아보았다. 사실 위 다섯 가지 외에 더 많은 길이 있다. 공항 의료센터나 사무실에서 승무원과 임직원, 승객들의 건강관리를 담당하는 항공간호사나 간호학과 교직 이수를 통해 임용고시 합격 후 보건교사도 될 수 있다. 이뿐 아니라 대학원 진학 후 간호학 교수, 간호장교, 법의간호사 등 진로가 매우 다양하다.

현재 일하고 있는 근무지와 너무 맞지 않아 이직 생각을 하고 있는 현직 간호사나, 병원 이외에 다른 곳을 알아보고 있는 예비 간호사가 있다면 위의 해당 직업을 고려해 보는 것도 좋을 것 같다.

02

간호사 Q&A

Q 간호사가 되려면 수능 등급을 어느 정도 받아야 하나요?

A 서울권 간호학과 1~2등급, 지방대학교 간호학과 3~4등급 초반이라고 보통 이야기하지만 해마다 경쟁률에는 큰 차이가 있으며 사실 정확한 기준은 없다. 예비 번호를 받고 겨우 입학하는 경우도, 면접이나 논술에서 떨어지는 경우도 있으니 가고자하는 대학교의 전년도 입시결과를 꼭 확인해야 할 것이다.

Q BIG 5 병원에 입사하기 위한 스펙은 어느 정도 되나요?

A 학과 성적이 가장 중요하다. 학점이 최소 4.0이 넘어야 가능성이 있으며 4학년 1학기까지 성적이 반영된다고 하지만 기졸자 전형으로 다시 지원

할 수도 있으니 4학년 2학기까지 성적을 잘 관리해야 한다. 성적 외에 토익 같은 경우 850점 이상, 컴퓨터 활용능력, 한국사, 봉사시간 등 자격증이 많을수록 합격률이 높아진다. 면접도 인성면접/지식면접이 있고 1차 면접, 2차 면접 총 두 번 보는 병원도 많으니 면접도 완벽히 준비해야 한다.

Q 3교대 하면서 건강관리는 어떻게 하나요?

A 필자는 오프날 잠을 몰아서 자는 편이다. 잠을 많이 자면 쌓였던 피로가 풀린다. 집 앞에 공원에서 산책을 하기도 한다. 과거에는 요가와 필라테스를 하기도 했다.

Q 3교대 하면서 취미생활을 할 수 있나요?

A 가능하다. 요가, 원데이 클래스, 학원 등 가능하지만 규칙적으로 수업에 참여하기가 어려우므로 한 달 스케줄을 확인한 후 등록을 하는 것이 좋겠다.

Q 간호화/탄력스타킹을 항상 신어야 하나요?

A 간호학생 때는 앞뒤가 꽉 막힌 간호화를 신어야 했다. 하지만 현재 필자가 재직 중인 병원은 크록스를 허용하기 때문에 크록스를 신고 다닌다. 병원마다 규정이 다를 것이다.

간호사는 Acting 업무가 많기 때문에 여기저기 돌아다니고 뛰어야 하는 일이 다반사이다. 하루 종일 일하다 보면 다리가 퉁퉁 붓는데 탄력스타킹이 붓기를 빼는 데 효과가 있기는 하다. 주변 동료 간호사들도 50%는 착용하고 나머지는 착용하지 않는다. 필자도 스타킹을 신지 않는데 이유는 너무 탄탄하게 쪼여져서 오히려 종아리가 답답하게 느껴졌다.

Q 간호사 태움이 심한가요?

A 이 부분은 각자의 인성문제라고 생각한다. 병원마다 병동마다 다양한 성격을 가진 사람들이 있기 때문에 있을 수도, 없을 수도 있다. 간호학생 시절 병원에서 실습할 때, 어떤 상황에 화가 난다며 펜을 세게 집어던져 주변 사람들을 눈치 보게 만든 선생님을 본 적이 있다. 반면 아무리 화가 나더라도 숨을 크게 쉬며 스스로 가라앉히는 선생님도 보았다. 같은 상황에 대해 반응하는 모습이 다르기 때문에 본인의 성격 문제가 아닐 듯싶다.

하지만 교대근무 특성상 본인이 해야 할 일임에도 불구하고 하지 못하고 다음 근무자에게 넘겼을 때, 내가 잘못한 일이 아닌데 앞서 실수한 일 때문에 본인이 잘못을 다 뒤집어쓰고 환자들에게 온갖 볼멘소리를 들어야 할 때 등을 생각하면 당사자는 짜증이 날 수 밖에 없을 것이다. 이런 기분 좋지 않은 상황에서 어떻게 상대와 대화하고, 책임을 묻는지가 관건인 듯하다. 객관적인 사실에 대해 지적하고 가르쳐주는 것은 맞지만, 그 과정에서 인격적으로 모독을 하거나 신체접촉을 한다면 태움이 되겠다. '태움'이라는 단어를 사용하는 것조차 꺼려지지만 같은 동료들끼리 감싸며 협력하여 태움이 근절되어야 한다.

Q IV가 두려워요. 주사를 잘 못 놓으면 어떻게 되나요?

A 처음부터 잘하는 사람은 없다. 사실 IV는 많이 해봐야 감이 생긴다. 필자는 스스로 만져보며 혈관 찾는 연습을 하기도 했지만 무엇보다 신규 간호사 때 Line을 잡아야 할 일이 있으면 무조건 고민 없이 도전했다. 가끔 선배의 환자임에도 '제가 해봐도 될까요?'라고 묻기도 했다. 물론 한 번에 성공할 수 있을 만한 혈관을 가진 사람들을 대상으로 말이다.

신규 간호사들이 IV에 꽤 스트레스를 받는다. 하지만 계속 환자들을 찌르도록 두지는 않는다. 환자분들이 많이 힘들어하기 때문이다. 최대 2번까지 시도하고 그 이후로 불가능하면 더 이상 찌르지 말라고 교육한다. 게다가 처음부터 없는 혈관을 찌르라고 하지 않으니 이 부분에 대해 너무 걱정하지 않아도 될 것 같다.

Q 대학병원 1년만 버티면 정말 할 만한가요?

A 신규 간호사들은 이 말을 많이 들어봤을 것이다. '지금은 신규라서 그래. 1년만 버티면 나아질 거야.' 필자도 신규 간호사 때 선배 간호사에게 이 말을 많이 들었다.

간호사의 업무는 단순 노동 작업이 아니다. 전산도 익히고, Skill도 익히고 각종 Acting 업무도 많기 때문에 대략 병동이 어떻게 돌아가는지 흐름을 알기 위해서는 약 반년의 시간이 걸린다. 1년이 지나면 더 많은 것들이 보이고 스킬도 늘고 일의 속도도 나름 빨라진다.

게다가 다음 해에 신규 간호사가 또 입사를 하게 되면 스스로 훅 성장하게 된다. 갓 입사한 신규 간호사가 바로 윗 선배인 2년 차 간호사에게 업무에 대해 질문을 하면 가르쳐주면서 본인도 다시 상기시키기 때문이다.

'널스홀릭' 채널 중 이 질문을 주제로 한 영상을 촬영한 적이 있다. 만 1년의 경력을 채운 후배 간호사들을 모아두고 인터뷰하는 형식으로 촬영을 했었는데 업무에서의 적응, 사람관계에서의 적응이 대략 10개월~1년의 시간이 걸린다고 하였다.

Q 머리망은 더 이상 안 해도 되나요?

A 최근 머리에 대한 규제를 완화하는 병원들이 많아지고 있다. 현재 필자가 재직 중인 병원도 두발 자유화를 허용해 모든 간호사가 머리망을 하지 않고 있다. 짧은 단발머리는 풀어도 되지만 머리가 길고 많이 흘러내리면

하나로 묶어 단정함을 유지하게 한다. 점차 많은 병원들이 두발 자유화가 될 것이다.

Q 간호사는 연애할 시간이 없나요?

A 당연히 있다. 이상하게도 이런 질문을 많이 받는다. 간호사도 연애하고 결혼한다. 3교대 근무이기 때문에 시간이 많이 없을 거라고 생각 하지만 밤낮, 주말 상관없이 바쁜 생활을 보내면서도 틈틈이 사람을 만나고 밥도 먹고 다 가능하다.

Q 간호사가 보건관리자에 채용되기 유리한가요?

A 간호사가 산업위생관리기사 자격증까지 취득한다면 더할 나위 없이 유리한 조건이다. 보건관리자 업무 중에 근로자 응급처치가 있는데, 이는 의료인만 할 수 있는 행위이기 때문이다. 임상 경력도 충분하고 위생기사 자격증까지 있다면 노려볼 만하다.

Q 보건관리자는 대부분 계약직인가요?

A 회사마다 다르겠지만 필자가 보건관리자로 각 기업들에 서류를 제출했을 때만 해도 (2020년 하반기쯤이다) 계약직이 대부분이었다. 하지만 앞서 말한 대로 '중대재해처벌법'이 2021년 1월에 제정되면서 각 기업의 안전/보건관리가 중요해지며 점차 계약직을 정규직으로 전환, 처음부터 징규직 채용이 많아지고 있다.

Q 면접 때 주로 어떤 질문들을 하나요?

A 보건관리자가 무슨 일을 하는지, 정확히 알고 있는지 업무에 대한 이해를 잘 하고 있는지에 대한 질문을 많이 받았다. 만약 면접을 앞두고 있다면 이제는 '중대재해처벌법'과 관련된 답변들을 잘 준비해야 할 것이다. 중대재해처벌법이 무엇인지, 안전/보건 관리나 교육을 어떤 식으로 해야 할 것인지, 경력자의 경우 과거 회사에서는 이런 상황은 어떻게 대처했는지, 산재 발생과 관련된 질문 등 여러 가지들을 철저하게 잘 준비해야 할 것이다.

Q 보건관리자 연봉은 얼마나 되나요?

A 이 역시 기업마다, 경력마다 다르다. 대기업은 초봉 4,000만 원 이상이고, 중소/중견기업은 3,000만 원대 초반~중반 정도로 생각하면 될 것 같다. 물론 연차가 쌓일수록 점점 더 오를 것이다.

병원에서는 교대근무를 하기 때문에 야간수당이 있지만, 보건관리자는 대체로 상근직이기 때문에 각종 수당이 빠지니 참고하기 바란다.

Q 보건관리자가 되고 싶은데 채용공고는 어디서 확인하나요?

A 필자가 자주 둘러보았던 사이트는 '직업건강협회', '나라일터'(나라일터는 국가기관 또는 공공기관 채용 현황을 확인할 수 있다), 사람인, 잡코리아 등이다. 평소 관심있는 회사나 대기업은 직접 홈페이지를 자주 들락거리며 공고가 올라오는지 확인하기도 했다. 앞서 나열한 사이트에 올라오지 않는 기업들도 많기 때문이다.

Q 경력이 없어도 보건관리자에 지원할 수 있나요?

A 물론 지원할 수 있다. 그러나 무경력인 경우에는 조금 힘들 수 있다. 특히 제조업 회사의 경우에는 경력자를 선호한다. 필자는 2023년 현재 제조업 보건관리자로 근무하고 있는데, 처음 입사했을 때만 해도 보건관리자로서의 경력은 없었고 임상경력만 있었다.

불리한 점을 알았기에 자기소개서에 충분히 보완할 점을 잘 녹여내고 다행히 임상경력이 1~2년이 아니라 5년이 있었기 때문에 서류에 합격할 수 있었던 것 같다.

건설회사 보건관리자의 경우 무경력이라도 제조업보다는 합격률이 높다. 다만 건설회사 특성상 출근 시간이 보통 오전 7시부터 시작이고, 격주 토요일 출근도 껴 있어서 필자는 부담스러워 지원하지 않았다. 제조업에 자꾸 떨어진다면 건설회사에서 먼저 경력을 짧게라도 쌓은 뒤에 지원하면 좀 더 합격률이 높아질 수도 있다.

Q 병원과 비교해서 추천할 만한가요?

A 필자는 병원에서 5년 동안 근무했음에도 불구하고 진작에 옮겨서 이 분야에서 경력을 더 쌓았을 걸 싶다. 사람마다 적응하는 것이 다르겠지만, 필자는 다행히 적성에 잘 맞았다. 환자를 대하는 것과 건강한 사람들을 대하는 것이 정신적인 피로도에 큰 차이가 있다는 것을 이직 후에 알게 되었다. 물론 처음에는 그동안 해왔던 업무와 달라도 너무 달라서 당황스럽고 어려워 1~2달 정도는 힘들고 병원 생각도 났었다. 하지만 금세 적응을 잘했다.

병원은 인수인계라는 것이 있어서 내 근무시간에 잘 마무리하고 다음 근무자에게 넘겨주면 그만이지만, 이 일은 온전히 나 스스로 처리해야 하는 것이고, 길게 봐야 하는 일인 데다가, 아무래도 법에 따른 업무를 하는 것이다 보니 책임감도 더 막중했다. 또한 병원에서는 이리저리 움직이며 직접 환자와 대면하며 '처치'를 해야 하는 것이 주 업무였지만 이 일은 사무직이다 보니 컴퓨터로 처리해야 하는 일이 많았다. 사람 성향에 따라 다를 것이지만 필자는 이 업무 또한 추천한다.

간호사라면 알아야 할 필수 의학용어

A

abd distension(abdomen) – 복부팽만

abd pain(abdomen) – 복부통증

abdomen – 복부

abrasion – 찰과상

abscess – 농양

acidosis – 산증

acute – 급성

adenoma – 선종

admission – 입원

adrenal – 부신의

alert – 의식이 명료함

amputation – 절단

anal – 항문의

anemia – 빈혈

anesthesia – 마취

aneurysm – 동맥류

angina – 협심증

anterior – 앞쪽의

antibiotics – 항생제

antibody – 항체

anticoagulation – 항응고

anxiety – 불안

aorta – 동맥

appendicitis – 충수염

arrhythmia – 부정맥

arthritis – 관절염

arthroscopy – 관절경검사

ascites – 복수

aspiration – 흡인

asthma – 천식

atelectasis – 무기폐

atrial fibrillation(a.fib) – 심방세동

atrophy – 위축(크기의 축소)

axillary – 액와의

B

benign – 양성의(malignant – 악성의)

BID – 하루 두 번

biopsy – 조직생검

bladder – 방광

bradycardia – 서맥

bulla – 물집

C

cancer – 암

cardiomegaly – 심장비대

cellulitis – 세포염

cerebral – 뇌의

cervical – 목(경부)의, 자궁경부의

chemotherapy – 항암요법

cirrhosis – 경화(단단히 굳음)

constipation – 변비

D

debridement – 괴사 조직 제거

depression – 우울

diarrhea – 설사

diplopia – 복시

drowsy – 기면상태, 졸림

dyspepsia – 소화불량

dyspnea – 호흡곤란

E

ecchymosis – 반상출혈

edema – 부종

effusion – 삼출액

embolism – 색전증

encephalopathy – 뇌병변

endocarditis – 심내막염

enema – 관장

epilepsy – 간질

epistaxis – 코피

erythema – 홍반

excision – 절제

F

fatigue – 피로

fibrosis – 섬유증

fistula – 누공(구멍)

forearm – 전완부

forehead – 이마

fracture – 골절

fundus – 기저부위

G

gait disturbance – 보행장애

gastritis – 위염

general anesthesia – 전신마취

general weakness – 전신쇠약

gland – (호르몬)샘, 선

glucoma – 녹내장

glucose – 공복혈당

goiter – 갑상선종

gout – 통풍

H

hazziness – (엑스레이 촬영상) 뿌옇게 보임

heart failure – 심부전

hemangioma – 혈관종

hematemesis – 토혈

hematochezia – 혈변

hematoma – 혈종

hematuria – 혈뇨

hemiparesis – 반측마비

hemodialysis – 혈액투석

hemorrhage – 출혈

hepatitis – 간염

herpes – 헤르페스 바이러스

hydration – 수화(충분한 물 공급)

hydrocephalus – 뇌수종

hyper/hypokalemia- 고/저칼륨혈증

hyper/hyponatremia – 고/저나트륨혈증

hyperthermia – 고체온

hypertension – 고혈압

hyperventilation – 과호흡

hypothyroidism – 갑상선저하증

hysterectomy – 자궁절제술

I

ileus – 장폐색

ileostomy – 회장루

immunoglobulin – 면역글로불린

implantation – 이식

infection – 감염

injury – 손상

insomnia – 불면증

invasive – 침습적인

irrigation – 세척

itching – 간지러움

J

jaundice – 황달

jejunostomy – 공장루

joint – 관절

jugular vein – 경정맥

K

keloid – 켈로이드

kidney biopsy – 신장조직검사

knee – 무릎

KUB(kidney, ureter, bladder) – 신장, 요관, 방광

L

lab(laboratory) – 피검사

laceration – 열상

laryngoscope – 후두경

lateral position – 측면

leukemia – 백혈병

levin tube(l-tube) – 비위관

ligament – 인대

liquid diet – 유동식(미음)

lithotomy – 쇄석술

liver biopsy – 간 조직검사

liver cirrhosis – 간경화

liver fatty – 지방간

lumbar – 요추

lymph node – 림프절

lymphoma – 림프종

M

malignant – 악성의

malformation – 기형

mandible – 하악턱

mastectomy – 유방절제술

mastitis – 유선염

measles – 홍역

medial – 안쪽의

melanoma – 악성 흑색종

melena – 흑색변

mild – 가벼운

moderate – 보통의, 중간의

membrane – (조직의) 막

meningitis – 뇌수막염

meniscus – (관절의) 반월판

menstruation – 월경

migraine – 편두통

mitral valve – 승모판(이첨판)

mucous – 점액질의

N

nasal bone – 코뼈

nausea – 오심

nebulizer – 호흡기치료

necrosis – 괴사

nephritis – 신장염

nerve block – 신경차단

nipple – 유두

nutrition – 영양

O

obesity – 비만

observation – 경과관찰

obstruction – 협착

occipital – 후두골(뒤통수뼈)

OD – 오른쪽 눈

oliguria – 핍뇨

oncology – 종양학

oozing – 진물

open wound – 개방된 상처

ophthalmic – 안과의, 눈의

oral – 구강이

orthopnea – 기좌호흡

OS – 왼쪽 눈

osteoporosis – 골다공증

OU – 양쪽 눈

ovary – 난소

P

pacemaker – 심박조율기

pain – 통증

pale – 창백한

palpitation – 심계항진

palsy – 마비

pancreas – 이자

pap smear – 자궁경부암 검사

papilloma – 유두종(사마귀 바이러스)

paracentesis – 천자(구멍을 내어 체액을 뽑아냄)

Parkinson disease – 파킨슨병

patella – 슬개골(무릎뼈)

PCA – 자가 통증 조절장치

peripheral – 말초의

pelvic – 골반의

penis – 음경

peptic ulcer – 소화성궤양

pericardial tamponade – 심낭압전

peritoneal – 복막의

phobia – 공포

pituitary – 뇌하수체의

placebo – 위약효과

plasma – 혈장

platelet – 혈소판

pneumonia – 폐렴

polyp – 용종

polyuria – 다뇨

positive – 양성

posterior – 뒤쪽의

pregnancy – 임신

preparation – 준비

p.r.n – 필요 시 처방

prone position – 복와위 자세

prostate – 전립선

proximal – 몸 중심부 쪽의

pseudomonas – 슈도모나스 균

ptosis – 안검하수

pubis – 치골

pulmonary edema – 폐부종

pulmonary embolism – 폐색전증

puncture – 천자(뚫음)

pupil – 동공

purpura – 자색반점

pus – 농

Q

q2h – 2시간마다(q1h – 1시간마다)
QD – 하루 한 번

QID – 하루 네 번
quadriplegia – 사지마비

R

r/o – 추정(rule out)
radial – 요골의 or 방사선의
radiation therapy – 방사선치료
rectal – 직장의
reflex – 반사작용
renal – 신장의, 콩팥의

residual – 남은, 잔류의
respiration – 호흡
rhinitis – 비염
rigidity – 강직의
rotator cuff – (어깨)회전근
rupture – 파열

S

sacrum – 엉치뼈, 천골
schizophrenia – 조현병
sclerosis – 경화
seizure – 발작
septum – 중격(사이막)
sepsis – 패혈증
severe – 심한
side effect – 부작용
sigmoid – (대장의 일부 중) s장, 구불창자
sinus – 동(도관)
skin graft – 피부이식
skull – 두개골
sore – 욕창
spasm – 경련

spinal cord – 척수
spondylitis – 척추염
sprain – 염좌(발목이 삠)
sputum – 가래
staphylococcus aureus – 황색포도상구균
stenosis – 협착
stool – 대변
stupor – 혼미
subclavian – 쇄골하
suicide – 자살
supine – 앙와위(천장을 바라보고 똑바로 눕는 자세)
sweating – 땀
syncope – 실신

T

tachycardia – 빈맥

thyroid cancer – 갑상선암

TID – 하루 세 번

tibia – 경골(정강이뼈)

tonsil – 편도

toxicity – 독성

tracheostomy – 기관절개술

transfusion – 수혈

transplant – 이식

tremor – 떨림

trunk – 몸통

tuberculosis – 결핵

tumor – 종양

U~Z

ulcer – 궤양

ulna – 척골

urethra – 요도

urine – 소변

vaginal – 질의

varix – 정맥류

ventricular – 심실의

vertebroplasty – 척추성형술

vertigo – 어지럼증

vesicle – 수포

viral – 바이러스의

vomiting – 구토

vulva – (여성의) 외음부

wandering – 돌아다니는

wheezing – (숨을 쉴 때) 쌕쌕거리는 소리

zygoma – 광대뼈의

간호사 생활백서

개 정 1 판 2 쇄	2024년 09월 20일 (인쇄 2024년 8월 27일)
초 판 발 행	2024년 01월 20일 (인쇄 2020년 12월 16일)
발 행 인	박영일
책 임 편 집	이해욱
저 자	권지은
편 집 진 행	박유진
표 지 디 자 인	김지수
편 집 디 자 인	김지현
발 행 처	시대인
공 급 처	(주)시대고시기획
출 판 등 록	제 10-1521호
주 소	서울시 마포구 큰우물로 75 [도화동 538 성지 B/D] 6F
전 화	1600-3600
홈 페 이 지	www.sdedu.co.kr

I S B N	979-11-383-4920-8 (13320)
정 가	17,000원

시대인은 종합교육그룹 (주)시대고시기획 · 시대교육의 단행본 브랜드입니다.